Meinen Großeltern

Eva Malischnik ist aufgewachsen in Gleisdorf in der Oststeiermark. Getrieben vom Wunsch nach einer großen Schauspielkarriere verschrieb sie sich zunächst ganz dem Theater, bis sie mit 24 in die Fußstapfen ihrer Eltern trat und Lehrerin wurde. 2008 entdeckt sie ihre Leidenschaft fürs Schreiben und ist seither mit ihren Kurzgeschichten, Auftrags- und auch Liedertexten immer wieder im Gespräch. Nach Veröffentlichung zweier Anthologien legt sie nun ihr erstes Romanprojekt vor. In *Sommer im Bunker – ein Lehrer zieht um* beschreibt sie mit charmanter Offenheit ihre Perspektive auf den Schulalltag – Klischees und Politikintrigen inbegriffen. „Die Lehrertypen in meiner Erzählung sind ein Mischmasch aus allen Kollegen, die ich im Laufe meiner Karriere kennenlernen durfte. Und natürlich wurde ich für die eine oder andere Figur auch durch meine eigenen Lehrer inspiriert", so die Autorin.

Eva Malischnik

Sommer im Bunker

Ein Lehrer zieht um

IMPRESSUM

© 2020

Autorin: Eva Malischnik
Umschlaggestaltung/Satz: Mag.ᵃ Christina Ahrer-Hold
Bildnachweis: Cover: Fotomontage aus folgenden Bildteilen:
majivecka/shutterstock.com, Evannovostro/shutterstock.com,
mazura1989/shutterstock.com;

Verlag & Druck: myMorawa von Dataform Media GmbH

ISBN: 978-3-99084-872-2 (Hardcover)
ISBN: 978-3-99084-871-5 (Paperback)

Printed in Austria

Das Werk, einschließlich seiner Teile, ist urheberrechtlich geschützt. Jede Verwertung ist ohne Zustimmung des Verlages und des Autors unzulässig. Dies gilt insbesondere für die elektronische oder sonstige Vervielfältigung, Übersetzung, Verbreitung und öffentliche Zugänglichmachung.

Dies ist eine fiktive Erzählung. Ähnlichkeiten mit lebenden oder verstorbenen Personen, real existierenden Orten oder Gegebenheiten sind rein zufällig und nicht beabsichtigt.

Die Konferenz

Matthias Sommer, von seinen Schülern liebevoll *der Hias* genannt, sitzt auf seinem Stuhl an dem vierundachtzig mal hundertvierzig Zentimeter großen Tisch, den er sich mit dem Kollegen Nowak teilt, und bemüht sich, die Zwangsveranstaltung, der er beiwohnt als Theaterstück zu betrachten. Ein trauriges, eher schwarzhumoriges Kabarett ist das, wo er da hineingeraten ist, aber zumindest muss er keinen Eintritt zahlen für das Spektakel. Damit, dass er selbst Teil des Ensembles ist, das hier seine Possen reißt, kann er leben, wenn er sich nur indirekt beteiligt. Als unscheinbarer Komparse. Als gesichtsloser Soldat aus der siebenten Reihe, dessen Name im Programmheft nicht aufscheint. Matthias ist schon an so vielen Schulen gewesen, und überall wird das gleiche Stück gegeben. Stadtschulen, Landschulen, Alternativschulen, sogenannte Brennpunktschulen, überall hat Matthias dasselbe Phänomen beobachtet: Man nehme einen Haufen mehr oder weniger intelligenter Menschen verschiedenen Alters und Geschlechts, pferche sie nach einem langen Arbeitstag mit bedenklich viel Koffeingenuss und unter extremer Lärmeinwirkung allesamt in einen Raum und vermittle ihnen das Gefühl, ihre Anwesenheit in der Versammlung sei unverzichtbar für den Erfolg einer gemeinsamen Sache, über die in Wirklichkeit längst an höherer Stelle entschieden wurde. Und das, denkt Matthias, während er unter dem Tisch auf die Zeitanzeige seines Smartphones schielt, das nennt sich dann Lehrerkonferenz.

Er gähnt, ohne sich die Hand vorzuhalten, und erntet dafür einen verständnisvollen Blick von der klapprigen Gestalt gegenüber. Mit Maria Marderer versteht er sich eigentlich ganz gut. Sie verbringen oft die Pausen zusammen, unten im Turnlehrer-Kammerl, wo sie heimlich ihrer Sucht frönen, seit der Stadtrat das Schulgebäude zur öffentlichen rauchfreien Zone erklärt hat. Wie alt die Raucherfreundin wirklich ist, weiß Matthias nicht, aber wahrscheinlich weiß das keiner so genau. Aussehen tut sie jedenfalls, als hätte sie mindestens einen Weltkrieg miterlebt. Und sehr dünn ist sie. So mager, als würde sie sich seit Jahrzehnten ausschließlich von Nikotin ernähren. Oft hat er Angst, sie könne in der Mitte auseinanderbrechen, wenn sie mit ihren hohen Pumps auf den Klodeckel steigt, um aus dem Kippfenster zu äschern. Die Haut der Marderer ist grau und fahl, dabei aber erstaunlich faltenfrei, wie bei einer dieser Steinmumien aus Pompeji, was ihre Fächerkombination aus Latein und Geschichte durchaus plausibel macht. Dabei soll sie früher einmal ein echter Vamp gewesen sein, die Marderer.

Als die Kollegin die Hand zum Mund führt, um ihrer eigenen Langeweile Ausdruck zu verleihen, schickt er ihr sein charmantestes Bubenlächeln über den Tisch zurück und blickt dann wieder todernst zur Kollegin Eder, die sich gerade in Rage redet. Sie sind inzwischen beim Tagesordnungspunkt *Allfälliges* angelangt. Jenem vorhersehbaren Teil der Posse, an dem auch die Kollegen, die bisher nicht die Möglichkeit hatten, ihre pädagogischen oder fachlichen Meinungen zu einem Thema zu äußern, ihre persönlichen Anliegen aufs Tapet bringen.

Und ... klar, denkt sich Matthias, während er Kugelschreiberspiralen in seinen Collegeblock kritzelt, ganz klar, dass es die Eder Susi ist, die da gerade beanstandet, dass die Türschilder an den Lehrerklos dringend auszuwechseln sind, „ ... weil es nach über hundert Jahren Frauenbewegung wohl nicht zu viel verlangt sein kann, in ein Häuselschild mit Binnen-I zu investieren. Schon gar nicht in einer Lehranstalt, und schon gar nicht, wenn der Frauenanteil überwiegt!"

Matthias fängt einen Blick vom Nowak Rudi auf, der genau das aussagt, was er selbst gerade denkt. *Die tut gerade so, als würde sie einen Harnstau kriegen, wenn die Klos nicht durchgegendert sind.* Was ein Witz ist, denn die Frauen im Lehrkörper, darunter auch die Susi, rennen ohnehin in jeder freien Minute aufs Häusel. Was wiederum kein Wunder ist bei den Mengen Wasser, die sie trinken. Ständig muss er sich in der Lehrerküche anhören, wie wichtig es ist, sich mindestens zweieinhalb Liter am Tag zuzuführen. Und natürlich muss es stilles Wasser sein, kein Sprudelzeug, das den Magen aufregt. Oder Tee. Am besten eines dieser Gesöffe, die gute Laune, Selbstbewusstsein, Ausgeglichenheit, Balance oder einen phänomenalen Stoffwechsel versprechen. Ständig überhaupt diese Weiberthemen. Die Männer sind es, die sich beschweren müssten. Matthias hat ja wirklich kein Problem damit, dass er in seinem Beruf der geschlechtlichen Minderheit angehört. Ganz und gar nicht. Nur wie kommt er dazu, dass er sich in seinen Pausen dieses ungefilterte Gerede von Wechselbeschwerden und anderen Frauengeschichten antun muss, wenn er einfach in Ruhe seinen scheußlichen Kaffee trinken will? Er ist es, der in Wallungen geraten müsste, bei dem Gequatsche. Aber hat er sich jemals beschwert? Nein! Hat er sich jemals aufgeregt, wenn ihm seine Team-Kollegin, die Graber Rosi, pünktlich einmal im Monat das Leben schwer macht? Auch nicht. Sie ist zwar ganz in Ordnung, die Rosi, aber kurz vor Vollmond quasi unberechenbar, ja fast schon gemeingefährlich.

Das Einzige, was ihn derzeit wirklich aufregt, sind die neuesten Verordnungen von oben. Keine negativen Noten mehr im kompetenz- und talentorientierten Schulkonzept. Kein Sitzenbleiben mehr. Ist ein Schüler zu dumm oder einfach nur zu faul zum Lernen, findet sich bestimmt eine Eigenschaft, die ihn zum Aufsteigen berechtigt, und wenn es nur die liebevolle Hingabe ist, mit der er die Klassenpflanzen gießt. So einfach ist das. Alle sind gleich. Und genau das ist ja auch der Slogan, nach dem die Eder Susi lebt, wenn sie glaubt, dass sie mit dem Austausch eines vergilbten Türschildes Frauenpolitik macht. Leider liegt sie damit voll im Trend, denn nur darum geht es doch heutzutage in der Gesellschaft: um den Austausch von Türschildern. Dass sie sich selbst und ihre Sache total unglaubwürdig macht mit ihrem Lebensstil, hat die naive Eder nicht durchblickt. Die Frau hat vier Kinder mit drei verschiedenen Männern und ist andauernd auf

Seminar, während der aktuelle Stiefpapa auf die fremden Bälger schaut. Ihren neuesten Lover kennt Matthias aus der *Frühbar*. Arbeitsloser Yoga-Lehrer und Ernährungscoach. Ursprünglich Maler, keiner mit Ölfarben und Staffelei, sondern ein stinknormaler Maler und Anstreicher. Eine traurige Figur. Ausgemergelt wie eine Gletscherleiche und quatscht ununterbrochen von Globalisierung, Klimaschutz und Weltfrieden daher, wenn er dezent zugekifft durchs Nachtleben von Bad Hoffning zieht. Dabei sitzt er der Eder auf der Tasche und kassiert nebenbei fleißig Unterstützung vom Staat. Es ist Matthias unverständlich, wie die Susi so ein Leben mit ihrem Suffragetten-Gehabe vereinbaren kann.

Dass sich Matthias in der nun folgenden Abstimmung um die Klo-Schilder seiner Stimme enthält, hat nichts mit Feigheit zu tun. Er ist nur einfach der Ansicht, dass man nicht zu jedem Schwachsinn eine Meinung haben muss. Das ist sein gutes Recht, und davon macht er jetzt Gebrauch.

„Zweiunddreißig zu eins, eine Enthaltung", verkündet die Kollegin Habicher, nachdem sie unnötigerweise dreimal durchgezählt hat. Das Schild wird ausgewechselt. Na bravo! Ab jetzt wissen also auch die Frauen, wo es zum Häusel geht. Matthias ist gezwungen einzuschlagen, als ihm der Sitznachbar in einem äußerst seltenen Anflug von Sarkasmus die behaarte Pranke hinhält. Er hat als Einziger dagegen gestimmt. Schon ein komischer Typ, der Nowak Rudi. Ein klassischer Wanderpokal. War schon an x Schulen, sucht immer wieder um Versetzung an oder wird weitergereicht unter dem Vorwand, man habe keine Verwendung für ihn. Dabei hat er eine gefragte Fächerkombination. Wahrscheinlich liegt es daran, dass er fleißig an seiner zweiten Karriere als Frühpensionist bastelt, und deshalb mehr im Krankenstand als in der Schule ist. Fast beneidet ihn Matthias darum, mit welcher Konsequenz er die Rutsch-mir-den-Buckel-runter-Masche durchzieht. Andererseits fühlt er sich selbst zu jung, um so zu denken. Es reicht ihm nicht, seine Zeit nur abzudienen. Noch hat er Pläne, noch glaubt er daran, dass er sich vielleicht verändern kann. Und bis dahin, bis

Matthias eine Chance bekommt, davon zu leben, was ihm wirklich Freude macht, wird er sich eben durchbeißen müssen. Zudem ist ihm bewusst, was für ein Glück er hat, dass er nach dreizehn Jahren Pendeln endlich in seinen Heimatort Bad Hoffning wechseln konnte. Seit ihn Manu nach der Scheidung abgezockt hat, kann er sich ja nicht einmal ein Auto leisten, und bei seinen Arbeitszeiten mit den Öffis über die Landstraße in die Hauptstadt zu tingeln, wäre der reine Wahnsinn. So aber bleibt ihm wenigstens am Abend noch etwas Zeit zum Schreiben. Nein, ganz klar, er braucht den Job hier. Die Arbeit ist zurzeit die ziemlich einzige Konstante in seinem Leben.

Nachdem der Chef das Abstimmungsergebnis mit einem Nicken kommentiert hat, vergewissert er sich, ob die Niederwieser, die heute mit Protokollschreiben dran ist, mitkommt. Die Inge ist im Adlerflug unterwegs und macht einen ziemlich verzweifelten Eindruck. Jeder kann sehen, dass sie kurz davor ist, in Tränen auszubrechen. Wenn sie ihm am Vormittag nicht an die Gurgel gesprungen wäre, weil er sie bei der Aufsicht im Parterre alleingelassen hat, könnte sie Matthias fast ein wenig leidtun. Der Erniedrigung noch nicht genug, hat irgendwer vergessen, den Beamer auszuschalten, sodass jeder im Raum mitbekommt, wie sie in ihrer Unbeholfenheit die Umschalttaste erwischt und lauter Großbuchstaben und Sonderzeichen an die Leinwand hämmert. Ein paar Kollegen lachen verhalten. Zur Hilfe kommt ihr niemand. Mittlerweile ist es zwanzig vor fünf, und die Leute werden unruhig. Zu Hause warten Kinder und Ehepartner aufs Abendessen, Hunde auf den Spaziergang, warten das Vorabendprogramm, die Bügelwäsche, Streit, Sex, das Laufband, Kartoffelchips und Bier oder wofür sonst noch Zeit bleibt nach so einem Konferenztag.

Als das Kuliknipsen, Hüsteln, Rascheln und Lachen lauter wird und die Kollegen sich in Privatgesprächen verlieren, sieht es für einen kurzen Augenblick so aus, als würde der Böck die Sache allmählich zu Ende bringen wollen. Matthias beobachtet, wie er die Schultern nach hinten drückt und in die vorgehaltene Faust hüstelt, um sich Gehör zu verschaffen. Als das nicht gelingt, verschränkt er die Arme hinterm Rücken und wippt auf den Fußballen. Angesichts der offensichtlichen Hilflosigkeit überkommt Matthias eine seltsame Mischung aus Scham und Mitleid. „Wir können auch bis sechs hier sitzen, wenn es euch solchen Spaß macht", möchte er dem Chef jetzt gerne einsagen. Oder er könnte ihm zeigen, wie man ordentlich auf den Tisch haut. Oder einen Brüller loslässt. Aber er ist kein Schreier, der Böck. Dafür ist er zu lethargisch. Überhaupt erinnert er in seiner ganzen Art an einen Koalabären. Nicht nur wegen der Knopfaugen hinter den aschenbecherdicken Brillen. Auch gar nicht so sehr wegen der Haarbüschel, die ihm wie wild aus den Direktoren-Ohren wuchern. Es ist die nahezu lähmende Langsamkeit, die Matthias an einen depressiven Beutelbären denken lässt, wenn er seinen Chef ansieht. Alles, was er tut, scheint mit einer unerklärbaren Verzögerung zu geschehen, sodass jede Bewegung, jede seiner Gesten bedächtig und zugleich schwerfällig erscheint. Dasselbe gilt auch für sein Mienenspiel, das zudem ein recht einfallsloses Repertoire aufweist. Wenn er wie jetzt gerade versucht, seine Ungeduld zu unterdrücken, zeigt sich unter dem beginnenden Doppelkinn eine kaum wahrnehmbare Anspannung der Kieferknochen. Dann sieht es aus, als würde er ein Eukalyptusblatt zwischen den Zähnen zermahlen, könnte aber kaum die nötige Energie dazu aufbringen.

Nach einer geschätzten Ewigkeit legt sich der Geräuschteppich aus Rascheln, Mauscheln und Sesselrücken. Sie haben noch dreizehn Minuten bis zum offiziellen Ende, aber Matthias traut dem Frieden nicht, denn die Wortmeldungen ein paar üblicher Verdächtiger sind noch ausständig. Und als hätte er es geahnt, streckt schon im nächsten Augenblick die resolute Köck ihre Finger in die Höhe wie eine Einserschülerin. Ob es um einen Regelverstoß geht, wie etwa das nicht fachgerechte Einräumen eines Geschirrspülers im totalitär geführten Küchenregime, um die alljährliche Rechtfertigung für die Erhöhung des Werkbeitrages oder einen Seitenhieb gegen die Damen aus der Nachmittagsbetreuung, die

Frau General hat immer was zu melden. Heute haben sie Glück. Die Kollegin aus Ernährung und Hauswirtschaft proklamiert lediglich das Fehlen zweier Geschirrtücher vom Wäscheständer, woraufhin dem Schremsel Walter einfällt, dass ihm drei Schnitzmesser und ein Akku-Bohrer aus dem Werkraum abgehen. Was folgt, ist allgemeines Schulterzucken, mit dem der Lehrkörper Unverständnis über das nicht selten auftretende Phänomen des Sich-in-Luftauflösens von Gegenständen zum Ausdruck bringt. Danach kommen Schuldzuweisungen und Schuldzurückweisungen, bis man schließlich zu dem Schluss gelangt, dass die Dinge eben besser eingeschlossen werden müssen, wenn es so nicht geht. Aber bevor sie für heute wirklich Schluss machen können, muss sich dann auch noch die Kärntnerin aufspielen. Sabine Sablatnig, frisch von der Hochschule, im Mathe-Team, zusammen mit Erna Habicher. Aus dem schönen Villach stammend. Recht hübsch eigentlich, wie Matthias findet, aber so weit von einer Bikinifigur entfernt, wie der Titicacasee vom Wörthersee. Und eben leider übereifrig. Nickt den ganzen Nachmittag zu allem, was der Chef vom Stapel lässt. Oder die Erna. Oder sonst wer, von dem sie denkt, dass er hier etwas zu melden hat. Und jetzt, ausgerechnet jetzt, wo jeder nur mehr heim will, reißt sie ihren Mund auf und noch dazu ein Thema an, über das sie letztes Jahr schon eine Ewigkeit lang diskutiert haben. Und vorletztes Jahr, und im Jahr davor. Das Thema *Getränkeautomat* ist eine Glaubensfrage, die das Kollegium seit Zeitgedenken in zwei Gruppen teilt.

„Genügt es nicht", fragt die Sablatnig in die Runde, wobei sie sich Mühe gibt, strikt nach der Schrift zu sprechen, „reicht es nicht, dass die Kinder in der Früh schon mit Zweiliterflaschen Eistee durch die Tür marschieren? Müssen wir das Saftl-Zeug auch noch in der Schule anbieten? Ich mein, Trinkjoghurt und Kakao und Vanillemix! Was da bitte Zucker drinnen ist in dem Graffl! Die sind ja so schon aufgedreht genug."

Na bravo, die Kasnudel sollte einmal in der Hauptstadt unterrichten. Da kann sie froh sein, wenn sie ihr das verdammte Vanillejoghurt nicht auf die Windschutzscheibe schmieren. Jetzt wird gleich die Habicher mit ihrem Standard-Argument daherkommen, dass immerhin ein beträchtlicher Teil des Automatengeldes in die Sport-Kassa wandert. „Ich gebe zu bedenken, und ich sag dir das in aller Klarheit, weil du neu hier bist, Sabine, dass ein Großteil von dem Geld aus dem Automaten in unser Turnlehrer-Budget geht", feixt da die Erna auch schon strikt nach Skript. Hinter ihr verabschiedet sich die Beratungslehrerin mit einer clownesken Pantomime von jemandem, der gerade den Bus versäumt. Matthias will schon wieder nicht einfallen, wie die Kummertante heißt. Das liegt wahrscheinlich daran, dass sie nur einmal in der Woche auftaucht und dann gleich in ihrem Kammerl im Parterre verschwindet, das sie mit dem Schularzt teilt.

Den Luxus eines eigenen Refugiums hätte er auch gerne, zumal sein Platz schon wieder übergeht vor lauter Heften, Prospekten und Zettelchen, die sie ihm täglich zwischen Tür und Angel in die Hand drücken: Erinnerungen an die Osterkartenaktion, Entschuldigungen, Unterschriften, Listen, Mappen, Werbescheiß ..., all das sorgt dafür, dass er seine Tischoberfläche seit Monaten nicht mehr gesehen hat, während die Hälfte vom Nowak Rudi geradezu jungfräulich erscheint.

Als Leiterstellvertreterin hat natürlich auch die Habicher ihr eigenes Refugium. Mit PC und Drucker und all den netten Dingen, die das Leben in dieser Anstalt angenehmer machen. Sogar eine Nespresso-Maschine steht da, die außer ihr niemand benützen darf. Nicht einmal der Böck, aber der ist Teetrinker und geht sowieso nur zur Erna hinüber, wenn er sich mit der Eingabe der Supplierstunden oder anderen bürokratischen Onlinegeschichten überfordert sieht. Denn wenn auch auf seiner Kanzleitür *Direktion* stehen mag, so ist es kein Geheimnis, dass das eigentliche Machtzentrum hier im Haus zwei Türen weiterliegt und nach Achselschweiß und *Gabriela Sabatini* riecht.

„Hast du überhaupt eine Ahnung, wie viele neue Fußbälle ich jedes Jahr bestellen muss? Von den Ausgaben für die Gerätesanierung möchte ich gar nicht reden", läuft inzwischen die Habicher in Richtung Sabine Sablatnig immer mehr zur Hochform auf. Mit ihren knapp ein Meter achtzig und dem breiten Brustkorb lässt sie den Böck neben sich aussehen wie eine dieser kleinen Puttenfiguren aus dem 15. Jahrhundert. Nur Flügel und Harfe fehlen ihm noch. Das Argument mit den Bällen ist lächerlich, aber Matthias wird sich hüten, hier vor allen auszuplaudern, dass die gute Erna Dutzende von Bällen aller Art in ihren eigenen Kästen hortet. Nagelneu und angekauft aus Sponsorengeldern der Gemeinde, die sie privat verwaltet. Ihr geht es bei der ganzen Sache nicht um den Getränkeautomaten, sondern ausschließlich um Macht. Macht und Kontrolle. Was ihr auch jetzt zugutekommt, als sie die junge Kärntnerin auf ihren Rang in der Hackordnung verweist. Und damit ist das Thema *Getränkeautomat* für heute, Gott sei Dank, beendet.

Matthias linst auf sein Smartphone. Eine Stunde noch bis zu seinem Date im *Freddie's*. Langsam wird es eng. Auch seine Raucherfreundin hat schon Ameisen im knöchernen Hintern. Als er zu ihr hinübersieht, spielt sie mit den türkisen Glasperlen an ihrer Halskette, die auch heute wieder farblich exakt zu Ohrgeschmeide und Brillengestell passt. Maria Marderer bemerkt seinen Blick und führt mit genervtem Augenaufschlag Zeige- und Mittelfinger ihrer rechten Hand zum Mund. Matthias grinst verständnisvoll zurück. Kein Wunder, dass sie auf dem Stuhl herumwetzt, er selbst könnte jetzt auch eine Zigarette vertragen. Aus dem peripheren Blickfeld nimmt er wahr, wie der Nowak demonstrativ seine Armbanduhr fixiert und halblaut vor sich hinzuzählen beginnt. Als der Zeiger an der Fünf kratzt, steht der Rudi auf, verabschiedet sich mit einem jovialen Fingertippen an die nicht vorhandene Mütze in die Runde und geht. Geht in aller Ruhe am Koalabären und einer sprachlosen Erna Habicher vorbei einfach zur Tür hinaus. Dem folgt eine betretene Stille, die Inge Niederwieser nützt, um endlich vollständig hinter ihrem Laptop abzutauchen, während die Graber Rosi kuhäugig in die Runde schaut, als könne sie nicht glauben, was sich der Nowak da gerade geleistet hat. Einige tun es ihr gleich, während sich andere intensiv der Betrachtung ihrer Fingernägel widmen. Der Schremsel Walter, der seine Schnitzmesser inzwischen abgeschrieben haben dürfte, kratzt an einem Schorf an seinem rechten Ellenbogen, bis ihm das Blut den Unterarm hinunter rinnt. Es ist kein schöner Anblick, trotzdem fällt es Matthias schwer, nicht hinzusehen.

„Ja dann", fängt der Böck endlich zu stottern an, „dann würde ich jetzt vorschlagen, dass ihr euch zu dem … äh … Dings, … dem besprochenen Lernprojekt nächste Woche in den Teamsitzungen zusammen… äh … naja, zusammensetzt und ich jetzt auch … also, will sagen, wir jetzt auch Schluss machen für heute …" Als die Erna noch etwas sagen will, fährt er mit einer ungewöhnlich herrischen Geste dazwischen. Der Koala zeigt Muskeln, trotzdem lässt sich die Administratorin das letzte Wort nicht nehmen. „Und nicht vergessen, nächsten Monat stehen die Vorschläge für die Gemeinderatssitzung auf der Tagesordnung. Bis dahin erwarte ich mir … erwarten wir uns", korrigiert sie sich mit einer raschen Geste hin zum Böck, der bereits zusammenpackt, „… ein paar Lösungsvorschläge zum Parkplatzproblem und der Raumaufteilung allgemein. Danke euch und einen schönen Abend noch."

Die Bitte der Niederwieser an die Kollegen, man möge daran denken, bis zum Ende der Woche die Paraphe unter das bis dahin hoffentlich fehlerfreie Protokoll zu setzen, geht in der allgemeinen Aufbruchsstimmung unter. Matthias packt den Collegeblock mit ein paar perspektivisch falsch hingekritzelten Kuben in seinen Rucksack, drängt sich vorbei an den Kollegen und marschiert die Treppe hinunter zum Haupttor, wo er sein Fahrrad stehen hat. In der Halle, in der bereits die Reinigungskraft zugange ist, klappert ihm Marie Marderer aus dem Lift entgegen. Obwohl in Eile, weil er vor dem Termin mit der Lektorin schnell noch heim zu seinen

Eltern und sich umziehen will, nickt er dankbar, als ihm die Kollegin im Hinausgehen die Zigaretten-Packung hinhält.

Eine Zeit lang stehen sie wortlos unter dem Verschlag mit den Fahrradständern und paffen Rauchwolken in den nach drei Wochen Regenwetter endlich aufgeklarten Märzhimmel. Obwohl er es gewöhnt ist, in meditativer Turnkammerl-Eintracht mit der Kollegin vor sich hin zu schweigen, macht ihn die Stille gerade ein wenig unruhig. Es liegt etwas in der Luft. Wie sie die Absätze ihrer braunen Lederpumps in den Kiesboden bohrt und dabei leicht den Kopf hin und her bewegt, erweckt die Marderer den Eindruck, als würde sie dringend etwas loswerden wollen.

„Alles in Ordnung, Maria?", fragt er schließlich etwas verlegen, weil es sich immer komisch anfühlt, die so viel ältere Kollegin mit Vornamen anzusprechen.
„Ich weiß nicht, sag du es mir", gibt sie zurück und zieht mit gespielter Strenge die aufgemalten Augenbrauen nach oben. „Du bist doch ein kluger Bursche."
„Ich weiß nicht", hört sich Matthias sagen wie ein Papagei, aber bevor er nachfragen kann, worauf sie anspielt, hält ihm Maria ihre Hand mit der brennenden Zigarette gefährlich nah unter die Nase. Durch die Rauchschwaden kann er die braunen Flecken zwischen ihren Fingern sehen und die verfärbten Schneidezähne.
„Na, dann überleg dir doch, weshalb so eine wie unsere Habicher, die keinen Hehl daraus macht, wie gern sie auf den Stuhl vom Böck steigen möchte, ..." Weiter kommt sie nicht, denn plötzlich wird sie von einem Hustenanfall gebeutelt, gefolgt von einem derart schaurigen Rasseln, dass er sich schwört, bei der nächstbesten Gelegenheit auf Nikotinkaugummi umzusteigen.
„Geht schon wieder", keucht sie und wischt sich ein paar weiße Spuckeblasen aus den Mundwinkeln. „Das ist nur wegen der verdammten Tschickerei. Aber in meinem Alter aufzuhören, würde kaum noch einen Unterschied machen. Oder um es mit Horaz zu sagen: *Levius fit patientia, quidquid corrigere est nefas.* Was ich

nicht ändern kann, nehme ich geduldig an. Was meinst du, Junge?"
Noch ehe ihm eine Antwort einfällt, ist Maria Marderer schon wieder einen Gedanken weiter und zurück bei der Leiterstellvertreterin.
„Weshalb also ausgerechnet der Erna, die auch noch ganz zufällig im Gemeinderat sitzt, das Raumproblem an unserer Schule derart am Herzen liegen sollte. Und das noch dazu, wo unser guter Böck bei einer offiziellen Stellenneuausschreibung nach heutigen Richtlinien wohl kaum noch Chancen auf den Chefposten hätte." Wieder fängt die Lateinerin zu röcheln an, bis ihr die Tränen in die Augen treten. Matthias, der kein Wort von dem Gefasel verstanden hat, überlegt, ob die Kollegin vielleicht langsam ein bisschen wunderlich wird.
„Wo doch jeder weiß, dass der gesamte Gemeinderat für die billigste Lösung stimmen wird, wenn es bis Herbst zu keiner Entscheidung kommt, und außerdem der Wolf vom Konkurrenzgymnasium derzeit an einer schweren Prostata-Geschichte laboriert."
Matthias überlegt. Obwohl er sich nur wenig für Schulpolitik oder Politik im Allgemeinen interessiert, dämmert ihm langsam, worauf die Marderer hinauswill. Es geht um die Schulfusion. Seit Jahren schon ist die Rede davon, dass ihr sanierungsbedürftiges Kernstock-Gymnasium, das trotz des starken Zustroms an die Neuen Mittelschulen kaum noch Kapazitäten frei hat, in einen Zubau des viel größeren Erzherzog-Johann-Gymnasium am nördlichen Stadtrand umgesiedelt werden soll. Weil aber der scheidende Bürgermeister Stix während seiner Amtslaufbahn lieber in die Wirtschaft investiert hat, als das heiße Eisen *Zusammenlegung* anzufassen, ist aus dem Projekt nie etwas geworden. Mit den Wahlen im Herbst wird sich so einiges verändern in Bad Hoffning. Dass auch das Kernstock-Gymnasium davon betroffen sein und die Kollegin Habicher mit dem Gedanken spielen könnte, um die neu ausgeschriebene Leiterstelle anzusuchen, ist ihm bisher

überhaupt nicht in den Sinn gekommen. Die plötzliche Erkenntnis muss ihm ins Gesicht geschrieben sein, denn Maria Marderer nickt jetzt so heftig, dass ihr die überdimensional großen Ohrringe wie zwei Hula-Hoop-Reifen um die Ohren tanzen.

„Wenn du glaubst, dass uns die gute Erna vor einer Fusion retten will", fährt sie fort, „dann bist du auf dem Holzweg, junger Freund. Das Gegenteil ist der Fall. Mir liegt diese Schule zwar am Herzen, weil ich mein halbes Leben hier gedient habe, aber in ein, zwei Jahren bin ich weg, und dann hinter mir die Sintflut. Aber ihr Jungen, mein Lieber, gerade ihr Jungen solltet darüber nachdenken, was euch eine Zukunft unter einer solchen Leitung bringen wird." Mit den letzten Worten lässt sie ihre Zigarette in den Gully fallen, verabschiedet sich mit einem röchelnden *Bonam Noctem* und stakst in Richtung Bushaltestelle davon, ohne sich noch einmal umzusehen.

Matthias bleibt allein zurück. Er weiß nicht recht, was er von den kryptischen Anspielungen halten soll. Der Erna traut er ja so manches zu, aber was Maria Marderer sich da zurechtlegt, klingt doch ein wenig nach Verschwörungstheorie. Vom Piepsen seines Smartphone-Memos aus den Überlegungen gerissen, wird ihm siedend heiß bewusst, dass es höchste Zeit wird, loszudüsen.
Als er sich auf sein neongelbes Crossbike schwingt und in Richtung Innenstadt davonrast, drehen sich seine Gedanken nur noch um das bevorstehende Date. Das Treffen, von dem abhängt, ob er seinem Leben eine neue Richtung geben oder, wie der Nowak Rudi, langsam auf die Frühpensionierung hinarbeiten sollte.

Josefitag

Es ist noch dunkel, als er die Tür hinter sich ins Schloss fallen lässt. Bis auf den Ruf einer einzelnen Krähe und das Geräusch eines zuschlagenden Fensters im Haus nebenan, ist alles still in der Gegend. Einen Augenblick hält er inne, um die Ruhe zu genießen, atmet mit geschlossenen Augen die kalte Morgenluft ein, dann bückt er sich und nimmt Lady an die Leine. Im Schein der Laternen spazieren sie die Kernstockstraße rechts hinauf bis zum Zebrastreifen an der Kreuzung, die er mehrmals täglich quert, nicht aber heute. Nicht am Feiertag. Nicht jetzt und auch nicht später. Die Erfahrung hat Franz Uhl gelehrt, dass Erholungsphasen wichtig sind. Wer keine Pausen macht, verliert den Überblick. Verliert das Bild fürs große Ganze. Macht automatisch Fehler, weil er Situationen falsch beurteilt. Erkennt Prioritäten nicht. Fragt nicht nach. Vergisst, wird schlampig, überschätzt sich. Unterschätzt die Konsequenzen. Und Franz kennt die Konsequenzen schlampiger Arbeit. Er hat Fehler gemacht, hat sie ausbügeln müssen, hat dieselben Fehler wieder gemacht und dafür geradestehen müssen. Nur so hat er gelernt, was es heißt, verantwortlich zu sein. Auch heute noch passiert ihm der eine oder andere Schnitzer, wenn besonders viel zu tun ist, aber dann hilft ihm die Erfahrung, den Schaden möglichst klein zu halten. Zu tun ist immer irgendetwas. In letzter Zeit hat er den Eindruck, es wird immer mehr. Viele Menschen haben ja leider immer noch eine völlig falsche Vorstellung von seinem Beruf. Die meisten denken, er hat einen sicheren Gemeindeposten, auf dem er eine ruhige Kugel schiebt, während sich alles wie von selbst erledigt. Erst kürzlich wieder, als er bei Mimi zum Essen war, hat ihn sein Schwager damit aufgezogen. Der Nichtsnutz ist mit fünfundfünfzig bei den Bundesbahnen in Pension gegangen, und verdient sich jetzt ein schönes Taschengeld als Bademeister.

„Ich hätte alles dafür gegeben", hat er es gewagt, ihm ins Gesicht zu sagen, der Toni „… alles hätte ich eingetauscht für einen Job wie deinen. Schulkakao in Automaten schlichten, Kreiden ausgeben und ab und zu ein paar Scharniere ölen, was kann da schon dabei sein?" Und natürlich hat sich Franz zurückgehalten, natürlich hat er nichts gesagt und stattdessen seinen Zorn zusammen mit Grammelknödeln und Sauerkraut hinuntergeschluckt, weil er weiß, wie sehr es seine Schwester kränkt, wenn er mit dem Toni streitet. Wäre er allerdings alleine mit ihm gewesen, er hätte ihm schon ordentlich Bescheid gegeben.

Und vielleicht hätte er das besser auch getan, denkt Franz, als er an der Kreuzung in die Raabtalgasse zum Park hinüber biegt, wo er Lady um diese Tageszeit getrost frei laufen lassen kann. Dann würde ihm jetzt dieses dumme Gerede nicht schon wieder hochkommen wie sein chronisches Sodbrennen. Aber es ist ja nicht nur der Schwager, der so dumm daherredet. Seine Freunde von der Pokerrunde denken ja auch, er hat nichts anderes zu tun, als das Schultor aufzusperren und nach der Patschenkontrolle Wurstsemmel fressend in seinem Kammerl ein paar Anrufe entgegenzunehmen. Das Bild vom Schulwart, der mit leicht grantigem Gesicht durch die Gänge hatscht, um sich Schüler wie Lehrer gleichermaßen vom Leib zu halten, ist beinahe so schwer aus den Köpfen der Leute zu wischen, wie die noch antiquiertere Vorstellung des ehrwürdigen Schuldieners in Uniform. Als sein Vater in den Schuldienst trat, war es ja noch durchaus üblich, Berufsbekleidung zu tragen. Alleine der graue Mantel, knielang und bis zum Kragen zugeknöpft, mit einem Kuli oder Schraubenzieher in der Brusttasche, hat dem Träger eine derartige Aura von Allmacht und Befehlsgewalt verliehen, dass er in der Hierarchievorstellung vieler Schüler sogar über dem Direktor stand. So etwas ist natürlich heute nicht mehr vorstellbar und nur noch in Karikaturen zu finden. Die grauen Mäntel gibt es noch im Handel, den Respekt aber kann man sich nicht kaufen. Bis man sich den verdient hat, braucht es viele Jahre. Manch einer der Kollegen schafft es nie. Vielen fehlt der Zugang zu den Menschen. Die soziale Kompetenz, wie das heute so schön heißt. Gerade was den Umgang mit den Schülern angeht, ist Franz der Meinung, dass nur klare Regeln zum Erfolg führen. Die jungen Menschen wollen für voll genommen, wollen ebenfalls respektiert werden. Nur wenn du ihnen gibst, worum sie betteln, bekommst du sie so weit, dass sie eines Tages auch dir die nötige Achtung entgegenbringen. Nicht als Autoritätsperson, sondern weil sie verstehen, dass du es gut mit ihnen meinst. Freilich braucht das seine Zeit und es ist erzieherische Knochenarbeit, aber irgendwann fressen sie dir aus der Hand. Manchmal erreicht so ein Verhältnis auch eine freundschaftliche Ebene, aber das ist selten und natürlich nicht sein eigentliches Ziel. Sein eigentliches Ziel ist die Errichtung eines Grundgerüsts aus Benehmen, Achtung und Wertschätzung. Mehr braucht es nicht, um miteinander auszukommen. Und das sollten auch die Lehrer wissen, wie er findet. Wer sich nicht benehmen kann, wer sein *Bitte* und *Danke* nicht kennt, wer nicht weiß, wie er ihm zu begegnen hat, der muss es eben lernen. Der kann zusehen, wie er den Kopierstau am Montag vor der ersten Stunde selbst beseitigt. Der kann sich seinen Beamer selber aufstellen. Und der braucht auch nicht gerannt zu kommen, wenn es im Gang nach Kloake stinkt, weil wieder einmal eines der Bubenklos verstopft ist. Er ist jedem gern behilflich, das gehört zu seinem Job, aber wer glaubt er ist der Arsch vom Dienst, der Depp, der alles stehen und liegen lässt, wenn man nach ihm pfeift, der hat sich ordentlich geschnitten. Es ist immer noch der Ton, der die Musik macht. Man verschafft sich nur Respekt, wenn man seinen Wert und Status kennt.

Franz kennt seinen Wert, egal was die Leute denken. Unwichtig, was sein Schwager von ihm hält. Trotzdem ist er immer öfter unzufrieden, verliert sich in Grübeleien, ja ist sich selbst zuweilen richtig gehend unsympathisch. Vielleicht passt er einfach nicht mehr in die Zeit? Andererseits fühlt er sich noch lange nicht als Auslaufmodell. Im Gegenteil, die Arbeit hält ihn fit, und der Zuwachs an administrativen Aufgaben während der vergangenen

Jahre sorgt dafür, dass die grauen Zellen unter seiner mittlerweile kahlen Schädeldecke nicht verkümmern. Seit ohne Computer nichts mehr geht, hat er ja auch wesentlich mehr Verantwortung zu tragen, und wenn er alleine an die Wochen und Monate denkt, die es ihn gekostet hat, sich in die digitalisierte Heizungssteuerung einzuarbeiten, wird ihm heute noch ganz schwindelig. Aber letztendlich ist er doch gewachsen an den neuen Herausforderungen und ziemlich stolz darauf. Viel Arbeit ist das gewesen. Viel Aufwand und Zeit, die ihm keiner irgendwo gutgeschrieben hat. Von solchen Extraleistungen hat sein Schwager, der Badewaschl, keine Ahnung. Der Toni hat in seinem Leben noch keinen einzigen Computer angegriffen. Wenn der *Tablet* hört, ist das Einzige, was ihm wahrscheinlich einfällt, Mimis silbernes Serviertablett. Offiziell fallen solche Aufgaben natürlich nicht in seinen Tätigkeitsbereich, aber offiziell steht auch nirgendwo geschrieben, dass er für den Baum- und Strauchschnitt auf dem Hof zuständig ist. Oder die Schneeräumung im Winter, die eigentlich Sache der Gemeinde wäre, der dafür aber die Ressourcen fehlen.

Aber was soll man machen? Er mag den Job und das Kernstock-Gymnasium ist schließlich fast so etwas wie ein Zuhause für ihn. Aufgewachsen in der Schuldienerwohnung, die sie in den frühen Siebzigern bezogen haben, hat er die Schule wachsen sehen. Hat mitbekommen, wie sie sich unter sechs verschiedenen Direktoren und drei Farbwechseln in der Stadtregierung verändert hat. Jeden Winkel des Gebäudes kennt er, jeden Sprung in seinen Mauern, jeden Stein und Ziegel und jedes Astloch an den mittlerweile abgegriffenen Handläufen. Franz weiß, dass es vom Parterre in den ersten Stock zwanzig Stufen sind und von dort in den nächsten nur neunzehn. Er ist dabei gewesen, als der Liftschacht eingebaut worden ist, hat dem Vater beim Installieren der ersten Neonlampen zugesehen, und ihm später jeden Sommer bei der Generalüberholung der Schulmöbel geholfen. Sieben Regale, die heute noch unten in der Bibliothek stehen, hat er in seinem zweiten Lehrjahr beim Tischlermeister Steiner damals selbst gezimmert. Und er kennt auch die Schwächen seiner Schule. Er weiß um den Energieverlust über das marode Dach und den Schimmelpilz in den alten Kellerwänden. Kennt die Stellen im Turnsaal, wo der Parkettboden leichte Wellen wirft, und kann blind vorhersagen, bei welcher Regenstärke die Wiese im Innenhof unter Wasser stehen wird.

Sie ist älter als er selbst, diese Heimat. Älter als sein Vater heute wäre. Tausende von Menschen sind in ihren Mauern groß geworden, sind quasi als Kinder durch ihr Tor hineingestolpert und als junge Erwachsene herausgekommen. Mit einer vagen Ahnung von der Zukunft oder bereits großen Träumen in zu klein gewordenen Schultaschen und Rucksäcken. Manche schon mit einem klaren Ziel vor Augen, andere noch unentschlossen, jedoch gut ausgerüstet mit soliden Werten und Fertigkeiten für das Abenteuer Leben. All die Jahre hat er sie jeden Morgen vorbeimarschieren sehen. Tagein, tagaus, und dann ein letztes Mal. Und dann waren es wieder Neue, die gekommen sind. Und auch sie hatte er wachsen sehen, hat zusehen dürfen, wie sie sich verändern. Sich angepasst haben an diverse Modeerscheinungen und Ideologien, oder dagegen revoltiert haben, wie auch ihre Eltern schon. Dass er auf einem kleinen Abschnitt Zeuge ihrer Reise sein darf, dass er zumindest einige Zeit lang eine Konstante in ihrem Leben darstellt, dafür ist er dankbar. Franz weiß, dass eines Tages ein anderer dieses Privileg genießen wird, aber damit kann er leben. Womit er nicht leben kann, ist die Vorstellung, dass der Fluss der jungen Menschen durch sein Schultor irgendwann zum Stillstand kommt. Als vor fünf Jahren zum ersten Mal die Rede war von einer möglichen Fusion mit dem Erzherzog-Johann-Gymnasium, hatte er ernsthaft überlegt, zu gehen. Dank des entscheidungsschwachen Bürgermeisters aber, ist es nie dazu gekommen. Diesen Herbst stehen die nächsten Wahlen an, dann könnte bald alles wieder anders aussehen.

Aber daran mag er jetzt nicht denken. Nicht an diesem Morgen, der ganz alleine ihm gehört. Und Lady selbstverständlich, die ihn japsend daran erinnert, dass sie von der Leine will. Die Dackeldame hat allen Grund, sich zu beschweren, denn sie sind bereits an den Kastanienbäumen. Franz beugt sich hinunter, um den Karabiner vom Halsband zu lösen. Als er sich aufrichtet, spürt er einen scharfen Stich im Kreuz, der ihn ein paar Sekunden in gebückter Haltung verharren lässt. Wieder in der Vertikalen, erinnert immer noch ein dumpfes Pochen an den Schmerz. Lady ist inzwischen auf und davon in Richtung Hainbuchenhecke, wo ein Zaun aus Maschendraht die Abgrenzung zu den Gärten der neuen Siedlungshäuser bildet. Franz sieht ihr nach. Sieht, wie sie mit ihren kurzen Beinchen die Blätter aufwirbelt, die in dem ungewöhnlich milden Winter liegen geblieben sind, und lächelt. Es ist heller geworden, aber immer noch ein wenig diesig. Beim Kinderspielplatz verschmilzt das braune Fell der Hündin vor dem Hintergrund der noch unbegrünten Erdhügel und Franz verliert sie aus den Augen. Aber das ist in Ordnung. Lady kennt sich aus im Areal. Seit sie ein kleiner Welpe war, kommen sie täglich in den Park, der sich kaum verändert hat, obwohl er inzwischen mehrmals umbenannt worden ist. Als der junge Stadtrat Albert Prinz den Bürgermeister auf die Umweltschiene brachte, hat die Gemeinde Millionen in Solarprojekte investiert. Die ganze Stadt ist damals auf den Solarzug aufgesprungen. Franz möchte gar nicht wissen, wie viel Geld in die Photovoltaikanlagen geflossen ist, die heute das Ortsbild verschandeln. Nachdem der Stadtpark offiziell in *Energiepark* umgetauft wurde, ist auch die Gastronomie nachgezogen. Aus dem *Kirchenwirt* wurde der *Sonnenwirt*, aus dem *Kellerstüberl* das *N/ergy*. In sämtlichen Artikeln der Stadtzeitung war seitenweise von Förder- und Umweltpreisen die Rede. Daneben auf jedem zweiten Bild der Bürgermeister Stix, sein damaliger Vize und irgendeiner von den Grünen. Und, am strahlendsten von allen natürlich, der junge Albert Prinz, der damals schon genau gewusst hat, wo er hin will. Dass der Strahlemann bald im Rathaus sitzen wird, steht für Franz außer Frage. Bei der lausigen Konkurrenz sind die nächsten Wahlen reine Formsache. Nachdem der Hype um die alternative Energiegewinnung etwas abgeflaut war, hatte man angesichts der turbulenten Zeiten beschlossen, der Bevölkerung wieder vermehrt ein gesundes Unionsbewusstsein einzuimpfen. Und darum trägt heute nahezu jeder öffentliche Platz und Neubau in Bad Hoffning das *Euro-* oder *Europa*-Präfix stolz im Namen vor sich her.

Franz interessieren diese Chimären nicht. Er überquert die große Wiese hin zum Schotterweg und steuert auf die Bänke zu. Normalerweise ist er kein Bankerlsitzer, aber neben dem Kreuz macht ihm auch das linke Knie in letzter Zeit ganz schön zu schaffen. Unter präventivem Ächzen stützt er sich mit der rechten Hand an der Lehne ab und lässt sich in Zeitlupe niedersinken, wobei er bei jedem Zentimeter, mit dem sich sein Körperschwerpunkt der Sitzfläche nähert, mit einem Protestschrei seiner Bandscheiben rechnet. Hätte er den OP-Termin während der Weihnachtsferien nicht sausen lassen, wäre er längst wieder fit, aber die Vorstellung, sich unters Messer zu legen, und dann wochenlang irgendwo auf Reha zur Untätigkeit verurteilt zu sein, hat ihn dann doch dazu bewogen, die leidige Geschichte auf einen unbestimmten Zeitpunkt zu verschieben.

Ein paar Sekunden verharrt er in der Position einer Schwangeren im neunten Monat, dann senkt er sein Gesäß auf die hölzerne Sitzfläche und atmet mit geschlossenen Augen gegen die Schmerzen an. Ein kalter Wind ist aufgekommen, der die morgendliche Wolkendecke über die noch kargen Wipfel der Kastanien- und Eichenbäume bläst. Franz zieht den Reißverschluss seines blauen Anoraks bis hinauf zum Kinn und gibt sich ein paar Augenblicke lang dem bemühten Schauspiel eines Sonnenaufganges hin. Er freut sich auf einen Tag ganz ohne Lärm und Stress und Überraschungen. Nach dem Spaziergang wird er sich eine große Melange in der Dampfbäckerei am Rathausplatz gönnen und gemütlich seine Zeitung lesen, während Lady neben ihm auf der Sitzbank mit ihrer feuchten Schnauze auf den Pfötchen vor sich hin döst. Vor dem Besuch bei seiner Schwester bleibt auch ihm noch Zeit für ein kleines Schläfchen. Einen Schweinsbraten mit Knödel und Saft hat sie ihm versprochen. Herrlich! Der traditionelle Uhlsche Festtagsbraten katapultiert ihn immer wieder zurück in seine Kindheit. Mimi macht ihn genauso, wie die Mutter damals, mit viel Thymian und Knoblauch auf einer alles veredelnden Senfkruste. Dafür nimmt er sogar die Begegnung mit seinem Trottel-Schwager gerne in Kauf.

Die cholesterinschwangere Vision von einem deftigen Mittagessen wird jäh unterbrochen, als eine Gruppe Jugendlicher drüben beim alten Eislaufplatz den Park betritt. Dem Radau und ihrem Gang nach zu urteilen sind sie alle sturzbetrunken. Einer der Burschen hat sich am Zeitungsständer bedient und wirft johlend mit dem Sonderteil der Feiertagsausgabe um sich, während sein Freund die Hosen herunterlässt und unter Anfeuerungsrufen der Mädchen auf den Kiesweg uriniert. Franz sieht in die andere Richtung und wartet, bis die Störenfriede am Brunnen vorbei zum anderen Ausgang torkeln. Dann stemmt er den rechten Fuß in den Kies, hievt sein Gesäß im Zeitlupentempo vom Bankerl und lässt den restlichen Körper in die Senkrechte folgen, bis er beide Knie belasten kann. Nach ein paar steifen Schritten kommt er wieder in die Gänge und marschiert zum Pavillon hinüber, vorbei an der Metallbox, auf der der umwelt- und kinderfreundliche Hundebesitzer daran erinnert wird, sich ein Gackerl-Sackerl zu ziehen. Franz zieht sich kein Gackerl-Sackerl. Er zieht es vor, weiterzuziehen. Er hat heute frei, und keine Lust, sich bevormunden zu lassen. Dreimal umrundet er den Pavillon, der zu dieser Jahreszeit mit seinen hohen, weiß gestrichenen Bögen an den Rippenkorb eines Dinosaurierskelettes erinnert, und ab Juli bis in den späten Herbst hinein jedes Jahr zu neuer Pracht erwacht, wenn Efeuranken und Laternen den zentral gelegenen Holzbau aus den späten 50ern zum Schauplatz zahlreicher musikalischer Veranstaltungen und Theateraufführungen verwandeln.

Noch aber pfeift der kalte März-Wind durch das Gerippe. Als Franz seinerseits nach Lady pfeift, dreimal kurz und einmal lang, spürt er seine Lippen kaum, so sehr hat es inzwischen abgekühlt. Er lauscht und wartet, aber als die Minuten vergehen, und Lady auch nach zwei weiteren Pfiffen nicht angezappelt kommt, kriegt er es mit der Angst zu tun. Plötzlich fallen ihm die Jugendlichen wieder ein. Einen gefährlichen Eindruck haben sie nicht gemacht, aber was weiß man schon? Abgefüllt und aufgezogen wie die waren, hält er es für durchaus möglich, dass sie beim Anblick eines scheinbar herrenlosen Dackels auf allerhand dumme Ideen kommen. Und wenn sie nun an Rattengift gekommen ist, das einer dieser kranken Hundehasser irgendwo ausgelegt hat? Oder vorne an der Straße überfahren worden ist? Ganz anders wird ihm, wenn er an die tausend Möglichkeiten denkt, wie so ein öffentlicher Park für einen kleinen Hund zur Todesfalle werden kann. Mit einer Pulsfrequenz, die er sonst nur erreicht, wenn er beim Internisten auf dem Ergometer sitzt, rennt Franz Uhl zurück zum Spielplatz, um die Hügel abzusuchen, rennt weiter zum ausgelassenen Springbrunnen, in dem zwei skelettierte Tauben liegen. Humpelt den Kiesweg entlang zum Ausgang bei den Siedlungshäusern, wo die Jugendlichen den Park verlassen haben. Weit und breit keine Spur von seinem Mädchen.

Nach einer guten halben Stunde ist Franz so erschöpft, dass er kurz davor ist, aufzugeben. Er hat zwischen Zaun und Büschen gesucht, hat in der roten Plastikrutsche am Klettergerüst nachgesehen und in den Mülltonnen. Sogar unter den Pavillon ist er gerobbt auf Bauch und Händen, bis er völlig nass und außer Atem war. Sein Kreuz bringt ihn fast um, das linke Knie fühlt sich heiß und geschwollen an. Lady bleibt verschwunden, weit und breit keine Menschenseele, die er nach ihr fragen könnte. Er gibt sich einen Augenblick Zeit, bis er sich so weit erholt hat, dass er mit der Suche weitermachen kann. Sehr viel langsamer und diesmal deutlich fokussierter geht er ihre Lieblingsstellen auf dem Areal noch einmal ab. Erst, als er erneut am ehemaligen Eislaufplatz vorüberkommt, sieht er etwas aus dem Augenwinkel, das ihn mitten im Schritt innehalten lässt. Auf der vernachlässigten Wiese, die seit den Folgen des Klimawandels nur noch als Zeltfläche für den Zirkus dient, der zweimal jährlich durch Bad Hoffning kommt, lehnt ein Fahrrad an der Rampe.

Der auf das Niveau der einstigen Eisfläche abfallende Holzsteg wurde in den 60ern errichtet, damit man von der Schlittschuhhütte direkt aufs Eis gelangen konnte, ohne sich die Kufen auf dem Schotterweg zu ruinieren. Heute ragt er traurig auf zwei morschen Pfählen in das abgesunkene Rasenstück, seines Zweckes beraubt und brandgefährlich wegen der verrosteten Nägel und Schrauben im Holz. Nur wer das bunte Wintertreiben auf dem Eis noch sehen kann, wer im Vorübergehen immer noch die scheppernde Musik aus den verschwundenen Lautsprechern hört und die beißende Kälte spürt, die einem die Nasenlöcher zufrieren lässt, nur wer sich an all das nach Jahrzehnten noch erinnert, der kann in dieser langsam vor sich hin rottenden Rampe so etwas wie die Versinnbildlichung seiner verlorenen Jugend erkennen. Und wird dabei vielleicht ein wenig melancholisch.

Bei Franz Uhl, der manchmal tatsächlich ein wenig zur Melancholie neigt, als Praktiker jedoch in einer morschen Holzrampe eben nicht mehr sieht, als eine morsche Holzrampe, ist es eher der Anblick des Fahrrads, der eine Reihe von Assoziationen auslöst. Seiner ersten Eingebung, *das Ding war noch nicht da, als ich früher hier vorbeigekommen bin,* folgt blitzschnell die zweite, *es muss also noch jemand hier sein,* und dann, als er bis auf einen Schritt an das neongelbe Bike herankommt und den Sticker auf dem Sattel sieht, schließlich die Erkenntnis: *Und wo dieser Jemand ist, kann auch Lady nicht weit sein!* Wie viele neongelbe Fahrräder kann es schon geben in Bad Hoffning? Drei vielleicht? Fünf? Bestimmt nicht mehr als zehn. Und wie groß, überlegt Franz weiter, während er spürt, wie seine Angst um Lady langsam einer detektivischen Erregtheit weicht, wie groß ist die Wahrscheinlichkeit, dass zwei dieser Räder genau denselben Aufkleber tragen? Er kennt diesen Sticker mit dem gruseligen Clown. Kennt ihn aus dem Fahrradunterstand vor dem Gymnasium, wo er jeden Vormittag die Zigarettenstummel wegkehrt. Kennt auch den Besitzer dieses Fahrrads, der ihm stolz erklärt hat, dass das nicht irgendein Clown ist auf dem Sattel, sondern der Clown Pennywise aus dem Horrorstreifen *ES*. Franz hat den Film nie gesehen (er mag keine Horrorfilme, weil er danach nicht schlafen kann), aber Matthias Sommer ist besessen von dem Gruselklassiker des Stephen King. Trotz des Generationenunterschiedes und den unterschiedlichen Interessen, hat er den Turnlehrer ins Herz geschlossen. Der Junge macht gerade eine schwierige Phase durch. Ob nun aber die Entdeckung des Fahrrads zu so früher Stunde an diesem gottverlassenen Ort mit der Sinnkrise des jungen Freundes zu tun hat, darüber kann Franz im Augenblick keine Spekulationen anstellen. Der Verdacht jedenfalls, seine Anwesenheit im Park könne mit Ladys Verschwinden zusammenhängen, liegt nahe. Die beiden sind verrückt nacheinander, seit sie sich zum ersten Mal begegnet sind. Franz muss zugeben, dass er anfangs ziemlich eifersüchtig war auf diese seltsame Verbundenheit.

Wieder zu Atem gekommen und um einiges zuversichtlicher, sondiert Franz Uhl die Lage neu, indem er seinen Blick über die Wiese schweifen lässt und versucht, den Platz durch Ladys Augen zu sehen. Weil es da aber außer dem verfallenen Steg und dem Fahrrad nichts zu sehen gibt, nähert er sich dem Betonquader am Rande der Wiese, den sie als Buben früher *die Eishütte* nannten. Hier konnte man sich für zwei Schillinge Schlittschuhe leihen und für drei die Kufen schleifen lassen. Unter den primitiven Holzbänken im Garderobenraum gab es ein nicht isoliertes Heizungsrohr, das knapp über dem mit schwarzen Gummimatten ausgelegten Fußboden verlief. Während der Jahrzehnte müssen wohl tausende von Schals und Hauben, Handschuhe, Zuckerlpapierln und Taschentücher in dem Spalt zwischen Rohr und Mauer verschwunden sein. Nach heutigen Sicherheitsbestimmungen unvorstellbar, so eine Installation, geht es dem Schulwart durch den

Kopf, der nun doch ein wenig melancholisch wird, als ihm wieder einfällt, wie oft er sich als Jüngling an dem glühend heißen Ding den Hintern verbrannt hat, während er sich in die Schuhe zwängte. Die Klos am hinteren Teil des Gebäudes wurden längst abgerissen, während die beiden noch bestehenden Räume der Stadtgärtnerei heute als Geräteschuppen dienen. Franz ist wenig überrascht, als er die neu eingesetzte Eisentür neben dem eingebrochenen Kassahäuschen versperrt vorfindet. Die beiden Fenster an der Längsseite der Mauer sind mit schweren Holzbrettern vernagelt. Als er daran rüttelt, glaubt er, aus dem Inneren der Hütte ein leises Winseln zu hören. Angetrieben von neuer Hoffnung, sucht er fieberhaft nach einer Möglichkeit die Balken loszumachen, dann fällt ihm der Hintereingang wieder ein. Der Zugang durch die Tür neben den Mülltonnen war ihnen strikt verboten, aber wenn der Eiswart Piskovic in seinem Suff vergessen hatte abzuschließen, konnte man auf diesem Wege ohne Eintritt auf den Platz und sich so ein bisschen Taschengeld ersparen.

Immer noch mit dem Gewinsel in den Ohren, humpelt er zur Rückseite des Häuschens und muss sich erst durch dichtes Gestrüpp und Dornen kämpfen, ehe er den von Efeuranken umwachsenen Eingang in der Wand entdeckt. Die alte Brettertür hängt verwittert aus den Angeln. Was der in Sicherheitsbelangen sehr penible Schulwart als grobe Nachlässigkeit verurteilt hätte, nämlich das offensichtliche Fehlen eines Vorhängeschlosses, gibt dem Privatmenschen und besorgten Hundevater Franz Uhl Anlass zur Zuversicht. Mit ein paar entschlossenen Schritten ist er auch schon am Eingang, und stemmt das gesunde Knie in den Spalt zwischen Holz und Türstock. Ein kräftiger Stoß mit der rechten Schulter gegen die Bretter, ein Tritt, gefolgt von einem Brennen in der Hüfte, dann bricht der Rahmen mitsamt Scharnieren aus dem bröseligen Mauerwerk und Franz landet mit einem dumpfen Schlag auf dem Betonboden im Inneren der Hütte. Als im nächsten Augenblick Lady um die Ecke zappelt, reißt zeitgleich draußen vor dem Loch der Himmel auf.

Dem Bild der wedelnden Dackeldame in dem von gelborangen Sonnenlicht durchfluteten Raum wohnt beinahe etwas Religiöses inne. Selbst Franz, dessen religiöse Aktivitäten sich auf die Teilnahme an den Schulgottesdiensten beschränken, ist von der marienhaften Erscheinung seiner Hündin derart bewegt, dass er gar nicht anders kann, als ein ehrfürchtiges *Danke* in Richtung der mit Spinnweben verhangenen Zimmerdecke zu schicken. Lady ihrerseits scheint sich über das Wiedersehen ebenso zu freuen. Ihre Rute versetzt das kleine Hinterteil in wilde Schwingungen, die den ganzen Dackelkörper wackeln lassen. Dennoch rührt sie sich keinen Zentimeter von der Stelle, als er sich lockend auf die Schenkel klopft. Immer wieder macht sie Anstalten, in seine Richtung los zu starten, verharrt dann aber doch auf ihrem Posten und blickt aufmerksam in den Durchgang hinter sich, als gäbe es dort irgendetwas, das sie an einer unsichtbaren Kette zurückhält. Irgendetwas, oder vielmehr irgendjemand. Und als bei Franz endlich der Groschen fällt, passt alles zusammen. Vor lauter Wiedersehensfreude und Erleichterung, hat er das Fahrrad draußen an der Rampe ganz vergessen. So schnell es sein lädierter Körper zulässt, rappelt er sich hoch, eilt an der aufgeregten Hündin vorüber und ihr voran in jenen Raum, den er als Schlittschuhgarderobe in Erinnerung hat. Es dauert eine Weile, bis sich seine Augen an die Lichtverhältnisse gewöhnen, und er die menschliche Gestalt erkennt, die da eingerollt in eine alte Decke und umgeben von einem Durcheinander aus Spaten und Rechen, Leitern, Nistkästen und Schottersäcken vor ihm reglos auf dem Boden liegt. Franz fällt ein Stein vom Herzen, als er näher tritt und sieht, dass sich Matthias' Brustkorb hebt und senkt. Obwohl er leicht unterkühlt sein muss, scheint er nur tief und fest zu schlafen. Auf einer schwarzen Gummimatte neben dem Lager steht eine halbleere Bierflasche. Während sich der Schulwart das Gehirn darüber zermartert, was er tun oder lassen soll, nimmt ihm Lady die Entscheidung ab. Nachdem sie in den höchsten Tönen japsend zwischen Freund und Herrchen hin und her gelaufen ist, legt sie sich zufrieden neben den Schläfer, drückt ihm ihre Schnauze ans Gesicht, und leckt ihm über die stoppeligen Wangen.

Als Matthias zu Bewusstsein kommt, fühlt es sich an, als habe er eben erst die Augen geschlossen. Obwohl er jeden einzelnen Knochen am Leib spürt, scheint ihm der Gedanke an das eigene Wachsein völlig absurd. Irgendetwas muss passiert sein in den letzten Stunden. Etwas, womit er sich jetzt noch nicht auseinandersetzen will. Er weiß nur, dass er seltsam geträumt hat. Erst von einer matronenhaften Frau in orangem Seidenkleid, die in irgendeiner fremden Sprache auf ihn eingeredet hat. Russisch? Nein, exotischer. Suaheli? Mandarin? Egal, jedenfalls hat er kein Wort davon verstanden, ihr aber kurioserweise fließend Antwort geben können. Im nächsten Augenblick war er plötzlich mit Manu im Garten seiner Eltern. In ihrem Hochzeitskleid ist sie auf ihn zugekommen. Er wollte sie küssen, aber anstatt den Kuss zu erwidern, hat sie ihm lachend über das Gesicht geleckt. Danach kann er sich an nichts mehr erinnern, und das ist vielleicht auch besser so.

Dass ihm eiskalt ist, merkt er erst, als er pinkeln muss. Oder ist es der Druck auf seine Blase, der ihn wissen lässt, dass ihm kalt sein sollte? Er muss immer pinkeln, wenn ihm kalt ist. Als der Ruf der Natur so stark wird, dass er ihn nicht länger unterdrücken kann, dreht sich Matthias auf den Rücken und schlägt die Augen auf. Und beginnt zu schreien, wie er noch nie in seinem Leben geschrien hat.

Im Trainingsraum

Matthias sitzt seit zwanzig Minuten im Trainingsraum und starrt aus dem beschlagenen Fenster. Beobachtet, wie aus Nieselregen Schneeregen wird, und kippt den letzten Schluck Kaffee hinunter. Dann greift er zum Rucksack, um das Unvermeidliche in Angriff zu nehmen. Er hätte die Words-Tests schon gestern anschauen können, und vorgestern und vorvorgestern. Hat es erfolgreich hinausgezögert, wie er als Schüler schon das Lernen bis zur letzten Nacht hinausgeschoben hat. Er hat es nachgegoogelt, *Prokrastination* nennt man dieses Verhaltensmuster in der Psychologie, chronisches Aufschieben wichtiger Aufgaben. Man kann auch Faulheit dazu sagen. Stinkfaul ist er gewesen in der vergangenen Woche. Mehr als unangenehm ist dann auch der Geruch, der ihm entgegenschlägt, als er den Rucksack öffnet.

Das findet auch die Nukic Babsi, die ihm die Kollegin Sablatnig vor einer Viertelstunde heruntergeschickt hat. „Boah. Was stinkt denn da so, Herr Fessor?", kommt es vom Tisch in der Ecke, der für all jene Schüler reserviert ist, deren Verhalten auch mit Kreativität nicht schöngeredet werden kann. Was früher einmal das Winkerlstehen war, ist heute sozusagen der Besuch im Trainingsraum, mit dem kleinen Unterschied allerdings, dass man Störern und Unterrichtssaboteuren hier die Reife zugesteht, über ihr Fehlverhalten schriftlich zu reflektieren. Seltsamerweise aber sind es immer dieselben Störer, die sich hier die Ehre geben, reflektiert Matthias seinerseits. Ohne auf Babsis Frage einzugehen, greift er nach dem Corpus Delicti im Rucksack, ein in Butterpapier gewickeltes Schwarzbrot mit kaltem Schweinebraten, und versenkt es mit einem sauberen Dreipunktewurf im Mistkübel neben der Tür. Denkt sich zunächst nichts dabei, denkt widerwillig an die Tests, denkt mit einem kurzen Blick auf Babsis bauchfreie Bluse darüber nach, was sie sich wohl denken mag bei der Auswahl ihrer Garderobe, und kommt zu dem Schluss, dass sich die Babsi wahrscheinlich gar nichts denkt die meiste Zeit des Tages. Erst als sein Blick zurück zum Abfalleimer wandert, wird er sich der eigenen Gedankenlosigkeit bewusst. Die Entledigung des Brotes bei dem noch geringen Müllaufkommen am frühen Morgen könnte unangenehme Folgen haben. Der Teufel schläft bekanntlich nicht, und in seinem Fall ist der Teufel nicht nur ein penibler Müllapostel, sondern außerdem sein neuer Mitbewohner, der höchst empfindsam reagiert, wenn man seine Fürsorge verschmäht. Mit einem Satz ist Matthias neben der Türe, kramt unter dem mit dickem Kajalstift umrahmten Blick der Nukic Babsi das Jausenpaket aus dem Kübel und lässt es zwischen Tests und Turnhose wieder im Sportrucksack verschwinden. Er wird das Stinkbrot später loswerden. Irgendwo, wo es der Franz nicht zufällig entdecken kann. Empfindlich und reizbar, wie der Schulwart in den letzten Tagen durch die Gegend schleicht, würde er aus der Sache nur wieder ein Drama machen. Wie letzte Woche wegen der Bartstoppeln im Waschbecken. Oder die Woche davor, als Matthias die Grammeln aus der Eierspeise gepickt hat. Dabei sollte der Franz inzwischen wissen, dass er kein Fleischesser ist. Zuviel tierisches Eiweiß macht ihn schlapp und müde. Der Schulwart hingegen scheint sich ausschließlich von Fett und Mampfwerk zu ernähren. Speck zum Frühstück, Leberkäse am Vormittag und Wurstsalat zum Nachtmahl. Zwischendurch jede Menge zuckerhältiges Zeug mit leeren Kalorien. Als WG-erfahrener und halbwegs toleranter Mensch, als den er sich selbst einschätzt, liegt es Matthias fern, den Leuten in ihre Ernährungsgewohnheiten hineinzureden, aber nach drei Wochen mit dem Franz in einer Wohnung, geht ihm die massenhafte Fleischvernichtung fast so auf die Nerven, wie der Plüschvorleger im Bad und die biederen Kunststoffblumen überall. Die Bemutterung durch den Gastgeber kann er an manchen Tagen nur unter Aufbringung größter Selbstbeherrschung über sich ergehen lassen. Mit dem verdammten Jausenbrot im Rucksack ist das Maß jetzt voll. Er muss dieses Wohnverhältnis so rasch wie möglich beenden. Gleich heute Abend nach dem Fußballtraining wird er sich im Internet etwas Eigenes suchen. Und wenn es nur eine Garconniere ist für den Übergang. Aber *first things first*. Zuerst sind die verdammten Tests dran.

„Wie spät is denn?", tönt es vom Ecktisch her, gerade als sich Matthias überwinden kann, den Rotstift in die Hand zu nehmen. Die Babsi hat er in seinem Ärger ganz vergessen. Er kennt sie aus dem Englischkurs vom letzten Jahr, da ist sie noch ein fleißiges, liebes Mädchen gewesen. Damals schon nicht die Hellste zwar, aber immerhin hat sie sich Mühe gegeben. Jetzt, mit dreizehn hat die verdammte Pubertät voll zugeschlagen.

„Herr Fessor, ich habe gefragt, wie spät es ist!", wiederholt sie sich und nagt eindeutig zweideutig an ihrem Lippenpiercing.

„Zeit zum Uhrkaufen!"

„Haha! Sehr witzig. Nein, im Ernst, Herr Fessor. Wie spät ist es denn jetzt? Bitte!" Das *Bitte* betont sie, indem sie sich über den Tisch zu ihm herüberbeugt, im vollen Bewusstsein, dass sie ihm dadurch uneingeschränkten Einblick auf ihr Dekolleté gewährt. Das beachtlich ist, wie Matthias zugeben muss, ihn aber nicht mehr reizen könnte als das Euter einer Kuh. Trotz des Wintereinbruchs mitten im April trägt die Babsi nur ein Tanktop unter der karierten Bluse, die ihr mindestens zwei Nummern zu klein ist, was wiederum den Schluss zulässt, dass dem Mädchen nach Verhüllung oder Wärme nicht der Sinn stand, als sie sich den Fetzen aus dem Korb irgendeiner Billigmodenkette gegriffen hat. Genervt zieht er sein Handy aus der Jacke und muss feststellen, dass ihm nur noch eine knappe halbe Stunde bleibt. Wenn er sich beeilt, kann er in der Zeit die Tests noch schaffen. Mit der Auswertung wird's knapp. Scheiße, was soll's, dann gibt er sie erst morgen zurück. Anstatt auf Babsis Frage einzugehen, geht er zu ihr hinüber, wirft einen Blick auf das beschmierte Reflexionsblatt, seufzt, und hält ihr seinen Kuli hin. „Da, nimm gefälligst den. So etwas schreibt man nicht mit Bleistift. Was glaubst du, wer Probleme kriegt, wenn ich so eine Schmuddelei abgebe?"

„Aber ich weiß nicht, was ich schreiben soll, Herr Fessor. Ich hab diesmal gar nichts gemacht. Ehrlich! Die fette Sablatnig hat mich nur geschickt, weil die mich total hasst." Die Nummer mit dem Rehblick hat sie nicht schlecht drauf, die Babsi, aber vielleicht sollte ihr jemand sagen, dass der Schmollmund total nuttig rüberkommt. Matthias hat kein Mitleid. Er weiß, was sie mit der Sabine Sablatnig in Babsis Klasse für ein Programm fahren. Die Kärntnerin mag zwar nicht sein Fall sein, aber wenn eine Kollegin zur Zielscheibe gruppendynamischer Grausamkeiten wird, ist für ihn Schluss mit lustig.

„Erstens heißt das immer noch Frau Professor Sablatnig", fährt er die Babsi an, „und zweitens kannst du gerne noch ein bisschen länger dableiben. Das wären dann sieben Stunden Trainingsraum alleine in diesem Semester. Und wie du wissen dürftest, ist das bei deiner Vorgeschichte ein fetter Grund zur Suspendierung. Dann kannst schauen, wo sie dich nehmen mit deiner Einstellung. Hast mich?"

Obwohl sich die Babsi mit ihrem bildungsfernen Hintergrund wenig für ihre Zukunft interessiert, wirkt sie nun doch ein wenig umgänglicher. „Geh, Herr Fessor, Sie waren doch immer cool mit uns", schmollt sie mit Kleinmädchenstimme und greift sich seinen Kuli. „Und ich hab echt nix Schlimmes gemacht. Nur Kaugummi gekaut. Und da ist die Sabla..., da ist die Frau Professor Sablatnig, meine ich, voll ausgezuckt. Ich mein, das ist doch total irre, wegen so etwas gleich loszubrüllen."

Matthias geht darauf nicht ein. Er findet es auch total irre, wegen eines Kaugummis die Nerven wegzuschmeißen. Aber aus eigener Erfahrung weiß er, dass es manchmal noch viel weniger braucht, um zu explodieren.

„Dann schreib!", deutet er auf die Auswahlmöglichkeiten unter der Zeile *Warum ich den Unterricht verlassen musste*.

„Weil ich gestört habe?", sieht ihn Babsi fragend an? „Aber ich habe doch gar nicht gestört, ich hab nur ..."

„Kreuz halt an! Liest doch in Wahrheit eh kein Mensch", unterbricht er sie ungeduldig.
„Wie habe ich gestört?", murmelt sie vor sich hin und kritzelt ganz von selbst ein fehlerloses *Indem ich Kaugummi gekaut habe* in die nächste Spalte. Nur der Satzpunkt fehlt, aber das geht ihn nichts an. Den Kindern die Satzzeichen beizubringen, ist Aufgabe der Volksschullehrer.
„Wie ich mein Verhalten ändern will?" Ehrliche Überforderung jetzt im Gesicht der Babsi.
„Nicht mehr Kaugummi kauen während der Stunde?", hilft Matthias nach, weil er ihre Kooperation zu schätzen weiß. *Nicht mehr Kaugummi kauen* schreibt sie in das letzte Feld und hält ihm den Wisch zum Unterschreiben hin. Als dann auch die Babsi in ihrer erstaunlich kindlichen Handschrift unterzeichnet hat, steht sie auf und zieht sich die Jeansleggings über die Hüften.
„Kann ich jetzt gehen, Herr Sommer?"
„Sicher. Aber vergiss nicht, dich bei der Frau Professor Sablatnig zu entschuldigen."
„Schon klar. Aber nur Ihnen zuliebe", grinst sie mit Augenaufschlag, und ist auch schon zur Tür hinaus.

„Und wieder ein fremdes Problem gelöst", sagt Matthias halblaut zu sich selbst, und denkt dann wieder an seine eigenen Probleme, die niemand für ihn löst. Siebenundzwanzig davon stecken immer noch im Sportrucksack, ein weiteres geht gerade mit vier Klopapierkartons beladen an der offenen Tür vorbei und kann ihn Gott sei Dank nicht sehen. Er weiß genau, dass es unfair ist, dem Franz die ganze Schuld für sein Dilemma zu geben. Schließlich kann der Schulwart nichts dafür, dass er sein Leben nicht auf die Reihe kriegt. Dabei schien es nach der Sache mit Manu gerade wieder bergauf zu gehen. Matthias hatte vorgehabt, noch eine Weile bei den Eltern zu wohnen, bis er sich etwas Eigenes finden würde. In der Zwischenzeit hätte er in aller Ruhe an seiner Zukunft basteln können. So der Masterplan, der ihn durch einen trostlosen Herbst und noch tristeren Winter getragen hatte. Durch ein Halbjahr, in dem beinahe jeder Feiertag auf einen Samstag oder Sonntag fiel. In dem er zweimal auf Schikurs fahren musste und vor lauter Nachmittagsunterricht, schwachsinnigen Fortbildungen und Besprechungen selten vor dem Dunkelwerden nach Hause gekommen ist. Einen Plan B hatte es nie gegeben, und dafür kann man nun wirklich nicht den Franz verantwortlich machen. Trotzdem, wenn er nicht bald auszieht, treibt ihn der Schulwart in den Wahnsinn. Er lässt ihn kaum noch aus den Augen seit er glaubt, er hätte ihm am Eislaufplatz das Leben gerettet. Dass er ebendieses in Wahrheit fast beendet hätte, weil ihm beim Anblick des Schulwartplutzers zu so früher Stunde nämlich fast das Herz stehen geblieben wäre, behält Matthias lieber für sich.

Überhaupt würde er die Erinnerung an diesen Tag am liebsten aus dem Gedächtnis streichen. Dabei war er so zuversichtlich gewesen vor seinem Treffen mit der Lektorin Mona Rothe. War nach langer Zeit des Grübelns, Zweifelns und Verzweifelns so hoffnungsvoll gewesen, weil er endlich wieder ein Ziel vor Augen hatte. Das Jahr nach der Scheidung war die Hölle. Nicht, weil er Manu so sehr nachgetrauert hätte, nein. Viel zu oft hatte er sie in den Wochen nach der Trennung, und auch schon davor, kalt und gleichgültig erlebt, sodass da kein Platz mehr gewesen wäre für irgendeine Verliebtheit. Die Infragestellung der eigenen Person, seiner Existenz war es, die ihn so hinuntergezogen hat. Und jetzt ist es wieder passiert. Wieder hat er sich getäuscht. Wieder ist er blind einer Illusion nachgelaufen, einer Vorstellung von dem, der er gerne gewesen wäre. Er, ein Schriftsteller. Ein Geschichtenerzähler. Einfach lächerlich! Zutiefst anmaßend und beschämend erscheint Matthias heute sein Größenwahn. Immer noch steigt es ihm ganz heiß auf, wenn er an das Gespräch mit der Lektorin denkt.

Er hatte das *Freddie's* vorgeschlagen, weil es die einzige Lokalität im Ort ist, in der man nicht damit rechnen muss, einem

Schüler zu begegnen. Früher ist das Café so etwas wie sein zweites Wohnzimmer gewesen. Wann immer er und seine Kumpels keinen Bock auf Schule hatten, wann immer sich eine Gelegenheit fand, den Religionsunterricht zu schwänzen oder die peinigend trockenen Physikstunden, sind sie ins *Freddie's* zum Billardspielen gegangen, bei einem Cola Rot, oder auch zwei, wenn das Taschengeld gereicht hat. Seit der junge Freddie nach seiner Rückkehr aus den Staaten das *Freddie's* übernommen hat, verkehrt dort nur noch die Stadtelite und alle, die sich dafür halten. Heutzutage zieht es die Kids aus der Oberstufe ins *Colombia* zum Schwänzen. Wer vor Partys oder Bällen eine Location zum Vorglühen sucht, geht entweder ins *Eighties* oder ins *Mex*.

Als Matthias das Lokal betritt, muss er nicht lange nach Mona Rothe suchen. Wegen des folgenden Feiertages ist es bereits ziemlich voll mit den üblichen Verdächtigen aus Business und Schickeria, deren Erscheinungsbild trotz aller offensichtlichen Bemühung nach Individualität nicht über den Gesamteindruck einer uniformen Exzentrik hinwegtäuschen kann. Diese exzentrische Uniformität (oder besser gesagt, das Fehlen ebendieser) ist es dann auch, woran er Mona Rothe gleich erkennt. Sie ist so ziemlich der einzige Gast ohne Sonnenbrille auf dem Kopf und sticht blass hervor aus dem Gesichtermeer der tief gebräunten Dauerurlauber und Golfer. Anders als auf ihrem Facebook-Profil trägt sie das dichte, dunkle Haar zurückgebunden. Außerdem ist sie um einiges fülliger, wie Matthias auffällt, als er sich zwischen den Prosecco-Trinkern an die Theke kämpft, um sich einen Spritzer zu bestellen. Obwohl sein eigenes Profilbild noch aus der scheidungsbedingten Schnauzbart-Phase stammt, scheint ihn die Lektorin ebenfalls gleich erkannt zu haben. Während er auf den Platz an der Fensternische zusteuert, hat sie ihn bereits im Visier.
„Nicht Ihr Lokal?", ist das Erste, was sie sagt, als er zu ihr an den Tisch tritt.
„Ist das so offensichtlich?" Die Tatsache, dass sie ihn sofort dur-

schaut hat, macht ihn noch nervöser als er ohnehin schon ist. Die Lektorin selbst scheint sich zumindest recht wohl zu fühlen, obwohl sie mit ihrer Erscheinung so gar nicht in das *Freddie's* passt. Trotz ihrer Leibesfülle und der ungemütlichen Jahreszeit, trägt sie eine halblanges Kleid aus orangem Seidenstoff, das die freiliegenden runden Schultern zur Geltung kommen lässt, während ihre eindrucksvollen Brüste durch einen raffinierten Wickeltrick in Form gehalten werden. Als sie lächelnd auf den gegenüberliegenden Stuhl weist, fällt ihm auf, dass sie kein Makeup trägt. Ihr Alter ist schwer zu schätzen. Sie mag Ende Vierzig sein oder eine gut erhaltene Mittfünfzigerin. Ihr freundliches Gesicht ist nahezu faltenlos. Eine Genießerin, wie das halbvolle Rotweinglas auf dem Tisch vermuten lässt.
„Ich habe Ihre Texte gelesen", kommt sie ohne Umschweife zur Sache, als der Kellner seinen Spritzer bringt. Froh um die Ablenkung, nimmt er einen langen Schluck und macht dann eine große Nummer daraus, seine Jacke über die Stuhllehne zu hängen. Natürlich brennt er darauf zu erfahren, was Mona Rothe von seinen Texten hält, schließlich hat er an nichts anderes denken können, seit er ihr sein Manuskript geschickt hat, aber er wird den Teufel tun, und gleich die alles vernichtende Frage stellen. Die Frau ist ein Vollprofi und solche Leute urteilen nicht in Kategorien wie *gut* und *schlecht* und *annehmbar*. Mit solchen Pauschalurteilen hätte sie ihn auch per Email abfertigen können. Die Tatsache aber, dass ihn die Lektorin treffen wollte, muss doch etwas zu bedeuten haben?
Entweder, geht es Matthias durch den Kopf, während er versucht, dem forschenden Blick der Rothe standzuhalten, entweder er hat unverschämtes Glück, und die Lektorin gehört zu jenen Vertreterinnen ihres Berufsstandes, die auch den No-Names dieser Welt eine Chance geben, oder ... Oder aber, sie hat seinen Text derart miserabel gefunden, dass sie sich aus reinem Mitleid mit ihm trifft. Um ihm zu sagen, dass er seine Zeit vergeudet. Dass er sich lieber auf Heimatdichtung oder Regionalreportage beschränken

soll, wenn er schon unbedingt schreiben muss. Die Angst vor der Erniedrigung hat ihn derart fest im Griff, dass er erschrocken zusammenfährt, als die Lektorin wieder das Wort an ihn richtet.
„Und, wollen Sie denn gar nicht wissen, was ich davon halte?"
„Schon", nickt er verlegen und nimmt gleich noch einen Schluck von seinem Spritzer, um das Sandpapiergefühl im Hals wegzuspülen.
„Also gut. Bestimmt fragen Sie sich, warum ich auf Ihre Einsendung geantwortet habe. Und bestimmt wissen Sie, dass es normalerweise in meiner Branche alles andere als üblich ist, sich mit hoffnungsvollen Nachwuchsschreibern privat zu treffen." Für einen Augenblick hält sie inne, wie um sich zu vergewissern, dass der Auftakt ihrer Rede wirkt. „Sie möchten gar nicht wissen, wie viele Menschen da draußen denken, sie hätten das Zeug zum Schriftsteller, nur weil sich ein paar wohlmeinende Verwandte und Freunde von ihren Texten beeindruckt zeigen."
Wieder kann Matthias nur nicken, wieder der Griff zum Glas, das er aber stehen lässt, als er merkt, dass seine Hand zu zittern anfängt.
„Sie können sich also vorstellen, wie viele Zusendungen wir jeden Tag bekommen. Und es werden immer mehr. In Zeiten des ultimativen Eitelkeitswahns, in Zeiten von Facebook, Instagram und Twitter, in einem Jahrhundert, in dem der Selbstdarstellungstrieb der Menschen derart zugenommen hat, und die Möglichkeiten diesen medial auszuleben beinahe unbegrenzt erscheinen, beginnt sich bei den Leuten eine gewisse Übersättigung einzustellen. Und damit komme ich auch schon auf den Punkt."
Es entsteht eine kleine Spannungspause, in der sie sich energisch durch das dicke Haar fährt, während Matthias auf den Teil der Rede wartet, in dem sie ihn vernichten wird.
„Leider aber", spricht Mona Rothe endlich weiter, „leider aber, wie sich immer mehr herausstellt, scheint sich der Trend zum Massennarzissmus nicht beruhigt, sondern lediglich verschoben zu haben. Was ich damit sagen will, Herr Sommer, und das müssen

Sie sich jetzt von mir anhören, weil es sich jeder anhören muss, der meinen Ratschlag möchte, ... was also das wirklich Schlimme an der Sache ist, vielen Menschen da draußen genügt es nicht mehr, ihre Befindlichkeiten in sozialen Netzwerken zu teilen. Ihnen reicht es nicht mehr, Mahlzeiten und Haustiere zu posten und über ihre Verdauungsstörung Blogs zu schreiben." Matthias fällt auf, dass sich die grünen Augen der Rothe während der letzten Worte um eine Nuance verdunkelt haben, das Timbre in ihrer Stimme ist um eine Oktave nach oben gerutscht.
„Und was machen diese Leute? Sie beschließen, Bücher zu schreiben. Weil ja schließlich jeder schreiben kann, nicht wahr? Tennisstars, Fußballtrainer und Entertainer haben es vorgemacht. Boxenluder und abgehalfterte Moderatorinnen ziehen nach. Unaufhaltsam sinken Anspruch und Niveau mit jedem, der es ihnen gleichtut. Wer nichts zu erzählen hat, schreibt über seine sexuellen Vorlieben, die Hämorrhoiden des Partners, ausgelutschte Tampons oder Omas Einmachsüppchen. Egal. Irgendwer wird den Mist schon lesen wollen, nicht wahr?" Die Rothe holt tief Luft und leert ihr Glas in einem Zug. Es ist offensichtlich, dass sie ziemlich angepisst ist.
„Aber wissen Sie was, Herr Sommer? Ich will das nicht mehr lesen! Man muss sich ja mit so manchem auseinandersetzen in meinem Job, aber irgendwann ist der Höhepunkt der Geschmacklosigkeit erreicht, und bei mir ist es jetzt so weit." Also doch, denkt er, sie findet meine Story so dermaßen schlecht, dass sie mich zum Anlass nimmt, um ihrem Frust Luft zu machen. Im Namen aller Dilettanten macht sie mich hier jetzt gleich zur Sau.
„Ich muss mich entschuldigen. Sie sehen ja total zerknirscht aus", kommt es im nächsten Augenblick von Mona Rothe. Ihr herzliches Lachen hat einen leicht mütterlichen Unterton. „Was ich eigentlich sagen wollte ...", fährt sie fort und legt über den Tisch hinweg ihre Hand auf seinen Unterarm. „Ich mag Ihren Text Herr Sommer, mag ihn sogar sehr. Sie schreiben einfühlsam. Ihr Stil ist eigentümlich, aber erfrischend, und wie Sie Ihre Figuren

beschreiben, ... das hat etwas. Etwas Liebenswertes. Es lässt mich nicht kalt, verstehen Sie? Seit langem hat mich niemand mehr so überrascht. Ich würde wirklich gerne mehr von Ihnen lesen ..."
Matthias muss hart schlucken. Er versucht nach außen hin ruhig zu bleiben. Das Urteil freut ihn. Nur die Art, wie sie den Satz am Ende offen lässt, verrät ihm, dass da noch ein *Aber* folgen wird. Und da ist es auch schon.
„Aber, und das ist der Grund dafür, weshalb ich Sie persönlich treffen wollte. Ich finde, Sie sollten sich darüber klar werden, worüber Sie wirklich schreiben möchten. Was lesen Sie privat, Herr Sommer?" Matthias hat Schwierigkeiten, sich auf die Frage zu konzentrieren. Er fühlt sich wie am höchsten Punkt einer Hochschaubahn, bevor es gleich mit 120 Sachen in die Tiefe geht. „King", bringt er einsilbig hervor, und bedeutet dem vorbeieilenden Kellner, dass er noch einen Spritzer möchte. Mona Rothe bestellt sich ebenfalls noch ein Glas und ermutigt ihn mit einem auffordernden Nicken, weiterzusprechen.
„John Irving", sagt er unsicher. Es fühlt sich komisch an, seine literarischen Vorlieben vor der Lektorin auszubreiten. Ein bisschen so, als würde er seinen Kleiderschrank für sie öffnen, in dem sie lauter Armani- und Boss-Anzüge erwartet, während dort nur Ware von der Stange hängt. Aber er beschließt, ehrlich zu sein. Die Frau hat sein Vertrauen gewonnen, ihr Interesse an ihm wirkt authentisch. „Ken Follett habe ich im Regal und wohl auch *Harry Potter*."
„Alle sieben Teile, wie ich hoffe?"
Jetzt muss er schmunzeln. „Alle sieben Teile. Außerdem habe ich gerade die spanischen Autoren entdeckt. Zafón, Palma und so weiter. Zwischendurch tut es natürlich auch ein Thriller aus der Dose oder ein Heimatkrimi. Eigentlich lese ich so ziemlich alles, was mir unterkommt." Und ehe er sich stoppen kann, zerrt er dann auch noch seine peinliche Krawatte mit dem rosaroten Playboy-Bunny-Logo aus dem Kasten. „Meiner Ex zuliebe, habe ich mich sogar durch alle drei Bände von *Fifty Shades of Grey* gequält."

„Das habe ich auch", sagt die Rothe lachend. „Nur, dass ich die Lektüre nicht als Qual empfunden habe." Dann wird sie wieder sachlich. „Wie sieht es mit Klassikern aus? Lesen Sie Klassiker, Herr Sommer?"

„Auch", sagt Matthias, um Zeit zu gewinnen. „Auch natürlich. Manchmal. Früher mehr." Er erinnert sich an die Taschenbücher und *Reclams,* die er während seiner Schulzeit lesen musste und Jahre später erst wiederentdeckt hat. Stefan Zweig, *Die Schachnovelle, Homo Faber* von Max Frisch und natürlich Hermann Hesse, dessen *Steppenwolf* ihn durch die orientierungslose Studienzeit begleitet hatte.

„Die konnten schon etwas, diese Herren, nicht wahr?"

„Sie sind zeitlos", gibt er der Lektorin Recht. Ich habe mich damals in diesen Geschichten wiedergefunden."

„Lesen Sie diese Autoren wieder, Herr Sommer. Lesen Sie sie einmal, zweimal, sooft Sie wollen, und schauen Sie, was es mit Ihnen macht." Matthias will gerade einwenden, dass sie ihn gewaltig überschätzt, wenn sie denkt, er könne schreiben wie die Meister, aber Mona Rothe kommt ihm zuvor. „Ich sage nicht, dass Sie diese Texte kopieren sollen. Sie sollen sie wirken lassen. Oder lassen Sie es mich anders ausdrücken. Auch ich schätze King und Irving und all die anderen großen Erzähler. Mir hat auch Ihre kleine Horrorstory gut gefallen, das sagte ich bereits. Sie ist humorvoll und gruselig, hat ebenso ihre leisen Stellen und Tiefen. Man merkt ihr an, wie gerne Sie erzählen, aber was ich zwischen den Zeilen vermisse, ist Ihre eigene Geschichte. Seien Sie ehrlich und lösen Sie sich von dem Gedanken, einen Gruselschocker hinlegen zu müssen. Holen Sie sich Ihren Erfolg aus der Arbeit und lassen Sie sich darauf ein, was Sie wirklich sagen wollen. Es sind die Gefühle, die Ängste, Freuden und Gedanken des Schriftstellers, die eine Erzählung besonders machen. Nicht, ob sie besonders originell, blutrünstig oder ordinär geschrieben ist, weil der Autor vielleicht selbst gerne solche Sachen liest, oder das Genre sich gerade gut verkauft."

Matthias kann deutlich spüren, wie ihn der Mut verlässt. Sie wird seine Kurzgeschichte also nicht verlegen. Gefühle ausgraben, Klassiker lesen, … aufgeben, was er kennt – das klingt viel mehr nach harter Arbeit als nach dem großen Durchbruch. Als er wieder spricht, kann er die Enttäuschung in seiner Stimme nicht verbergen. „Das ist Ihr Rat? Ich soll mich neu erfinden?"
„Nicht neu erfinden", energisch schüttelt sie den Kopf. „Sie haben mir nicht zugehört. Sie kleben an der Vorstellung, etwas zu schreiben, was bereits Tausende andere in der einen oder anderen Form hervorgebracht haben. Hören Sie auf zu denken. Hören Sie auf, erzählen zu wollen, was es bereits gibt, und hören Sie in sich hinein. Oder wenn Sie es anders möchten: Schreiben Sie um Ihr Leben! Schreiben Sie täglich, schreiben Sie ohne Rücksicht auf Verluste. Überraschen Sie sich selbst, vor allem aber – bewerten Sie nicht! Stellen Sie Ihre Ideen nicht in Frage. Fragen Sie niemanden um seine Meinung solange sie schreiben und erzählen Sie nicht herum, woran Sie gerade arbeiten. Das nimmt der Geschichte die Notwendigkeit, geschrieben zu werden. Wenn Sie damit fertig sind, werden Sie noch genug Gelegenheit haben, den Text zu hinterfragen. Und dann erst gehen Sie damit hinaus und schauen, ob die Sache funktioniert. Nehmen Sie an Wettbewerben teil. Messen Sie sich an anderen. Gehen Sie zu Lesungen. Seien Sie kritisch. Aber vor allem – schreiben Sie, Herr Sommer."

Matthias muss daran denken, wie sehr ihm zum Heulen zumute war an dieser Stelle des Gesprächs. Hätte ihm die Resignation nicht alle Kraft entzogen, und wäre nicht im selben Augenblick der Kellner mit den Getränken an den Tisch gekommen, er wäre einfach aufgesprungen und gegangen. Um sich täglich hinter den Laptop zu klemmen, fehlt ihm die Zeit, fehlt ihm vor allem die Ruhe. Hat er nicht die Muse nach einem langen Tag im Job. Aber er kann nicht erwarten, dass Mona Rothe das versteht.
Während er zusieht, wie draußen vor dem Trainingsraumfenster der Nieselregen allmählich nachlässt, schweifen seine Gedanken

zurück ins *Freddie's*. Die Lektorin hatte ihn gelesen, wie ein offenes Buch.

„Mir ist schon klar, dass Sie einen Brotberuf haben, Herr Sommer. Die wenigsten Autoren können vom Schreiben alleine leben, und ich kann Ihnen versichern, dass auch nur ein Bruchteil von ihnen ein Häuschen in der Toskana besitzt, vor dem sie auf ihrer Terracotta-Terrasse zwischen Zitronenbäumchen und Zypressen ungestört einen Bestseller nach dem anderen schreiben. Solche klischeehaften Szenarien sind mehr als unrealistisch und entspringen oft nur der Feder eines gestressten Drehbuchautors, der unter Hochdruck arbeitet, um seine Deadlines einzuhalten. Schließlich sind wir alle Sklaven des Systems, nicht wahr?" Die Rothe nippt an ihrem Rotwein, ehe sie weiterspricht. Matthias fällt auf, dass sein eigenes Glas schon wieder leer ist. „So betrachtet, haben Sie vielleicht sogar den Vorteil, dass Sie vom Schreiben nicht leben müssen. Nutzen Sie diesen Vorteil. Wenn es Ihnen gelingt, bewusst Bedingungen zu schaffen für Ihre Sache, ... sollte es denn wirklich Ihre Sache sein, dann ist es völlig egal, unter welchen Umständen Sie schreiben. Und wenn Sie erst von dem überzeugt sind, was Sie tun, und ich meine, wirklich überzeugt, nicht bloß zufrieden, weil es der Vorstellung einer Vorstellung von Ihnen als Schriftsteller entspringt, dann kann Ihnen das Ding auch keiner mehr nehmen. Weil es von ganz tief drinnen kommt."

Das Einzige, was er in diesem Augenblick ganz tief drinnen spüren konnte, war der Wunsch, sich zu besaufen. Und als er heimgeradelt ist, mit mindestens einem Promille zu viel im Blut, hatte er nicht gedacht, dass es an diesem Tag noch viel schlimmer für ihn kommen könnte. Mit der zweifellos gut gemeinten Intention, ihm Mut zu machen, hatte die Lektorin genau das Gegenteil erreicht, und ihn völlig verunsichert alleine im *Freddie's* zurück gelassen. Bedingungen schaffen. Was soll das heißen, hat er sich gefragt und nachbestellt, immer wieder nachbestellt. Was soll denn das für ein bescheuerter Ratschlag sein? Und will er das überhaupt? Will er überhaupt schreiben, wenn er nicht schreiben kann wie Stephen King? Soll er sich mit Haut und Haaren auf etwas einlassen, von dem er nicht weiß, ob es je Beachtung findet? Die bequemste Antwort wäre ein klares *Nein* gewesen. Wäre es gewesen, sich damit abzufinden, dass er nichts Besonderes ist. Kein großer Schriftsteller, den man in über vierzig Sprachen übersetzt. Nur ein Lehrer, der eben hin und wieder gerne schreibt. Es wäre zweifellos das Einfachste gewesen. Dann aber, das muss etwa beim vierten oder fünften Spritzer gewesen sein, sind ihm all die Sachen wieder eingefallen, die in seinen Ordnern lagern (recht gute Ideen für ein paar Storys, Entwürfe, Satzfragmente, ein angefangenes Skript), und er hatte beschlossen, sich und seiner Sache doch noch eine Chance zu geben.

Das Problem ist nur, dass er bisher nichts zustande gebracht, ja es nicht einmal versucht hat. Stattdessen vegetiert er in einem Limbus der Unentschlossenheit vor sich hin und hat mit jedem Tag mehr Angst davor, sich wieder auf das Schreiben einzulassen. Dass seine Wohnsituation ebenfalls sehr viel komplizierter geworden ist seit jenem Tag, trägt nicht gerade zur Verbesserung der Umstände bei.

Zwei Koffer und ein Spielzeughaus hatten im Vorzimmer gestanden, als er gegen zehn zur elterlichen Tür hinein getorkelt ist. Gleich daneben die Mutter mit verweinten Augen und dahinter in der Küchentür, seine Schwester im Pyjama. Von oben aus dem Bad, die laute Stimme seines Vaters, gelegentlich übertönt von Kleinmädchengekreische.

„Du hast den Bernie endlich abgeschossen?", hatte er sich unartikuliert und viel zu laut hineinsagen hören in den leicht schaukelnden Vorzimmergang. Zugegeben, nicht die sensibelste Aussage in der offensichtlich konfliktbeladenen Situation, aber Matthias hat seinen Schwager nie wirklich leiden können. Bernie hat

Martha geschwängert, als sie gerade im ersten Semester an der Uni war, dann hat er sie beschissen, ihr ein Haus gekauft und sie geheiratet. Seitdem ist er kaum zu Hause und Martha ist unglücklich. Das einzig Gute, was jemals von dem Affen gekommen ist, sind Klara und Susanne. Für seine entzückenden Nichten würde Matthias alles tun. Die Bemerkung jedenfalls über den metaphorisch gemeinten Abschuss des Zwillingsvaters war weder bei Martha noch bei seiner Mutter besonders gut angekommen. Zwar schien sich die allgemein negative Stimmung bei seiner Ankunft zunächst deutlich spürbar gegen den Erwähnten zu richten, aber wie das eben so ist mit negativen Stimmungen, hatte auch diese in Abwesenheit der eigentlichen Zielperson sofort ein neues Opfer gefunden. Und das war dann eben er gewesen. Was er hätte verkraften können, schließlich hat er sich im Laufe der Jahre mit der Rolle des schwarzen Schafes abgefunden. Was er aber nicht verkraftet hätte, und das hat rein gar nichts mit Martha und den Mädchen zu tun, was Matthias unter keinen Umständen hingenommen hätte, wäre der Umzug aufs Wohnzimmersofa gewesen. Obwohl die Eltern in den letzten Jahren viel daran gemacht haben, war es ihnen nie gelungen, dem Haus den Geist der Siebziger ganz auszutreiben. Durch die vielen Unterteilungen und Räume wirkt es zu klein und eng, als dass man sich darin wohlfühlen könnte. Sein altes Zimmer hat Matthias nach dem Wiedereinzug neu eingerichtet und gestrichen. Sogar Internetanschluss hat er da und seinen eigenen Balkon zum Rauchen. Das hätte schon gepasst für einige Zeit. Aber im tristen Wohnzimmer zwischen all dem Nippes und den dunklen Einbaumöbeln auf der Couch zu schlafen, während Martha und die Zwillinge für weiß Gott wie lange sein Zimmer okkupieren, das hätte er nicht bringen können. *No way!*
Es hatte keinen Streit gegeben. Susanne und Klara haben bereits geschlafen, als er wieder auf sein Bike gestiegen ist mit den Worten, er werde schon bei einem Kumpel unterkommen. Er sei es mittlerweile ja gewohnt, das Umziehen und Hinausgeworfen-

werden. Er werde sein Zeug am nächsten Morgen holen. Nichts für ungut dann, und liebe Grüße an die Mädchen!

Obwohl todmüde, war er in die Stadt zurückgefahren, mit dem festen Vorsatz, sich weiter zu betrinken. Wie um sich selbst zu bestrafen, hatte er das *Freddie's* angesteuert, es sich aber dann doch anders überlegt, und weiter in der Innenstadt sein Glück versucht. Das *Colombia* war längst zugesperrt, und die *Frühbar* öffnet nicht vor zwei. In allen anderen Lokalen wäre er in seinem Alter peinlich aufgefallen. Und so ist es gekommen, dass das Bedürfnis, sich wegzubeamen mit jedem Meter durch die Stadt ein bisschen weniger geworden ist. Ohne es zu bemerken, hatte Matthias den Stadtkern verlassen, ist unter einem schmutziggelben Vollmond hinausgeradelt aus Bad Hoffning, entlang der leeren Landstraße bis zum nächsten Nachbarsort, und dann links den schmalen Weg hinauf zum See, um den er zusammen mit der Graber Rosi in ein paar Wochen schon den adipösen Nachwuchs hetzen wird, um nicht beim Bezirkslauf wieder abzustinken. Nach dem steilen Stück die Keuschler-Hügel hinauf ist er ins Tal hinunter abgebogen, um dann beim Hochcontainer über die kleineren Dörfer wieder nach Bad Hoffning zu gelangen. Beim Anblick der bunten Neonschilder hinter den Fenstern der *Frühbar* war er für einen kurzen Augenblick versucht gewesen, abzuschwingen, um das Versäumte nachzuholen, aber hungrig wie ein junger Wolf nach der ausgedehnten Radtour, schien ihm die 24-Stunden Tankstelle an der Autobahnauffahrt doch die vernünftigere Option.

Zwei Croissants und einen heißen Kakao später war das Schlafplatzproblem nicht mehr wegzuleugnen, und da ist ihm das Schlittschuhhäuschen am Park eingefallen, wo sie früher als Burschen heimlich getrunken haben. Mit einer Flasche Tankstellenbier, der guten alten Zeiten wegen, hatte er sich durch den Spalt in der Hintertür gedrückt, sich auf dem Boden zusammengerollt und war fast augenblicklich eingeschlafen.

Und so ist er dann irgendwie beim Franz gelandet. Aus einer Woche waren zwei geworden, jetzt ist es knapp ein Monat, den sie schon zusammenleben, und keiner von ihnen hat das Thema Auszug bisher angesprochen. Was auch immer der Grund dafür sein mag, dass ihn der Schulwart so lange aushält, ob es die willkommene Ablenkung vom ewigen Junggesellenleben ist, oder aber eine Art überzogener Beschützerinstinkt nach der vermeintlichen Lebensrettung, Matthias ist sich ziemlich sicher, dass die temporäre Wohnsituation auch für den Franz schon bald zum dauerhaften Ärgernis wird. Irgendwann wird auch er zugeben müssen, wie wenig kompatibel ihre Lebensgewohnheiten sind. Aber bis es so weit ist, kann Matthias nicht mehr warten. Seine Toleranzgrenze ist eindeutig überschritten. Er muss ausziehen.

Gähnend blickt er wieder auf das Handy. Fünf Minuten noch. Für die Words-Tests ist es eindeutig zu spät geworden. In der nächsten Stunde muss er für Maria Marderer supplieren. Latein in der in 7b. Ausgerechnet! Als Schüler ist er intellektuell über den *Liber Latinus II* nie wirklich hinaus gekommen. Als es mit Vergil losging, Ovid und Cicero, hatte er, wie schon Generationen vor ihm, alles auf den *Schummel-Schimmel* gesetzt, und meistens auch gewonnen. Wie auch immer, die Stunde wird eine Katastrophe ohne Vorbereitung. Dabei fällt ihm auf, dass Maria häufig krank gewesen ist in letzter Zeit, was ihr gar nicht ähnlich sieht. Normalerweise kann ihr nicht einmal die Grippewelle etwas anhaben. Hoffentlich ist es nichts Ernstes, denkt er und wirft einen letzten Blick aus dem Fenster. Die Wolkendecke hängt grau und trostlos über der Stadt, aber wenigstens hat der Regen inzwischen nachgelassen. Die aus den Gullys steigenden Dampfschwaden neben dem Gehweg wecken Assoziation von Kanalgestank. Während die Gerüche, die immer noch mit großem Anspruch auf Beachtung im überheizten Trainingsraum aus den Nähten seines Rucksacks dringen, eindeutig nichts mit visuellen Gedankenreizen zu tun haben, sondern – ganz im Gegenteil – überwältigend real sind.

Als endlich der Dreiklang der Pausenglocke ertönt, rutscht Matthias von der Fensterbank, packt sein Zeug und kämpft sich durch den Schülerstrom über die Treppe in den zweiten Stock hinauf. Am Papierkorb im Gang vor dem Lehrerzimmer entledigt er sich ein für alle Mal des Stinkbrotes. Dass er damit eine Kette von Ereignissen in Gang setzt, die sein Leben auf gravierende Weise verändern sollen, weiß er zu dem Zeitpunkt nicht. Das Einzige, was er weiß ist, dass er die nächste Stunde ohne einen weiteren Kaffee nicht überstehen wird. Erst als er hört, worüber im Konferenzzimmer mit betroffenen Mienen gesprochen wird, ist ihm schlagartig klar, dass es weitaus Schlimmeres im Leben gibt als eine Vertretungsstunde in Latein.

Nachhilfestunden

Es ist kurz vor sechs, als das Unwetter über Bad Hoffning losbricht. Der Wolkenturm, der sich innerhalb der letzten halben Stunde aufgebaut hat, sieht aus wie ein zorniger Flaschengeist. Ein riesiger Dschinn, der kurz davor ist, seine Wut auf die Stadt hinunter zu entladen. Die Abstände zwischen Blitz und Donner sind kürzer geworden und am Parkplatz in der Sandbühel-Siedlung klatschen bereits die ersten dicken Tropfen auf den Asphalt. Die Terrassentür im vierten Stock des Mehrparteienhauses steht offen. Der weiße Vorhang, der mit jeder Böe in den Salon hereingetragen wird, erinnert an den Schleier einer Wassernymphe. Maria Marderer sitzt auf ihrem Mahagonisofa und krault Minerva hinter den Ohren. Die Katze zeigt sich unbeeindruckt von dem Schauspiel. Sie liegt neben Maria in die Pölster geschmiegt und schnurrt träge vor sich hin. Quintus und Sixtus haben sich beim ersten Donnergrollen in der Garderobe zwischen Schals und Handtaschen versteckt. Nero, wie von der statisch aufgeladenen Luft elektrisiert, steht reglos auf dem Fensterbrett und starrt mit eisblauen Augen auf das apokalyptisch anmutende Himmelsbild über den Dächern der Stadt hinaus, als wüsste er nicht, ob er der Gefahr entgegenspringen oder sich verkriechen sollte. Nur hin und wieder peitscht der Schwanz des rot getigerten Katers gegen den steten Rhythmus der Pendeluhr auf die Fensterbank. Die Uhr ist ein Andenken. Das Einzige, was Maria mit der Vergangenheit verbindet. Der Großvater hat das wertvolle Stück zum Dank von einem General bekommen, nachdem er diesem in einem Ostfront-Lazarett ein Bein amputiert, und ihn so vor einer tödlichen Sepsis bewahrt hat.
Nur zweimal in all der Zeit ist das Pendel der Uhr zum Stillstand gekommen. Das erste Mal im Krieg danach. 1945, als am ersten November in der Feuerbachgasse mehr als vierzig Personen bei einem Luftangriff ihr Leben ließen. Das Anwesen des Großvaters,

eines mittlerweile angesehenen Arztes, war wie durch ein Wunder verschont geblieben. Nicht ein Baum auf dem Grundstück soll gefallen, nicht ein einziger Teller in der Villa zu Bruch gegangen sein, während die gigantische Detonation einen ganzen Bezirk in Schutt und Asche legte.

Maria hat heute noch den Ausdruck in den Augen der Großmutter vor sich, wenn diese davon sprach, wie sie alle hätten tot sein können, wären sie an jenem Tag nicht wegen der Niederkunft der Schwiegertochter mit dem Enkelkind zu Hause geblieben, sondern wie geplant zum Schwarzmarkt in die Stadt gegangen. Lauter noch als die Explosion soll lediglich die plötzliche Stille danach gewesen sein. In ebendieser Stille kam das Mädchen auf die Welt, das auf den Tag genau zwanzig Jahre später mit einem Schlag beide Eltern verlieren sollte.

Es war der Tag, an dem die Uhr ein zweites Mal zu schlagen aufhörte. Maria war an jenem Tag nicht wie üblich gleich nach der Vorlesung mit der Bahn nach Hause gefahren. In Abwesenheit der Eltern hatte sie beschlossen, ihren bevorstehenden Geburtstag auf einem Campusfest zu feiern, und war im Bett eines Studienkollegen gelandet. So erfuhr sie erst am Morgen danach, dass Vater und Mutter bei einer der wohl schlimmsten Flugzeugkatastrophen in der Luftfahrtgeschichte der damaligen Tschechoslowakei ihr Leben gelassen hatten. Passagiere und Besatzung an Bord der *Ilyushin II* mit der Flugnummer LZ 101 hatten keine Chance, als das Flugzeug nur wenige Minuten vom Flughafen Bratislava entfernt mit einer Geschwindigkeit von 500 km/h an einem Berg zerschellte und sofort in Flammen aufging. Doktor Marderer und seine Frau waren von Budapest aus auf dem Weg nach Berlin gewesen, um einem internationalen Ärztekongress beizuwohnen. Die Maschine hätte direkt über Prag fliegen sollen, war aber aufgrund schlechter Wetterverhältnisse nach Bratislava umgeleitet worden und dort zwischengelandet. Als der Flug um 20.28 Uhr fortgesetzt wurde, hatten 82 Menschen, unter ihnen auch der Bulgarische Botschafter in der DDR sowie der berühmte honduranische Journalist und Schriftsteller Ramòn Amaya Amador, noch zwei Minuten zu leben. Zwei Minuten ausgerechnet jener Stunde, in der die betrunkene Lateinstudentin in 163 Kilometern Luftlinie entfernt von der Absturzstelle ihre Jungfräulichkeit an einen Kommilitonen verlor.

Noch lange Zeit danach lebte Maria in der Überzeugung, an dem Unglück Schuld zu tragen. Sie hatte die konservativen Wertvorstellungen ihrer Eltern verraten, Gott hatte sie dafür bestraft. Erst als sie Jahre später im Sekretär des Vaters auf ein Bündel alter Dokumente stieß, die mit ziemlicher Eindeutigkeit auf dessen Beteiligung an einem Euthanasieprogramm in den Jahren 1940 bis 1944 hinwiesen, beschloss Maria nachzuholen, worauf sie seit dem ersten November 1966 aus selbstauferlegter Züchtigkeit und Sühne verzichtet hatte und veräußerte den gesamten Familienbesitz. Was der Verkauf der väterlichen Praxis einbrachte, legte die Junglehrerin in Aktien an, wobei ihr ein liebgewonnener Freund aus Studienzeiten, Konrad Klingfurth, in juristischen Angelegenheiten eine große Hilfe war. Der Rest ging an wohltätige Vereine und die Waisenhilfe. Nur die Pendeluhr hat sie behalten. Das alte Stück erinnert sie daran, dass diese drastische Reinwaschung von der Familienschuld die einzig richtige Entscheidung war. Auch was die Aufgabe des streng zölibatären Lebensstils betrifft, bereut Maria nichts. Das intensive Studium an der Spezies Mann ist mehr als aufschlussreich gewesen. Oft genussvoll, manchmal enttäuschend. Fast immer jedoch ernüchternd. Es ist verständlich, dass sie sich als damals Dreißigjährige, immer noch bildhübsch aber in körperlichen Dingen unbedarft wie eine Ordensschwester, zunächst den wonniglichen Seiten ihrer Forschung widmete, ehe sie die freundschaftlichen Qualitäten einer Beziehung zu schätzen lernte. Das Bedürfnis, sich zu binden, war ausgeblieben. Aus ihren Männerbekanntschaften hatte sie immer nur das Beste mitgenommen. Ohne ihre Weiblichkeit zu verleugnen hat sie sich dadurch ganz mühelos eine Unabhängigkeit erworben, der heute so viele Geschlechtsgenossinnen hinterherjagen, wenn sie bedingungslose Parität in Sprachgebrauch, Politik und Wirtschaft fordern.

All das geht Maria durch den Kopf, als das Gewitter nun mit aller Macht auch zum Sandbühelweg heraufzieht. Ein Donner, laut und heftig wie eine Bombenexplosion, reißt den paralysierten Kater aus der Starre, Nero springt vom Fensterbrett und kollidiert beinahe mit Minerva, die zeitgleich einen Riesensatz vom Kissen macht und im Zickzack ebenfalls das Weite sucht. Maria selbst, die schon einige Jahre vor ihrer Diagnose keine großen Sprünge mehr getan hat, stemmt sich langsam aus dem Sofa. Schafft es gerade noch bis zur Terrassentür, ehe der Himmel seine Schleusen öffnet. Im selben Augenblick schlägt die Pendeluhr zur vollen Stunde. Etwas besorgt um den jungen Besucher, der sich für heute angekündigt hat, blickt sie in die gelb gefärbten Wolken. Hofft, dass aus dem Regen kein Hagel wird. Dann geht sie ins Bad, schluckt eine Kapsel Dihydrocodein gegen den Husten, und beginnt sich vorsichtig zu kämmen. Seit Beginn der Therapie hat sie ständig irgendwo Schmerzen. Einmal sind es die Knochen, dann Haut oder Augen, an manchen Tagen sogar die Nägel, die ihr weh tun. Das Haar, das ihr einst dick und lang und feuerrot über die Schultern bis zur wohlgeformten Taille floss, liegt dünn und stumpf um einen mageren Schädel, den sie im Spiegel kaum noch als den eigenen erkennt.

Viele solcher Schädel hat Maria jeden Morgen gesehen im Wartezimmer vor der Radiologie. Die meisten kahl oder mit Flaum bedeckt nach der vorangegangenen Chemotherapie. Viele mit aufgedunsenen Gesichtern, geschwollenen Lidern und fleckiger Haut vom Cortison. Mit verschiedenen Nuancen von Angst in den müden Augen haben sie dagesessen, diese Schädel. Die dazugehörigen Körper – schwach und ausgezehrt vom Kampf, teils mühsam, teils mit der Anmut trotziger Würde, ihre Besitzer in den Schalenstühlen aus Plastik aufrecht haltend. Den bleibendsten Eindruck haben die Kinder hinterlassen, deren Anblick Maria kaum ertragen konnte, während aber der duldsame Umgang gerade dieser kleinen Wesen mit der Krankheit sie gleichermaßen faszinierte. Das Fehlen der Brauen und Haare verleiht den jungen, unschuldigen Gesichtern mit den großen Augen etwas Überirdisches, dem man sich nur schwer zu entziehen vermag. Ein kleines Mädchen mit dunkelbraunen Puppenaugen hat sich ihr besonders eingeprägt. Obwohl in Begleitung seiner Eltern, hatte es in den Wartesaal gestarrt und sehr einsam ausgehen. Aber es war keine traurige Einsamkeit gewesen, wie man auf den ersten Blick vorschnell hätte urteilen können. Mehr ein Fürsichsein, wie es nur jene kennen, die schon früh mit sich ins Reine kommen.

Und wer weiß, denkt Maria, während sie etwas Rouge aufträgt, wer weiß, vielleicht ist auch das Mädchen aus dem Wartesaal schon auf dem Weg ins anderswo und hat nur seiner Eltern wegen beschlossen, im Hier und Jetzt noch ein wenig auszuharren.

Auch einem alten Bekannten war sie im Krankenhaus begegnet. Im Gegensatz zu dem Mädchen allerdings, hat Eberhardt Wolf eher den Eindruck erweckt, als hätte er beschlossen, sich fest ins Leben zu verbeißen. Beinahe hätte sie den Direktor des Erzherzog-Johann-Gymnasiums nicht erkannt, als er von einem Pfleger aus dem Aufzug in den Warteraum geschoben wurde. Der vormals stattliche Athlet hatte mindestens zwanzig Kilo verloren und sich aus eigener Kraft im Rollstuhl kaum aufrechthalten können. Die Haut um seinen kahlen Kopf war dünn und fleckig, wie bei einem Greis. Erst als er den Pfleger vor den anderen Patienten angeschnauzt hat, erst da hat sie den Wolf erkannt in dem gebeugten Männlein. Und beschlossen, die eigene Therapie abzubrechen.

Die Tochtergeschwulste entlang der Wirbelsäule hatten sich bereits ausgebreitet, für eine Chemotherapie war es zu spät. Sie hatte gehofft, durch die Bestrahlungen noch etwas Zeit zu gewinnen, um zu erledigen, was noch getan werden muss.

Inzwischen aber weiß Maria, dass sich ein aggressives Bronchialkarzinom einen Dreck um Notariatstermine, Verfügungen und Testamente schert. *Tempus fugit*, wenn sie Glück hat, bleiben ihr noch ein paar Wochen, vielleicht ein Monat oder zwei, um alles nach Wunsch regeln. Wenn sie nur ihre Lieblinge gut unterbringt! Drei Jahrzehnte hat sie sich für die Tierrettung engagiert, ein Drittel ihres Gehalts ist monatlich in den örtlichen Tierschutzverein *Noahs Arche* geflossen, und dennoch treibt es ihr die Tränen in die Augen, wenn sie daran denkt, wie Quintus und Sixtus, Nero und Minerva ihr Dasein in einem anonymen Katzenzwinger fristen müssen. Wenn sie nur in gute Hände kommen! Sie hatte vorgehabt, einen Teil des Erbes an *Noahs Arche* zu vermachen, gebunden an eine Auflage, die ihren Schätzchen ein privilegiertes und sorgenfreies Leben beschert. Doch Konrad, nach all den Jahren immer noch ihr treuer Freund und juristischer Beistand, hatte ihr entschieden abgeraten. Eine derartige Klausel sei sinnlos, wo sie doch ohnehin vorhätte, eine große Summe dem Verein zu spenden. Und sei sie wirklich so naiv zu glauben, die unterbezahlten Mitarbeiter hätten Zeit oder Interesse, ihren verwöhnten Kätzchen eine Sonderbehandlung zukommen zu lassen, während das Heim aus allen Nähten platzt? Sie weiß, dass Konrad die Tiere selbst zu sich genommen hätte, würde nicht seine Hilde an einer Katzenhaarallergie leiden und außerdem extrem empfindlich auf ihre langjährige Freundschaft reagieren.

Maria schlurft mit vorsichtigen Schritten zum Schrank, um ein Kopftuch herauszusuchen, das farblich zur Brillenfassung passt. Schlurft zurück zum Spiegel. Hustet. Kann nicht mehr aufhören. Ihr wird schwindlig, sie muss sich mit geschlossen Augen am Waschbecken festhalten, um nicht zu fallen. Nach einigen Minuten legt sich der Anfall und sie holt dankbar Luft. Ein ängstlicher Blick nach unten, Erleichterung! Keine roten Spritzer diesmal auf der Emaille des Beckens. Letzte Nacht hat sie wieder Blut gespuckt und war in Panik geraten. Das ist das Schlimmste an der Sache. Nicht das Blut, sondern die Angst davor, sich aufzulösen. Der Arzt hat ihr ein Beruhigungsmittel dagegen verschrieben, aber sie hat das Rezept nie eingelöst. Ihr ganzes Leben lang ist Maria ohne Medikamente ausgekommen. Jede Art von Pillen und Tabletten, auch wenn es nur ein Aspirin gewesen ist, hat sie zu sehr an die grausamen Machenschaften des Vaters erinnert. Solange sie auf die Wirkung natürlicher Heilmittel zurückgreifen kann, wird sie das auch tun. Was später kommt, sollen andere für sie entscheiden.

Ein weiterer Donnerschlag zerreißt die Stille, irgendwo vor dem Haus geht eine Autosirene los, und im nächsten Moment schlagen auch schon große Hagelkörner gegen die Dachfenster. Mit Sorge denkt Maria an den Jungen. Hoffentlich hat er rechtzeitig irgendwo angehalten, um sich unterzustellen. Normalerweise gibt sie keine Nachhilfestunden. Hat es auch vor der Krankheit stets abgelehnt. Erstens fehlt ihr dazu die Geduld und zweitens widerspricht es ihrem Credo von einer natürlichen Auslese im Bildungswesen. Für ihn macht sie eine Ausnahme. Er ist nicht nur ein braver Lerner, der rasch zu begreifen scheint, sondern auch ein hervorragender Gesellschafter und gut aussehender Kerl, was die allwöchentlichen Lektionen auch unter Vorspiegelung falscher Tatsachen zu einer willkommenen Abwechslung macht. Der Anblick eines jungen Gladiators in ihrem Salon ist Balsam für die Seele. Schon früher hatte sie der Ästhetik natürlich durchtrainierter Männer nur selten widerstehen können und schon die Römer wussten schließlich, dass dichtes Haar für Virilität und Gesundheit steht. Solange sich der Himmel jedenfalls nicht beruhigt hat, wird sie auf das visuelle Labsal wohl noch ein wenig warten müssen.

Als besagte Augenfreude in Gestalt von Matthias Sommer unten am Haupttor läutet, ist es bereits kurz vor sieben, und Maria auf dem Sofa im Salon eingenickt. Das Unwetter hat sich beruhigt, es tröpfelt noch ein wenig, aber die Wolken verziehen sich gegen Osten. Auf dem Weg zur Gegensprechanlage stößt Maria auf Quintus und Sixtus, die sich gegenseitig durch den Flur jagen. Skeptisch beäugt von Nero auf dem Garderobenschrank, dem das wilde Spiel der beiden Brüder sichtlich auf die Nerven geht. „*Matthias ante portas*", klingt es aus dem Kästchen neben der Tür.

Lächelnd drückt sie auf den Sprechknopf. *„Moritura te salutat. Komm herauf. Tempus fugit*, mein Lieber. Du bist spät dran."
Als er ihr dann in voller Größe gegenübersteht, geht Maria durch den Kopf, dass er wohl nie besser ausgesehen hat. Hinter den vom Regen glänzenden Locken, blicken ihr tiefbraune Augen entgegen. Er grinst verlegen. „Entschuldige die Verspätung, *Magistra. Sed non est mea culpa.* Wenn ich nicht unterm Stadttor angehalten hätte, und dann noch einmal am Busbahnhof – ich glaube, ich wäre ertrunken."
„Was für ein Verlust für die Frauenwelt.", gibt sie kokett zurück, und denkt, wie sehr ihr doch das Flirten fehlt. Erst auf den zweiten Blick fällt ihr auf, wie schmal und blass der junge Freund geworden ist. Trotz des charmanten Gepläukels liegt eine gewisse Anspannung auf seinen Zügen. Ist sie schon so gezeichnet von der Krankheit, dass er ihr nicht mehr unbeschwert gegenübertreten kann? Nach der spürbaren Befangenheit während ihres ersten Privatissimums, schien er die Wahrheit über ihre Diagnose akzeptiert zu haben. Sie wünscht sich nur, dass er die Neuigkeiten nicht zu schwer nimmt.
Die Kätzchen haben ihr Spiel unterbrochen und kommen neugierig heran getrippelt, um den Gast zu beschnuppern. Sixtus, der Frechere von beiden, ist schon halb zur Tür hinaus, als ihn Matthias auf dem Fußabstreifer gerade noch abfangen kann. Maria wird ungeduldig, sie sollten endlich anfangen. Nach dem Schläfchen fühlt sie sich ausgeruht und frisch, aber man kann nie sagen, wie lange der Zustand andauert. An manchen Tagen geht es ihr gut, dann klappt sie ohne Vorwarnung zusammen und ist gezwungen, die Nachbarin zu rufen. Eine junge Türkin, Fatma soundso. Hilfspflegerin im Krankenhaus, die hin und wieder nach ihr sieht.

„Ego te absolvo, Matthia!" Sie winkt den Jungen in den Flur. „Gegen die Naturgewalten sind wir alle machtlos, darum sei dir verziehen. Nimm dir ein Handtuch aus dem Bad, und dann gehen wir gleich in *medias res*. Wir haben noch eine Menge Arbeit

vor uns." Und das ist nicht übertrieben, denn sie müssen heute die gesamte *Jupiterrede* aus der *Aeneis I* durchpauken. Es muss dem Jungen wirklich etwas an ihr liegen, wenn er sein verschüttetes Latein ausgräbt als Vorwand für den wöchentlichen Besuch. Dass sie von Alfred Böck, der jeden Freitag mit einem Blumenstrauß vorbeikommt, längst von ihrer Fachvertretung weiß, hat sie dem jungen Freund verschwiegen. Was nur gerecht ist, denn auch Alfred ahnt nichts von Matthias' Besuch. Ahnt auch nicht, um wie viel lieber ihr das Grünzeug ist, das der jüngere Mann ihr mitbringt. Woher das Haschisch kommt, will Maria gar nicht wissen. Es genügt, dass es ihr das Leben an manchen Tagen erträglich macht. Sie kann nur hoffen, dass sich der liebe Junge deswegen nicht in Schwierigkeiten bringt.

Als die Pendeluhr im Salon acht schlägt, weiß Matthias, dass er nichts mehr an Information aufnehmen kann. Sein Gehirn braucht eine Pause. Auf dem harten Ohrenstuhl ist ihm der Hintern eingeschlafen. Im Gegensatz zu Maria, die über den ermüdenden Versanalysen geradezu aufzublühen scheint, hat er in den detaillierten Aufgliederungen des Textes völlig die Orientierung verloren. Seine Leseversuche klingen holprig, immer wieder vergisst er, dass er beim Skandieren des Hexameters nicht alle langen Silben automatisch auch betonen darf und setzt Zäsuren falsch, während die alte Lateinerin die komplizierten Verse mit einer Leichtigkeit und Hingabe doziert, als läse sie aus einem besonders spannenden Roman.

Seine kleine Lüge, als er die Kollegin aus einer spontanen Emotionalität heraus zum ersten Mal besucht hat, ist ihm über den Kopf gewachsen und jetzt sitzt er hier und fühlt sich zurück in seine Schulzeit katapultiert. Aber was hätte er auch sagen sollen damals. *Tut mir leid, dass du Krebs hast, Maria? Ich bin für dich da?* – No way! Das hätte er nicht bringen können. Und ganz gelogen war es ja auch nicht, als er sie zum ersten Mal um Hilfe bat. Wer konnte schon ahnen, dass der Landesschulrat so spät im Jahr noch eine Fixvertretung aus dem Ärmel zaubert? Aber jetzt hat er den Salat. In seiner ohnehin instabilen Lebenslage hat er sich in eine Situation geritten, die ihn langsam aber sicher überfordert. Die Wahrheit kann er ihr nicht sagen. Ein Geständnis könnte den Besuchen ihre Notwendigkeit nehmen oder die Krankheit in den Mittelpunkt ihrer Beziehung rücken.

Nein, beschließt Matthias, während er ein Gähnen unterdrückt, er wird die Sache durchziehen. Er wird sich hineinknien in diese verdammte Odyssee, als wäre er *Aeneas* höchstpersönlich. Wird Maria Marderer begleiten, und zwar wie bisher als ihr Freund und Schüler, und nicht als irgendein Kollege, der ihr mit seinem Mitleid auf die Nerven geht.

Außerdem hat das Privatlatinum auch seine Vorteile. Seit Matthias seinen Nikotinkonsum erheblich reduziert hat, verbringt er die Pausen wieder öfter in der Kaffeküche. Wie auch Silvia Lenz, die vor knapp drei Wochen Marias Klassen übernommen hat und recht angetan scheint von den lateinischen Floskeln, die er hin und wieder ins Gespräch einfließen lässt. Mit Maß und Bedacht versteht sich, sie soll ja nicht denken, dass er ihr imponieren will (wenn auch natürlich genau das seine Absicht ist). Zum ersten Mal seit über einem Jahr spürt er, dass es vielleicht an der Zeit wäre, sich langsam wieder für das andere Geschlecht zu interessieren. Er hat die Hoffnung an die Frauenwelt noch nicht verloren. Und wie heißt es noch bei Cicereo? *Dum spiro, spero* – solange ich atme, hoffe ich.

Matthias wünscht sich nur, er hätte die Verse der *Aeneis* ebenso mühelos verinnerlicht, wie die Zitate der großen Schriftsteller und Philosophen. Sie hat schon etwas Faszinierendes, diese kunstvolle Sprache, die Jahrhunderte nach ihrer Hoch-Zeit immer noch so vieles präzise auf den Punkt zu bringen vermag.

Und trotzdem, wenn er heute auch nur einen weiteren Vers herunterlesen oder interpretieren muss, steht zu befürchten, dass sein Gehirn alle Funktionen herunterfährt, wie ein überlasteter Computer beim Shutdown. Maria hingegen scheint derart versunken in ihre abgegriffene Ausgabe *der Aeneis*, dass sie erst hochblickt, als der dicke Nero zu ihr aufs Sofa springt, um an Zuwendung einzufordern, was ihm durch die Anwesenheit des Störenfriedes entgangen ist. Manchmal denkt Matthias dass ihn der Kater töten würde, wenn er könnte. Nero hat ihn von Anfang an gehasst. Sobald sie alleine in einem Zimmer sind, schleicht er wie ein wilder Puma fauchend vor ihm auf und ab, und mehr als einmal hat das verschlagene Vieh draußen in der Garderobe seine Schuhe vollgepinkelt.

Endlich legt Maria den *Vergil* zu Seite und schaltet die Stehlampe neben dem Sofa ein. Erst im Schein des künstlichen Lichts erkennt er, wie viel ihr die beiden letzten Stunden tatsächlich abverlangt haben. Ihre Gesichtshaut wirkt fahl und grau. Das Brillengestell, das auch heute wieder farblich zu ihrem Turban passt, scheint viel zu schwer und unverhältnismäßig riesig für den hageren Kopf auf der zerbrechlichen Gestalt. Dennoch spricht sie mit klarer, befehlsgewohnter Stimme, als sie ihn auffordert, die Kristallkaraffe mit dem Cognac aus der Vitrine an den Tisch zu holen.

„Und wenn du schon dabei bist, dann bring auch gleich den Prospekt mit, der auf der Kommode liegt." Matthias bezweifelt, dass Alkohol das Beste ist in ihrem Zustand. Anderserseits, wozu sich kasteien, wenn man bereits weiß, woran man bald sterben wird? Er tut wie ihm geheißen, geht hinüber zur Vitrine und stellt die Karaffe zusammen mit zwei Cognacschwenkern auf ein Silbertablett, das er ebenfalls dort findet. Als er zu dem gewünschten Prospekt auf der Kommode greift, blickt er auf das Hochglanzcover, und hält mitten in der Bewegung inne. Sieht hinüber zu Maria, sieht ihren Gesichtsausdruck und weiß, dass hier gleich etwas passieren wird, womit er ganz und gar nicht umgehen kann. Mit einem seltsamen Gefühl im Hals geht er zurück zum Sofa, stellt das Tablett auf dem Glastischchen ab, und lässt sich mehr Zeit beim Einschenken als notwendig. Es ist der sprichwörtliche Knödel, der da in seiner Kehle zur Größe eines Handballs wächst. Als er ihr den Schwenker reicht, berühren sich ihre Hände und für die Dauer eines Wimpernschlages hat er das Bedürfnis, wegzulaufen. Er füllt sein eigenes Glas zweifingerbreit und stellt die Karaffe aufs Tablett zurück. Setzt sich. Starrt auf den gerahmten Druck des Taubenmosaiks über dem Sofa, als sähe er es zum ersten Mal, nur um den Augenkontakt zu vermeiden. Es ist Maria, die den Bann des Schweigens bricht.

„*Causae bibendi multae sunt, Matthia*", lächelt sie und hebt den Cognacschwenker. „Und wir haben heute drei gute Gründe, um miteinander anzustoßen. Erstens, lass uns auf die Freundschaft trinken! Zweitens, ein Hoch auf die *Jupiterrede*. Und nicht zuletzt natürlich, ... nicht zuletzt, und solange es mir noch möglich ist – trinken wir aufs Leben!" Dann trinkt sie, und Matthias tut es ihr gleich. Der Cognac ist gut. Weich und pflaumig. Tröstend. Nach den ersten beiden Schlucken leert er das Glas in einem Zug, füllt es erneut, und getraut sich endlich anzusprechen, was ihm auf der Seele liegt.

„Findest du es nicht ein bisschen ...", er unterbricht sich, als er nach den passenden Worten sucht, „ein bisschen zynisch, auf das Leben zu trinken, und gleichzeitig das da hier herumliegen zu haben?" Mit einer knappen Kopfbewegung weist er auf den Prospekt, auf dem in großen dunkelblauen Lettern *Pro Dignitas – Gehen in Würde* zu lesen ist. Die Freundin nickt, schenkt ihm ein verständnisvolles Lächeln, als habe sie eine ähnliche Reaktion erwartet.

„Ich weiß, du denkst, ich schleiche mich davon, Matthias. Und vielleicht hast du aus deiner Sicht sogar Recht damit. Aber früher oder später musste es so kommen. Wir beide haben von Anfang an gewusst, dass das hier nicht ewig gehen wird. Du hast mehr als genug dazu beigetragen, um mir den Abschied zu erleichtern. Mehr als man von einem Freund erwarten kann." Sie hat ihr Glas inzwischen abgesetzt und spricht jetzt ruhig und langsam. „Ich weiß das, weil ein anderer guter Freund, ein gemeinsamer Bekannter, wenn du so willst, mir vor Wochen schon von meiner

Fachvertretung erzählt hat. Er war es auch, der sich hierum gekümmert hat." Maria deutet auf die Broschüre, die seit einigen Minuten zwischen ihnen auf dem Tisch liegt, aber Matthias weigert sich, auf die subtile Aufforderung einzugehen. Er muss das nicht lesen. Er weiß, was in solchen Prospekten steht. Er muss sich auch nicht fragen, wen sie mit dem gemeinsamen Bekannten meint.

„Der Böck ist also auch da gewesen", murmelt er und ärgert sich, dass er sich anhört wie ein eifersüchtiger Liebhaber. Er weiß nicht, was ihn mehr verletzt, die Erkenntnis, dass er offenbar nicht der einzige Kollege ist, dem an Maria etwas liegt, oder ihr Stillschweigen über sein Vertretungsmärchen. Beides fühlt sich an wie ein Betrug. Gleichzeitig ist ihm bewusst, dass er nicht das Recht hat, Maria etwas vorzuwerfen. Er hat sich selbst etwas vorgemacht. Nach dem anfänglichen Schock über ihre Diagnose, hatte er die Tatsachen einfach verdrängt, hatte sich eingeredet, es würde alles bleiben wie es ist. Nachhilfestunden bis in alle Ewigkeit. Er war naiv, zu glauben, die Krankheit würde irgendwann verschwinden, wenn er sie ignoriert. Dass die Wahrheit so weh tut, jetzt da die Illusion in sich zusammenfällt, ist alleine seine Schuld. Nur, dass es ausgerechnet der Chef sein muss, den Maria mit ihren Plänen vom Abschiednehmen betraut, das muss Matthias erst verdauen.

Sie hat ihren Cognac ausgetrunken und hält ihm das Glas hin. Wartet, bis er nachgefüllt hat. Lässt ihm Zeit.

„Der Böck ist kein schlechter Mann, weißt du", beginnt sie vorsichtig, als spräche sie mit einem kleinen Jungen. „Wir sind lange Zeit Kollegen gewesen, der Alfred und ich. Ehrlich gesagt, habe ich damals nicht verstanden, warum er sich als Chef beworben hat, denn als Lehrer ist er völlig in seinem Beruf aufgegangen. Ich habe nie jemanden gekannt, der mit einer solchen Hingabe unterrichtet hat." Matthias fragt sich, was sie mit dem Plädoyer für den Böck erreichen will, aber Maria lässt ihm keine Gelegenheit den Gedanken zu verfolgen. „Er war ein begabter Künstler und auch als Biologe wusste er mehr als die meisten Fachkollegen. Mit sei-

ner individuellen Auffassung vom Unterricht ist er uns allen weit voraus gewesen. Wahrscheinlich war er auch der Zeit voraus. Seine Schüler lagen ihm sehr am Herzen. Vielleicht, weil er und seine Frau selbst nie Kinder haben konnten." Müde hebt sie ihre Schultern und blickt in die bernsteinfarbene Flüssigkeit, dann nimmt sie den Faden wieder auf. „Wenn sich der Alfred eingebildet hat, er könne seine Schützlinge nur in der Natur für die Tier- und Pflanzenwelt begeistern, dann hat er einfach einen klapprigen, alten Bus gemietet, und ist mit seiner Klasse irgendwo hinaus gefahren in die Wildnis."
Amüsiert über die eigene Schilderung lacht sie plötzlich auf und weckt damit den Kater, der beleidigt vom Sofa springt und sich aus dem Zimmer trollt. „Gott, so etwas wäre heute undenkbar, was?"

Matthias weiß, wovon sie spricht. Heutzutage wäre es schon unvorstellbar, auch nur einen Schüler im eigenen Auto mitzunehmen. Nichts dürfen sie mehr, ohne dass es dreifach geprüft und abgesegnet wird. Als Turnlehrer, der ohnehin ständig mit einem Fuß im Kriminal steht, muss man besonders vorsichtig sein. Wenn es heißt, *Wo war der Lehrer?* und *War die Übung dem Schülerkönnen angepasst*, sobald sich irgendein Tollpatsch den kleinen Finger bricht, sollte er seine Rechte kennen. Dabei ist das alles Schwachsinn, denn die meisten Unfälle passieren beim Blödeln und weil sich die meisten Kids nicht mehr richtig spüren. Da hilft weder Aufsichtspflicht noch Risikomanagement. Abgesehen davon, gibt es noch tausend andere Richtlinien, durch die Behörden und Ministerium Einfluss auf den Sportunterricht nehmen. Bei der Kontrolle durch die Bau- und Geräteinspektion Ende April ist aufgeflogen, dass nichts im Turnsaal mehr den Sicherheitsvorschriften entspricht. Barren und Reck sind aus den frühen Neunzigern und gehören längst ersetzt, ebenso wie der Kettenkasten mitsamt Kletterseilen und Ringen. Der Hauptgrund aber, weshalb die Kommission ihnen den Saal gesperrt hat, ist die feuchtigkeitsbedingte Wellenwerfung im Parkettboden. Sie haben nur Glück, dass sie den Gemeindesportplatz und das Schwimmbad mitbenutzen dürfen. Als Turner-Chefin, wäre es eigentlich der Habicher Erna zugefallen, die Mängel rechtzeitig zu melden, aber da die regelmäßige Sicherheitsüberprüfung in erster Linie in der Verantwortung des Leiters liegt, klebt die Sache jetzt am Böck. Ebenso wie die Beschwerden einiger Eltern über zugige Klassenräume und die neuen Risse an der Außenmauer.

„Was ich damit sagen will", holt ihn die Freundin mit ungebrochener Leidenschaft für den Koalabären aus den Gedanken, „auf seine Art hat der Alfred den Unterricht revolutioniert, und das noch lange, bevor das Wörtchen *Schulprojekt* überhaupt erfunden war. Auch wenn die heutigen pseudofreiwilligen Zurschaustellungen von angeblich schülerinitiierten Aktivitäten natürlich nicht zu vergleichen sind mit seiner Arbeit damals. Diese subventionsgeförderte Projektkultur, die Lehrer und Schüler gleichermaßen unter Druck setzt, ist ja erst in den letzten zehn bis fünfzehn Jahren aufgekommen. Ihm war es vor allem wichtig zu vermitteln, wofür er sich selbst begeistern konnte. Als man aber dazu übergegangen ist, seine Form des Unterrichts zu institutionalisieren, hat er wohl einfach die Freude daran verloren."
Matthias muss zugeben, dass er sich in diesem Punkt in den Böck hineinversetzen kann. „Es kann dir den Spaß an der schönsten Sache verderben, wenn dich jemand dazu zwingt", gibt er Maria recht und starrt in seinen Cognacschwenker.
„So ähnlich, ja. Jedenfalls denke ich, dass es einer der Gründe gewesen ist, warum er sich damals um die Schulleitung beworben hat. Als Querdenker und überzeugter Lehrer ist es wahrscheinlich nicht leicht, sich einem immer restriktiver werdenden pädagogischen Regime zu unterwerfen. Dass er um den Chefposten angesucht hat, obwohl ihm eigentlich klar sein musste, dass er sich damit zum delegierenden Handlanger ebendieses Systems machen würde, war ein Fehler. Der Mann hatte keinerlei politische Ambitionen, und mein ganzes Leben ist mir niemand untergekommen, der sich in einer Machtposition derart unwohl fühlt." Sie schmun-

zelt. „Du weißt ja, wie er schon vor dem Schulforum in eine Schreckstarre verfällt, sodass man ihn am liebsten erschießen möchte, um ihn von seinem Leid zu erlösen?"

Ja, Matthias kann den Böck ganz deutlich vor sich sehen, wie der vor den versammelten Wichtigkeiten aus Elternverein und Lehrerschaft in seinen Beutelbär-Habitus verfällt, um sich nicht angreifbar zu machen. Obwohl er den Wortgebrauch vom *Einschläfern* in diesem Zusammenhang jenem des *Erschießens* vorgezogen hätte, bringt ihn der drastische Vergleich der Marderer zum Schmunzeln. Er fehlt ihm, dieser trockene Humor, der ihn durch viele öde Schulmonate gerettet hat.

„Der ausschlaggebende Grund aber für Alfreds Entscheidung ist letztendlich wohl seine Frau gewesen, der er als einfacher Lehrer nie genügt hat." Marias letzter Satz kommt stark gepresst, als würde ihr das Sprechen Schmerzen verursachen, sie klingt jetzt deutlich müder als zuvor.

„Als sie dann die erste Brust verloren hat, muss seine Kandidatur für den Leiterposten wohl so etwas wie ein verzweifelter Liebesbeweis gewesen sein." Bei den letzten Worten fängt sie zu husten an, Matthias will aufstehen, um ein Glas Wasser zu holen, aber Maria bedeutet ihm energisch, dass er sitzen bleiben soll.

„Den er nur bekommen hat", hustet sie weiter und bricht dann wieder ab, um röchelnd Luft zu holen. „Den er schließlich nur bekommen hat, weil es außer ihm keinen weiteren Bewerber gab. Der Rest ist die Geschichte, die du kennst. Sechs Jahre und vier weitere Operationen später darf Erika Böck ihrem Schöpfer als Direktorengattin gegenübertreten und hinterlässt nicht nur den trauernden Gatten, sondern auch einen intelligenten, begeisterungsfähigen Mann, der an seinen eigenen Fehlentscheidungen zerbrochen ist."

Zum ersten Mal in dem Gespräch verspürt Matthias so etwas wie Mitleid für den Beutelbären. Er hat natürlich mitbekommen, dass dem Böck im letzten Jahr die Frau gestorben ist, aber nie groß darüber nachgedacht. Jetzt, da seine Backgroundstory kennt, schämt er sich ein wenig für sein Urteil gegen den Chef. Obwohl der nach heutigen Anforderungen als Bewerber natürlich mit Pauken und Trompeten durchgefallen wäre. Im Konferenzzimmer wird über heikle Themen wie die Chefbestellung kaum gesprochen, wenn auch in letzter Zeit so etwas wie ein allgemeines Unbehagen zu spüren ist. Hinsichtlich des Platzproblems und der anderen sich häufenden Übel ist die Zusammenlegung mit dem Erzherzog-Johann-Gymnasium nicht mehr bloß ein Schreckgespenst, sondern in den Bereich der Wahrscheinlichkeit gerückt. Noch steht alles in Schwebe, aber wenn die Mehrheit im Gemeinderat unter dem neuen Bürgermeister tatsächlich für die Fusion stimmen sollte, und Eberhardt Wolf vom Konkurrenzgymnasium krankheitsbedingt abdanken muss, werden die Karten neu gemischt, und dann weiß nur der Liebe Gott, was den beiden Schulen blüht.

„Sei es, wie es sei", kommt Maria zum Schluss, „was immer man dem Alfred vorwerfen mag, das Eine muss man ihm lassen – trotz seiner Überforderung ist er privat stets Mensch geblieben. Und mir gerade in den letzten Wochen ein wirklich guter Freund gewesen." Mit sichtlicher Kraftanstrengung beugt sie sich nach vorn und fasst nach dem Prospekt vor sich auf dem Tischchen. Erneut spürt Matthias so etwas wie Zorn in sich hochbrodeln. Er weiß es besser, als den Böck für Marias Entscheidung verantwortlich zu machen, aber er braucht ein Ventil für seinen Schmerz.
„Das soll ihn zum Freund machen?", sagt er. „Dass er eine verdammte Sterbeklinik für dich aussucht?" Seine Stimme klingt fremd und brüchig in den eigenen Ohren, die Worte gehen unter im steten Metrumschlag der Pendeluhr. Der Salon erscheint im schummrigen Lichtkegel der Stehlampe beengter. Als seien die Wände von ihm unbemerkt im Laufe des Gespräches ein Stück weit in den Raum gerückt, um eine Intimität zu schaffen, die er von sich aus nicht bereit ist, zuzulassen.

„Weil ich ihn darum gebeten habe." Wenn Maria bemerkt hat, wie aufgewühlt er innerlich ist, so lässt sie sich nichts anmerken. Langsam nimmt sie ihre Brille ab, reibt sich den Nasenrücken, und wendet sich ihm wieder zu. „Ich bin ein Leben lang alleine gewesen, und das war auch in Ordnung so. Ich mag die Menschen, sonst hätte ich meinen Beruf nicht ausüben können. Trotzdem muss ich sie nicht ständig um mich haben." Sie klingt schwach, aber ihre Worte haben etwas von einer bindenden Gültigkeit. „Mir ist die Gesellschaft von Tieren immer lieber gewesen. Sie enttäuschen nicht, sie fordern nicht mehr ein als sie brauchen, und im Gegensatz zu unserer Spezies ist ihnen jede Art von Opportunismus fremd. Erst seit mir klar ist, dass ich bald sterben muss, weiß ich, dass es ein Geschenk ist, wenn man sich im Leben mit dem umgeben kann, was einem wirklich lieb ist. Für diesen Luxus muss ich nun bezahlen, nicht wahr?"

Matthias weiß nicht, was er darauf sagen soll. Er ist ja selbst nicht gerade ein Herdentier, trotzdem hat er die Einsamkeit nie angestrebt. Minerva, die mit aufgestelltem Schwanz in den Salon geschlichen kommt, lässt sich vor ihm auf dem Perserteppich nieder, gähnt, streckt sich und fixiert ihn aus mandelförmigen Augen, als wolle sie ihm direkt in die Seele schauen. Als er wieder hochsieht, fällt ihm auf, dass der Prospekt jetzt auf seiner Seite des Tisches liegt. Maria hat wieder zu husten angefangen. Bevor sie weiterspricht, ringt sie mehrmals mühsam nach Luft. Ihre Sätze klingen abgehackt und sparsam.

„Nicht mehr lange, dann werde ich auf fremde Hilfe angewiesen sein. Ich wünsche mir, dass du das akzeptierst. Du hast mir vieles erleichtert während der letzten Wochen, und dafür danke ich dir von Herzen, aber das letzte Stück des Weges muss ich wohl alleine gehen."

Nachdem sie geendet hat, weist sie mit knochigen Fingern wieder hin zu der Broschüre. Matthias tut ihr endlich den Gefallen, und nimmt den Hochglanzfolder in die Hand. Das Cover lässt eher an eine Fünfsternepension denken als an ein Hospiz. Ein

Sterbehotel. Ein All-Inclusive-Aufenthalt mit Weiterreiseticket in einen Urlaub ohne Ende. Die Fotografie des villenähnlichen Gebäudes inmitten eines weitläufigen Parks mit Bänken und Steinbrunnen zwischen Birken- und Buchenwäldchen vermittelt Ruhe und Geborgenheit, während bereits auf der zweiten Seite eine andere Aufnahme den eigentlichen Zweck der Institution schon etwas deutlicher enthüllt. Aus der Perspektive des Betrachters führt ein Holzsteg über spärlich mit Gras bewachsene Sanddünen hinaus auf einen See, der weiter draußen in das sanfte Grau eines wolkenlosen Abendhimmels übergeht. Was wahrscheinlich auf die Betroffenen tröstend wirken soll, löst in Matthias das Gefühl einer dumpfen Bedrücktheit aus, sodass er rasch weiter blättert, um sich auf die allgemeinen Informationen über Pflegeleistungen, Tagessätze, Aufnahmerichtlinien und Kontaktadressen für Angehörige zu konzentrieren. Auf der vorletzten Seite fällt ihm eines der Zitate auf, die Anfang und Ende jedes neuen Abschnittes markieren. Maria hat die Zeile mit sauber gezogenen Bleistiftlinien unterstrichen. Der Spruch stammt von Marie von Ebner-Eschenbach. *Wir müssen immer lernen, zuletzt auch noch sterben lernen.*

Maria hustet in ein Taschentuch, steckt es zurück in den Ärmel, sieht ihn wieder an. Lächelt. „Es dauert ein wenig bis man akzeptieren kann, dass einem die Lektion nicht erspart bleibt. Viel Zeit zum Lernen bleibt mir nicht mehr. Ich habe die Therapien abgebrochen. Keinesfalls sterbe ich im Krankenhaus." Die Worte hängen zwischen ihnen im Raum. Der Knödel in seinem Hals ist wieder da, aber Matthias hat den Widerstand inzwischen aufgegeben. Als ihm die ersten Tränen kommen, nimmt Maria seine Hand und beginnt zu erzählen. Erzählt von den kahlen Schädeln im Wartezimmer, von dem Mädchen mit dem weisen Ausdruck in den Puppenaugen und der Verbissenheit im Gesicht des erfolgsverwöhnten Eberhardt Wolf. Und dann erzählt sie ihm vom Böck, und wie er ebenfalls vor kurzem hier gesessen und geheult hat wie ein kleiner Bub, nachdem er ihr sein Wort geben musste, sich um ein Bett im Sterbehotel zu kümmern.

Der folgende Hustenanfall ist heftiger als die vorangegangenen. Matthias ist kurz davor, zum Telefon zu greifen, als Maria abwinkt. Sie wartet bis die Abstände zwischen den Spasmen länger werden, und lässt sich dann erschöpft zurück aufs Sofa sinken. Während er um ein Glas Wasser in die Küche eilt, geht ihm das Zitat aus dem Prospekt noch einmal durch den Kopf. Er hatte die Worte als Metapher abgetan, als einen dieser Sprüche über Akzeptanz und Sterblichkeit, wie sie auf den Postkarten und Kalendern stehen, die es neuerdings haufenweise zu kaufen gibt. Dass es aber in erster Linie eine zutiefst körperliche, brutal-reale Dimension hat, dieses Sterben-Lernen, hat er gerade erst begriffen.

„Wann gehst du?", fragt er tonlos in die Stille des Salons hinein, als er mit dem Wasser wieder kommt. Dankbar nimmt sie das Glas entgegen und zuckt die knöchernen Schultern. „Vielleicht morgen. Vielleicht nächste Woche. Das hängt ganz davon ab, wie schnell ein Bett frei wird. Alfred kennt jemanden in der Verwaltung dort, aus der schweren Zeit mit seiner Frau. Ich stehe ganz oben auf der Liste. Also … bald auf jeden Fall." Sie macht Anstalten, aufzustehen. Als er sieht, dass sie es aus eigener Kraft nicht schafft, fasst er sie unterm Arm. Diesmal nimmt sie seine Hilfe an. „Aber mit Sicherheit nicht mehr heute", lacht sie hustend, mehr an seine Brust gelehnt, als auf den eigenen Beinen stehend. „Ich muss jetzt nämlich meine Schätzchen füttern, und du mein Lieber, gehörst ins Bett. Du siehst schlechter aus als ich mich fühle."

Nachdem er die *Aeneis* und seine Notizen in den Sportrucksack gepackt hat, stehen sie nebeneinander auf dem Flur. Matthias ahnt, dass es ihr letzter Abschied ist. Als er den Mund aufmacht, legt ihm Maria zart die Finger auf die Lippen und sagt, was sie immer sagt, bevor er geht. „Und vergiss nicht, Matthia. *Repetio est mater studiorum.* Die Wiederholung ist die Mutter aller Studien. Mach mir keine Schande und grüß mir die 7b."
„Ich weiß", sagt er und grinst, weil sie es sich nicht nehmen lässt, die Vertretungs-Charade bis zum Ende durchzuziehen. Bevor er in

die Schuhe schlüpft, die Nero heute verschont hat, zieht er ein kleines Plastiksäckchen aus der Hosentasche, nicht größer als eine Tüte Traubenzucker, und überreicht es ihr. *„Manus manum lavat.* Danke für deine Hilfe, Maria. Ich wüsste nicht, was ich ohne dich getan hätte."
„Ich habe schon befürchtet, das Zeug sei nass geworden", flüstert sie verschwörerisch und schiebt das Päckchen zwischen die Telefonbuchseiten neben dem alten Festnetzapparat, wo es für die Katzen nicht erreichbar ist. Matthias ist froh, dass sie ihn nie danach gefragt hat, wo er das Gras herbekommt, denn wenn auch seine Abmachung mit Elias nicht unbedingt als Dealerei bezeichnet werden kann, so hat sie doch zumindest erpresserischen Charakter. Und obwohl es sich mehr um ein Arrangement handelt, als um tatsächliche Erpressung, muss ja niemand wissen, dass er sich eine promilleinduzierte *Frühbar*-Prahlerei des Eder-Freundes von dessen Hanfzucht im Dachboden der Geliebten zu Nutze macht, um Maria die Schmerzen hin und wieder zu erleichtern. Der Super-Yogi hat ziemlich schnell begriffen, dass seine Susi nicht unbedingt begeistert wäre, wenn die Polizei durch einen anonymen Tipp von seinen hortologischen Aktivitäten Wind bekommt.

Es ist spät, als er sein Bike durch das nächtliche Bad Hoffning zurück in die Kernstockgasse schiebt, wo Hagel und Gewitter ihre Spuren hinterlassen haben. Überall auf den Gehsteigen liegen abgebrochene Äste. Bei den Häusern, in denen Franz Uhl seine Wohnung hat, steht ein verwehter Container mitten auf der Straße. Der Eingangsbereich vorm Schulgebäude ist voller Kastanienblüten, die im Lichtschein der Laternen ein rot-weißes Zufallsmosaik auf den Asphalt malen. Nachdem er das Fahrrad in den Unterstand gestellt hat, vergewissert er sich, dass ihn keiner sieht, schleicht im Schutz der Dunkelheit über die angrenzende Grünfläche um das Gebäude herum zum Hintereingang, und schlüpft durch die Flügeltür. Sperrt sie sorgfältig dreimal ab, wie er es dem Franz versprochen hat und tappt sich im grünen Schein der

Fluchtwegbeleuchtung die Wand entlang bis hinunter in den Keller und weiter durch den langen Gang zum Schutzraum. Die ganze Zeit über klingen ihm Marias Abschiedsworte in den Ohren. *„Boni viri lacrimabiles.* Nur gute Männer weinen leicht, Matthia!"

Bunker Boy

Laut Zivilschutz stehen im Land zwei Millionen Schutzräume zur Verfügung. Der Großteil davon in Privathäusern. Nur 158.000 Plätze befinden sich in Bundesgebäuden. Damit wären insgesamt nur 26 % der Bevölkerung im Ernstfall versorgt, de facto sind aber nur noch 3 % aller Bunker derzeit einsetzbar.
Neben den Hochbunkern, die hauptsächlich im urbanen Bereich zu finden sind, gibt es heute noch zahlreiche Tiefbunker in den ländlichen Gegenden. Tiefbunkeranlagen wurden vor allem gebaut, um militärischen Kommandozentralen höchstmöglichen Schutz zu bieten. Anders als Bunker, die nur für die konventionelle Kriegsführung ausgelegt sind, sollten Atomschutzbunker für einen länger definierten Zeitraum Schutz bieten. Konventionelle Bunker dienten nur als Unterschlupf während eines direkten Angriffs und wurden nach kurzer Zeit wieder verlassen. Atomschutzbunker dagegen mussten aufgrund der Eigenheiten der nuklearen Kriegsführung längere Zeit vollständig autark bestehen können.
Filteranlagen schützten gegen übliche chemische Kampfstoffe. Bei Angriffen mit speziellen chemischen Kampfstoffen, gegen die die Filter unwirksam waren, konnte der Bunker auch völlig hermetisiert werden. Die Filteranlagen boten außerdem Schutz gegen Krankheitserreger. Da jedoch die meisten Bunker selbst keinen Quarantänebereich hatten, konnten infizierte Personen nicht eingeschleust werden.

Matthias Sommer erwacht pünktlich einundzwanzig Minuten nach eins, wie so häufig in den vergangenen Wochen von einer inneren Unruhe geweckt, die ihm das Herz bis zum Hals schlagen lässt. Er erschrickt, als er sich an den Rand seiner Pritsche setzt und im Schein der abgedeckten Halogenlampe vor der Werkzeugwand einen mannshohen Schatten aufragen sieht, um gleich darauf erleichtert festzustellen, dass es sich dabei nicht um einen Eindringling handelt, sondern um einen Baum aus Pappe, der einst Teil der Kulisse in einer Schulaufführung gewesen sein muss. Matthias zeigt dem Baum den Mittelfinger, richtet sich auf, flucht, als er dabei mit dem Kopf gegen die obere Pritsche stößt, streckt sich bis zur Decke und hängt seine gesamte Körperlänge von 1.92 m an eines der gut erhaltenen Belüftungsrohre, bis sich sein Kreislauf an die vertikale Ausrichtung gewöhnt hat. Dann beginnt er sein nächtliches Workout mit 2 x 25 Klimmzügen. Die Übung ist eine einfache Kombination aus Technik, Kraft und kontrolliertem Atmen. Das dazu erforderliche Maß an Schmerztoleranz und Disziplin ist dabei die eigentliche Herausforderung, an der die meisten scheitern. Matthias scheitert nicht, erhöht die Zahl der Wiederholungen, bis die Muskeln ihm den Dienst versagen und sich sein Griff um die Stange lockert. Mit einem tauben Gefühl in den Armen legt er sich eine nach Fußschweiß riechende Turnmatte vom Stapel unter der Werkbank zurecht, beginnt mit einer Reihe von 50 Sit-Ups, die er nach kurzen Erholungsphasen zweimal wiederholt. Dann folgen 5 x 25 Beinpressen im Liegen, wobei ein zerkratztes Einzelpult aus dem BE-Saal als Übungsgerät herhalten muss. Gleichmäßig atmet er in die Anstrengung hinein, konzentriert sich auf eine tiefe Bauchatmung, um den Organismus optimal mit Sauerstoff zu versorgen. Die hohe Luftfeuchtigkeit erschwert die Trainingsbedingungen, aber Matthias ist gut in Form, und so schließt er noch ein Trizeps-Training mit zwei Sportpokalen an. Nach einer leichten Entspannungsübung schiebt er die Matte zurück unter die Werkbank und sich selbst vorbei an einem Regal mit Skiern, Bindungen und Stöcken aus dem Jahre Schnee, steigt über drei verstaubte Bühnenscheinwerfer bis zur Betonwand mit den ausklappbaren Tischen, wo er sich auf einer 2 x 2 Quadratmeter großen Fläche einen improvisierten Arbeitsplatz geschaffen hat. Neben seinem Laptop liegt eine gelbe Mappe mit Recherchen über den kreativen Schreibprozess und mehreren Informationen über die Geschichte des Bunkerbaus, auf die er beim Googlen im Info-Raum gestoßen ist, während seine Schüler am Vokabeltrainer zugange waren.

Eigentlich ist es mehr Zufall gewesen, dass er bei dem Thema gelandet ist. Matthias hatte sich gefragt, wie seine neue Unterkunft ursprünglich ausgesehen haben mochte, und als dann die Suchmaschine zum Stichwort *Schutzraum* über eine Viertelmillion Ergebnisse ausgespuckt hat, ist er von einem Link zum nächsten gestolpert, von einem Doku-Video zum anderen, und seither wie besessen von dem Thema. Immer wieder hat er sich nach oben geschlichen in den letzten Tagen, meistens nachts, wenn neben seinen Schritten das Surren des Getränkeautomaten das einzige Geräusch im Schulhaus ist, und hat sich die interessantesten Artikel ausgedruckt. Illegal quasi, mit dem Kopiercode der 2b. Seit die Anzahl von Kopien und Druck im letzten Jahr beinahe das Schulbudget gesprengt hätte, hat jeder im Lehrkörper ein eigenes Konto für Privatkopien erhalten, das am Jahresende zu begleichen ist. Matthias hätte seinen eigenen Code verwendet, aber da sein Privatbudget zur Zeit ebenfalls äußerst limitiert ist, um nicht zu sagen defizitär, muss der Raubdruck als Kavaliersdelikt durchgehen. Sauber abgeheftet wartet das Ergebnis seiner nächtlichen Recherchen also nun darauf, dass er es sichtet. Sich damit beschäftigt, auseinandersetzt, besonders kuriose Fakten unterstreicht und sich Randnotizen macht; Informationen findet, die ihn inspirieren, sich literarisch vielleicht irgendwann verwenden lassen. Noch hat Matthias keine Ahnung, was er damit anfangen wird, aber seit er beschlossen hat, den Rat der charismatischen Lektorin Mona Rothe zu befolgen, versucht er, die Frage nach dem Endprodukt auszublenden, und sich darauf zu konzentrieren, was die unmittelbare Umgebung an Schreibanreizen bietet. Schreibt täglich, schreibt ab, verändert fremde Textformen, vertieft sich in Gedanken, verirrt sich in Ideen. Verwirft sie, holt sie wieder hervor, um daran weiter zu arbeiten, und sie abermals in den virtuellen Papierkorb zu verschieben oder in zahlreichen Dateien und Unterdateien abzuspeichern, um im Bedarfsfall darauf zurückgreifen zu können. Schafft auf diese Art in manchen Nächten viel, schafft oft gar nichts. Schafft, wenn schon auch sonst nichts, wenigstens Bedingungen und hofft, dass die zermürbende Arbeit irgendwann Früchte trägt.

Dass er überhaupt den Willen zum Weitermachen aufbringt, überrascht ihn selbst. Seine Kreativität, die Flamme der Begeisterung, all seine Pläne für die Zukunft …, sie sind wie erstickt durch die beschissenen Entwicklungen der letzten Monate, die vor drei Wochen ihren Höhepunkt erreicht haben, als ihn Franz Uhl hochkant vor die Tür gesetzt hat, weil sich eine gewisse Dackelhündin hinter den Containern im Hof mit einem weggeworfenen Jausenbrot im Maul erwischen ließ. Seit die heimliche Beseitigung des Stinkbrotes durch Lady aufgeflogen ist, hat Matthias nicht einen Satz zustande gebracht, auf den er wirklich stolz sein kann. Gedankenfetzen, ein paar Anmerkungen, Dialogfragmente, mehr hat er nicht vorzuweisen. Und das wird kaum genug sein für den überregionalen Schreibwettbewerb, für den er bis Mitte Juni eine Story fertig haben muss. Was soll er schreiben zu dem Schlagwort *Sehnsucht*, wenn er den Kopf nicht frei bekommt? Es bleibt ihm noch ein wenig Zeit, ehe der ultimative Schulschlusswahnsinn einsetzt, aber um sich wirklich und wahrhaftig auf den Text einzulassen, fehlt ihm einfach die Gelassenheit.

Aber gerade deswegen ist es umso wichtiger, nicht aufzugeben. Den Umständen zu trotzen, Disziplin zu zeigen und den inneren Schweinehund zu überwinden. Matthias' angeborene Antihaltung gegenüber Fremdbestimmung aller Art, sei es durch Autoritätspersonen, oder durch Gegebenheiten, versagt es ihm, gerade jetzt klein beizugeben. In den vergangenen Nächten hat er seine Gedanken konsequent geordnet und Beobachtungen notiert. Tagsüber hält er die Augen offen, versucht sich zu merken, was er später in einer Beschreibung verwenden kann. Hört in sich hinein, spürt nach. Spürt auf. Spürt manchmal so viel, dass er gar nicht nachkommt mit dem Denken. Personen, Tiere, Stimmungen, für alles gibt es unendlich viele Möglichkeiten der Darstellung, Interpretation und Sichtweise. Den Horror versucht er dabei bewusst wegzulassen. Auch in dem Punkt muss er der Lektorin recht geben: mordende Kindermädchen, sadistische Stiefväter und Monster aus der vierten Dimension haben ihm völlig den Blick für die Realität verstellt. Das Leben selbst ist so vielschichtig, dass es eine Verschwendung wäre, nur über das fiktive Grauen zu schreiben. Nur hat Matthias keine Ahnung, wie er all diese Facetten des Daseins in eine Form bringen soll. Wie er seine Ansichten, Erlebnisse und Träume so darstellen könnte, dass sie nicht deutlich erkennbar als seine eigenen daherkommen. Wenn sie sich von den pathetischen Tagebuchnotizen einer Sechzehnjährigen unterscheiden sollen, braucht er Figuren, die stellvertretend für ihn handeln.

Seit der Delogierung aus der Schulwartwohnung ist es paradoxerweise vor allem die räumliche Isolation, die ihn am Denken hindert. Durch die dicken Wände und massiven Stahltüren ist der Handy-Empfang gestört, und ohne WLAN kommt er mit dem Laptop nicht ins Internet. Es gibt keine Fenster, keine natürliche Lichtquelle hier unten. Die besten Bedingungen, um zum Sonderling zu werden. Und Gott weiß, er ist auf dem besten Weg dahin. Trotzdem weigert er sich, aufzugeben.

Aufgeben tut man einen Brief, hört er seine Mutter sagen, als er den Stapel mit den Büchern vom Tisch auf ein Regal wuchtet. Was für ein bescheuerter Spruch! Das Regal ist so verstaubt, dass er heftig niesen muss, als er sich auf den Bürostuhl aus Leder setzt, der irgendwann einmal dem Hintern einer Schulobrigkeit die Autorität verschafft haben mag, wie man sie vor ein paar Jahren noch vor allem durch Sitzfleisch erlangen konnte. Das gute Stück hat keine Lehne mehr, aus einem Spalt in der Polsterung quillt Schaumstoff. Matthias niest noch einmal, dann klappt er seinen Laptop auf. Auch heute Nacht wird er wieder notieren und sammeln, stur den schnöden Tätigkeiten des Handwerks nachgehen, und darauf hoffen, dass irgendwann eine der Tausenden von ungeschriebenen Stories auf seine Arbeit aufmerksam wird, und schreit – *Den Typen mag ich! Der hat Durchhaltevermögen. Dem kann ich mich anvertrauen. Das Warten in der Ewigkeit hat sich gelohnt. Komm, Matthias Sonderling, erzähl mich, schreib mich! Hol mich endlich aufs Papier.*

Aber noch ist es nicht so weit, noch sitzt er bei Energiesparlicht zwischen ausgemistetem Schulkram in einem der furchtbarsten baulichen Symbole für die Zerstörungswut der Menschheit vier Meter und zwölf Stufen tief unter der Erde, wartet bis der Laptop hochfährt und denkt nach. Denkt an die Frauen in seinem Leben. Denkt an Maria, an seine Mutter. Denkt an Silvia Lenz. Versucht, nicht an Manu zu denken, denkt natürlich doch an sie, und daran wie alles schiefgelaufen ist. Dass sie ihn nach all der Zeit beschissen hat, ist unverzeihlich, aber er weiß auch, dass er selbst einen Teil der Schuld daran trägt. Bis vor einem Jahr noch hatte er alles gehabt, was sich ein Mann nur wünschen kann. Hatte Manu gehabt, eine nette Altbauwohnung, Freunde, Hobbies, einen Job. Er hätte zufrieden sein können. Und ja, er hätte es sich gewünscht. Zufrieden zu sein. Dennoch hatte er immer das Gefühl, dass ihm das alles irgendwie nur passiert ist. Hat er auch heute noch den Verdacht, dass er keinen Einfluss auf die Dinge hat. Ist es das, was man *Sehnsucht* nennt? Ist es vielleicht dieser Unzustand, über den er schreiben sollte?
Als sie zusammenzogen, hat er zum ersten Mal gedacht: so darf es sein, so kann es bleiben. Hatte er gehofft, dass er endlich angekommen ist, dass er vielleicht glücklich werden könnte. Eine ganze Weile ist das sogar gut gegangen, bis sie nach ein paar Monaten wieder gekommen ist, die Unzufriedenheit. Mit sich im Schlepptau ihre hässliche Freundin, die Langeweile. Nicht, dass die Beziehung mit Manu wirklich jemals langweilig gewesen wäre, im Gegenteil. Obwohl sie schon mit zwanzig zum ersten Mal zusammen waren, hat es seither nie eine Frau gegeben, die Matthias aufregender gefunden, die ihn mehr zum Lachen, Verzweifeln oder Lieben gebracht hätte. Auch nicht in den Jahren nach der Hochzeit und auch nicht kurz vor dem Ende, das er nicht hatte kommen sehen. Ihre Beziehung hatte gelebt von den Gemeinsamkei-

ten, und vielleicht liegt es daran, dass die Langeweile, die ihrer Liebe letztendlich den Todesstoß versetzt hat, keine gemeinsame gewesen ist, sondern seine eigene. Sein Überdruss, sein Sinnsuchen und Grübeln hatte Manu in die Arme eines anderen getrieben. Sie mag ihn ja beschissen, haben, aber verschissen hat er die Sache ganz alleine.

Seitdem hat sich das Schicksal gegen ihn verschworen, und hier sitzt er nun, und bemüht sich, der ganzen Sache etwas Positives abzugewinnen, weil ihm zum ersten Mal im Leben gar nichts anderes übrig bleibt. Und weil er spürt, dass dies die Gelegenheit sein könnte, auf die er vielleicht seit seiner Kindheit schon gewartet hat. Die Gelegenheit, über sich hinauszuwachsen. Etwas aus eigenem Antrieb heraus zu verändern. Den einen Moment erleben zu dürfen, in dem endlich alles einen Sinn ergibt. Schon als introvertierter, schweigsamer Bub ist da stets eine diffuse Furcht gewesen, dass ihn die Durchschnittlichkeit erdrücken könnte. Jedes Mal, wenn das Gefühl zu übermächtig wurde, hat er sich mit der Vorstellung von dem Augenblick getröstet, in der sich Warten und Ausdauer in der Normalität bezahlt machen würden. Auch heute noch, ein halbes Leben später, flüchtet er sich gerne in diesen trostspendenden Traum. Er stellt sich dann gerne vor, er sei eine seiner eigenen Figuren. Ein No-Name. Ein Mann des Alltags, weder glücklich noch unglücklich im Leben. Ein ganz normaler Kerl, der nicht auffällt, weder durch Talente noch besondere Leistungen, bis ... Ja, bis eine Situation eintritt, an der alle anderen zerbrechen, während dieser Niemand, während er, Matthias Sommer Sonderling, zum Retter einer Menschheit wird, die vor lauter Genügsamkeit verlernt hat, was es heißt, zu überleben. Matthias wird sich hüten, mit irgendjemandem über diese Fantasien zu sprechen. Er weiß, was die Leute von ihm denken würden. Aber es ist, was es ist: eine Fantasie, und genau der Stoff, aus dem Superhelden geboren werden. Und hat ihm Mona Rothe nicht geraten, er soll über Dinge schreiben, die er kennt? Wer will denn außerdem beurteilen können, ob er in Wirklichkeit ein Held ist oder nicht, wenn er bisher nicht die Gelegenheit hatte, seine Kräfte einzusetzen. Wenn die einzige Katastrophe, die ihm bisher passiert ist, der Alltag war, mit seinen unzähligen Facetten von Grau. *Captain America, Daredevil, Hulk* und *Spiderman*, mussten sie nicht alle erst eine Wandlung durchleben, bevor sie ihre wahre Bestimmung erkannt haben? Seine ganz persönliche Metamorphose hat vielleicht gerade erst begonnen. Hier im Bunker. Genau, das ist es: *Matthias Sommer, Bunker Boy, der Mann, der aus dem Keller stieg.* Das muss er sich merken!

Als die Desktop-Leiste auftaucht, klickt Matthias den Ordner mit *Ideen* an, hält kurz inne, holt tief Luft und tippt mit fliegenden Fingern *Bunker Boy* unter die bereits vorhandene Auflistung von fiktiven Charakteren, die ihn irgendwann einmal angesprungen sind. Nach kurzem Überlegen, löscht er die Worte, ersetzt sie durch *Bunker Man*, Schrägstrich *Boy*, spricht beide Varianten ein paar Male vor sich hin und entscheidet sich für die ursprüngliche Version. Darunter schreibt er die Worte *Superpower* und *Katastrophe*, setzt einen Pfeil daneben, danach ein fettes Fragezeichen. Das muss fürs Erste reichen, heute Nacht warten noch andere Aufgaben. Entschlossen sucht er die markierten Stellen aus der Mappe, öffnet das Schreibprogramm und konzentriert sich auf die Ergebnisse seiner Bunker-Recherchen.
Die Skizzen und Baupläne überfliegt er nur, die technischen Details zu Konstruktion und Isolierung sind schwer zu verstehen. Was ihn viel mehr interessiert, ist die Idee hinter der ganzen Bunkersache. Organisation, Logistik , und wie sich das Leben unter der Erde unter Extrembedingungen zugetragen haben könnte. Nach dem, was er bisher in Erfahrung gebracht hat, waren die Schutzmaßnahmen auch zur Zeit des Kalten Krieges nach heutigem Wissenstand noch reichlich lückenhaft und simpel. Von Franz weiß er, dass sein eigener Bunker kurz vor dem Zweiten Weltkrieg gebaut wurde, als das Kernstock-Gymnasium noch Heinrich-Himmler-Knabenschule hieß. Zu Beginn der Siebziger

wurde er modernisiert und später nach dem Fall des Eisernen Vorhangs als Atombunker aufgegeben, auch wenn er in den Grundbüchern der Gemeinde immer noch in der Funktion besteht. Bisher wollte kein Politiker die Verantwortung für eine offizielle Auflösung übernehmen. Die Entwicklung ist beispielgebend für das Schicksal vieler Bunker. Sofern sie nicht für Events, als Seminarräume oder Bibliotheken genutzt werden, enden sie als Lagerräume. Andere lässt man verfallen oder versiegeln, sie geraten oftmals gänzlich in Vergessenheit. Der Schulbunker hatte früher eine Vor- und eine Hauptschleuse mit jeweils zwei Stahltüren. So konnte man Personen und Dinge einschleusen, ohne die Insassen zu gefährden. Die Dusche an den verfliesten Wänden der noch bestehenden Vorschleuse diente der Dekontaminierung. In dem Raum, in dem er selbst gerade sitzt, befinden sich Lüftungs- und Filterungsanlagen.

Der Franz hat es sich nicht nehmen lassen, ihm das System bis ins Detail zu erklären, aber das Einzige, was Matthias sieht, ist eine verwirrende Ansammlung von Ventilen, Stangen und Rohren, die irgendwo im Mauerwerk verschwinden. Das Schild außen an der ersten Stahltür besagt, dass der 120 Quadratmeter große Raum für nicht mehr als 35 Personen zugelassen ist, demnach gibt es genauso viele Pritschen, die als Betten dienen. Die meisten sind mit irgendwelchem Zeugs verstellt. Matthias hat sich für die freie Pritsche gleich neben der Tür entschieden. Die Nähe zum Eingang gibt ihm in der nächtlichen Isolation das Gefühl, näher an der Oberwelt zu sein. Ansonsten ist seine Pritsche nicht besser und nicht schlechter als die anderen – achtzig Zentimeter breit, verdammt hart und reichlich kurz für seine Körpergröße.

Im angrenzenden Generator-Raum gibt es jeweils fünf Duschen und Toiletten, aber keine Wasserversorgung. Wenn er aufs Klo muss oder sich die Zähne putzen will, ist er gezwungen, einen Marsch von 400 Metern in Kauf zu nehmen. So weit ist es in etwa hinauf bis zu den Buben-Klos im Parterre. Das wiederum bedeutet, dass er eine gute Viertelstunde früher aufstehen muss, denn die ersten Busschüler kommen bereits kurz vor sieben und hocken dann apathisch (den künstlichen Schein ihrer Smartphones im Gesicht) im Gang herum und warten, bis ihnen der Franz oder die Frühaufsicht die Klassen aufsperrt. Wenn er da mit seiner Zahnbürste in der Hand vorbeispazieren würde, barfüßig, in Shorts und vielleicht auch noch mit einem Morgenständer, käme das wohl nicht so gut. Franz Uhl hat ihn mit dem Nötigsten versorgt. Zumindest was die Achtung seiner menschlichen Grundbedürfnisse angeht, ist Matthias also kein Fall für *Amnesty*.

Nachdem die Stinkbrot-Sache aufgeflogen ist, war die Luft zwischen ihnen eine Zeit lang ganz schön dick.
Er hatte einen Scheißtag gehabt. Erst hatte er von Marias Krankheit erfahren, und dann hat sich auch noch der Murat, seine einzige Stürmerhoffnung in der U16 Mannschaft, so schwer am Knöchel verletzt, dass die Rettung kommen musste. Bis der Unfallbericht ausgefüllt war und Matthias der kaum deutschsprechenden Frau Yildrim am Telefon verständlich machen konnte, was mit ihrem Sohn passiert ist, war es bereits halb sieben. Er hatte vor dem Abendessen noch eine Runde Laufen gehen wollen, aber als er nach Hause kam, hatte Franz Uhl mit todernster Miene und verkrampftem Kinn neben Lady auf der Küchenbank gesessen und stumm auf die Anrichte gestiert. Und da hatte es dann gelegen, das verdammte Brot. Immer noch fein säuberlich in Butterbrotpapier verpackt und mit einem der blauen Gummibänder zusammengehalten, wie sie im Uhlschen Haushalt Anwendung für fast jeden Anlass finden. In dem Augenblick hatte ihm jede angespannte Faser seines Körpers davon abgeraten, die Sache ins Lächerliche zu ziehen, aber irgendwie war ihm dann doch ein dummer Witz herausgerutscht, und ganz schnell hatte ein Wort das andere ergeben.
Obwohl er versucht hat, die Geschichte zu verdrängen, hat Matthias Ausschnitte der unschönen Auseinandersetzung immer noch vor Augen. Der Schulwart nennt ihn einen verwöhnten,

undankbaren Bengel mit Essstörungen, wirft ihm die leeren Saftpackungen im Kühlschrank vor und die Turnschuhe im Gang, bis Matthias selbst der Kragen platzt, und er die überzogene Bemutterung ins Spiel bringt, die ständig offene Klotür und die Fleischfresserei. Wie zwei Buben bei einer Schulhofstreiterei werfen sie sich alles an den Kopf, was sich an unartikuliertem Ärger in den Tagen zuvor aufgestaut hat. Bevor es aber ganz ungut wird, springt dann Lady von der Bank, setzt sich winselnd zwischen sie und blickt verwirrt und ängstlich aus den dunkelbraunen Dackelaugen zwischen ihren Lieblingsmenschen hin und her. Wahrscheinlich hat er es der Hündin zu verdanken, dass ihn der Schulwart an diesem Abend nicht einfach vor die Tür gesetzt hat. Zwar ist genau das passiert, aber der Franz wäre nicht der Franz, wenn er ihm nicht zehn Minuten später eine andere Tür geöffnet hätte.

„Du hast mich verdammt noch mal ganz schön enttäuscht", schmollt der ehemalige Mitbewohner, als sie im Kellerlabyrinth an eine dicke Stahltür kommen. „Aber da ich dich schlecht auf die Straße setzen kann, musst du eben hiermit vorlieb nehmen. Dabei habe ich mir so gewünscht, dass das mit uns beiden funktioniert."
Zum Glück hantiert der Franz bei den letzten Worten lautstark an seinem fetten Schlüsselbund herum, und bemerkt nicht, wie schwer es ihm fällt, einen Lachanfall zu unterdrücken. Als sie aber dann den Bunker betreten, vergeht Matthias der Humor. Schon in der Schleuse schlägt ihnen feuchte, kalte Luft entgegen, weiter drinnen ist es noch schlimmer. Es riecht nach Staub und Moder. Als der Schulwart das Licht einschaltet, sieht Matthias, dass in sämtliche Nischen, Winkeln und Ecken dicke Spinnweben hängen. Nach einer knappen und, im wahrsten Sinne des Wortes, kühlen Einführung in die Gegebenheiten, fordert ihn Franz Uhl auf, seine Sachen zu holen.
„Und damit wir uns verstehen, das hier ist nur vorübergehend. Lass dich bloß nicht erwischen, sonst sind wir nämlich beide dran." Matthias denkt zuerst, es handelt sich um einen Scherz,

eine Art skurrilen Schulwartstreich, mit dem sich der Franz an ihm rächen will. Aber der sieht weder aus, als wäre er zu Späßen aufgelegt, noch reagiert er auf die Frage nach den versteckten Kameras. Ganz schmallippig ist er geworden, der Franz. Matthias sieht, wie ihm die Hände zittern, als er in ein Kästchen an der Wand greift und ihm den Reserveschlüssel hinhält. Als er wortlos den Raum verlässt, schleicht ihm Matthias wie in Trance zurück zur Wohnung hinterher und beginnt zu packen. Das glaube ich jetzt nicht. Ich kann einfach nicht glauben, was mir da gerade passiert, geht es ihm immer wieder durch den Kopf, während er sein Zeug aus dem Kabinettschrank in Sporttasche und Rucksack stopft. Aber als ihn die Angst vor Ratten, Spinnen und anderem Getier die ganze Nacht kein Auge zu tun lässt, glaubt er es dann doch.

In jener ersten Nacht hatte Matthias begriffen, dass man eben immer noch ein bisschen tiefer sinken kann, auch wenn es aussieht, als sei man längst ganz unten angekommen. Obwohl er sein eigenes Unglück seit der Sache mit Maria etwas reflektierter sieht. Die Bedeutung von Leid und Glück, und das hatte er in seinem eigenen Elend viel zu leicht vergessen, ist eben wirklich relativ. Relativ, und zwar relativ gut, kann er inzwischen mit dem Franz auch wieder. Nachdem ihre Beziehung ein paar Tage unterkühlt, um nicht zu sagen eisig war, ist die beleidigte Schulwart-Leberwurst vor zwei Wochen zu ihm herunter gekommen. Natürlich hat Matthias die halbherzige Sucherei nach irgendeiner Kabelrolle ganz klar als Vorwand durchschaut. Vermisst hat er ihn in Wirklichkeit, der Franz. Und langweilig wird ihm gewesen sein, so ganz alleine da drüben in seiner Wohnung. Statt der Friedenspfeife hat ihm Matthias dann ein Dosenbier angeboten, und ganz nebenbei erwähnt, dass er ein paar Decken brauchen könnte. Was man ihm selbst wiederum als Vorwand hätte auslegen können, dem anderen auf diese Weise seine Unentbehrlichkeit zu zollen, war in dem Fall durchaus ernst gemeint, denn sein Schlafsack von der Marke

Billigsdorfer raschelt wie ein Müllsack, sobald er nur den kleinen Zehen bewegt. Die Decken jedenfalls, haben schon am nächsten Tag im Schleusenraum gelegen, und nach und nach sind auch ein elektrischen Heizstrahler, Wasserkocher, Toaster und eine Kochplatte dazugekommen, auf der sich Matthias Dosenravioli, Bohnen und vegetarisches Chili aufwärmt. Dafür revanchiert er sich, indem er abends mit Lady Gassi geht, wenn das Schulwartknie nach einem langen Arbeitstag zur Größe eines Germknödels angeschwollen ist. Es ist beinahe wieder so wie früher zwischen ihnen. Um nicht zu sagen besser, denn nach dem Streit hat ihre Beziehung eine neue Ebene erreicht. Sie wissen wieder, was sie aneinander haben. Die neu erkannte Qualität der Freundschaft drückt sich durch einen bewusst respektvollen Umgang miteinander aus. Eine unausgesprochene Dankbarkeit, wobei die freundschaftlichen Zuwendungen des verklemmten Schulwartes eher materieller Natur sind, während Matthias dem anderen seinerseits bei diversen Reparaturen zur Hand geht.

Durch besagte materielle Zuwendung ist Matthias nun in Besitz eines Kassettenrekorders, der fast so alt ist wie er selbst. Ein echtes Retro-Stück mit Doppelkassettendeck, Aufnahmetaste und abnehmbaren Lautsprechern, wie er es mit vierzehn zur Firmung bekommen hat. Dazu eine ganze Schachtel voll mit Tonbändern, die ein wesentlich jüngerer Franz Uhl seinerzeit mit Aufnahmen von diversen Schlagerparaden und Volksmusiksendungen bespielt hat. Oldies und Country-Songs sind auch darunter. Matthias, der durch die dicken Mauern und die Isolierung weder Internet noch Radio empfangen kann, kennt die meisten Songs inzwischen in- und auswendig. Einige Sachen sind nicht übel. John Denver beispielsweise, Roy Orbison und Johnny Cash oder auch die Klassiker aus dem Italo-Schmalztiegel. Wenn er Al Bano und Romina Power noch ein paar Mal öfter hört, ist sein Italienisch bald so gut wie sein Latein. *È un bicchiere di vino con un panino, la felicità. È lasciarti un biglietto dentro al cassetto, la felicità. È cantare a due voci, quanto mi piaci, la felicità. Felicità!*

Ja, genau! Als ob die Sache mit dem Glück so einfach wäre. Das Leben, ein einziger Rausch aus Brötchen, Wein und Liebe. In seinen Ohren klingt das eher nach Inferno – gefangen in einer Zeitschleife aus Glück und Lachen und Essen und Trinken bis zum Abwinken, und dann geht alles wieder von vorne los. Der reinste Alptraum. Matthias hat nichts dagegen, ein wenig für sein Glück zu arbeiten. *Audentes fortuna iuvat*, die alten Römer wussten schon, wovon sie sprechen. Und darum wird er jetzt ebenfalls tüchtig sein und ein bisschen was riskieren, damit Fortuna ihr Glückshorn über ihm entleeren und ihm eine fulminante Inspiration zuteilwerden lassen kann. Für Letzteres ist zwar die Muse zuständig, aber wenn ihm die Ideen aus den Fingern fließen, dass er mit dem Tippen nicht mehr nachkommt, kann er ja beiden Damen danken.

Es ist die niedrige Akkustand-Anzeige, die ihn zum Weitermachen mahnt. Er ist da gestern auf ein paar kuriose Informationen über das Einschleusungsverfahren in einen Bunker gestoßen, der in Bauart und Lage dem seinen nicht ganz unähnlich ist. Die will er heute Nacht unbedingt ins Reine schreiben. Um einem weiteren Zerwürfnis mit Franz Uhl zu entgehen, der ihm das Rauchen hier unten strikt verboten hat, entzündet Matthias eine Duftkerze, steckt sich eine Tschick an und fängt endlich an zu schreiben.

Schleusungsvorgang
Der Bunker zeichnet sich durch die 2 ½ - fache Schleusenkonstruktion aus, denn neben der Vor- und Hauptschleuse dienen Treppe und Treppengang noch einmal als Vor-Vorschleuse. Dadurch ist es möglich, Personen und Dinge in den Bunker einzuschleusen, ohne die Bunker-Insassen zu gefährden. Eine Einschleusung von mit Krankheitserregern infizierten Personen ist jedoch nicht möglich, da es im Bunker keine Quarantänebereiche gibt. Die Notausstiege haben ebenfalls eine 2 ½ - fache Schleuse, damit im Notfall Personen den

Bunker auf diesem Weg verlassen können, ohne die Hermetisierung des Bunkers aufzugeben.

So erfolgte die Einschleusung von Personen:
1.) Eine Person nähert sich dem Bunker, sie trägt vollständigen Schutzanzug (einteilig mit gummiertem Material und Kapuze und Füßlingen, Gummihandschuhe, Schutzmaske) und führt eine Waffe, Dokumente oder andere Gegenstände mit sich.

2.) Sie schiebt den Zugangsdeckel nach hinten, betritt die Treppe und schließt den Zugangsdeckel wieder von innen.

3.) Die Person nimmt vom Treppenabsatz mittels eines sich dort befindlichen Telefons Verbindung zum Bunker-Kommandanten auf und erhält von diesem genaue Anweisungen zur Entaktivierung oder Entgiftung. Wenn erforderlich, legt der Schleusungs-Kommandant Schutzmaske und Handschuhe an und begibt sich durch die Hauptschleuse zur Vorschleuse.

4.) Die Person legt die mitgeführten Gegenstände auf die Ablage am Treppenabsatz, anschließend begibt sie sich unter die dort befindliche Dusche und duscht sich äußerlich (den Schutzanzug) ab.

5.) Die Person nimmt die Gegenstände wieder auf und begibt sich weiter nach unten in den Treppengang. Dort legt sie den Schutzanzug ab, behält jedoch Maske und Handschuhe an.

6.) Die Person nimmt die Gegenstände, öffnet die Tür zur Vorschleuse, begibt sich hinein und schließt die Tür sofort wieder.

7.) Der Schleusungs-Kommandant stellt den Grad der Kontaminierung bzw. Vergiftung fest und entscheidet über die weiteren Maßnahmen.

8.) *Die Gegenstände sowie eventuell betroffene Hautpartien werden mit entsprechenden Mitteln entaktiviert oder entgiftet.*

9.) *Die einzuschleusende Person legt Maske und Handschuhe ab, entkleidet sich vollständig, zieht Badelatschen an, deckt eventuelle Verletzungen wasserdicht ab und duscht sich gründlich unter Nutzung von normalem Körperreinigungsmittel ab.*

10.) *Der Schleusungs-Kommandant überprüft, ob Entaktivierung oder Entgiftung erfolgreich waren.*

11.) *Die Person öffnet die Tür zur Hauptschleuse, betritt diese und schließt die Tür sofort wieder. Wenn keine weitere Person einzuschleusen ist, kann der Schleusungs-Kommandant mit in die Hauptschleuse kommen.*

12.) *Die Person zieht in der HS bereitgelegte frische Kleidung an. Währenddessen kann bereits die Tür zum hermetischen Bereich geöffnet werden.*

13.) *Die Person begibt sich in den hermetischen Bereich und geht sofort in Stollen 2 (medizinischer Dienst), wo sie umgehend ärztlich untersucht wird. Bei festgestellter Strahlenkrankheit oder Vergiftungserscheinungen sowie bei Verletzungen wird die Person medizinisch behandelt.*

Als er mit dem Transkribieren der Fakten fertig ist, ist eine gute halbe Stunde vergangen. Die Digitalanzeige auf dem Computer verrät ihm, dass es bereits drei Uhr morgens ist. Matthias reibt sich über die Augen, die Arbeit am Bildschirm hat ihn müde gemacht, doch an Schlafengehen ist jetzt nicht zu denken. Er ist zu aufgewühlt. Das kommt öfters vor, wenn er sich ganz und gar in etwas vertieft. Aber es hilft. Hilft ihm, die Dinge zu verstehen, und sich in Situationen zu versetzen, die er nie erlebt hat und höchstwahrscheinlich nicht erleben wird. Seinen *Parallelwelten-Flash* nennt er dieses Spiel mit den Gedanken, wenn es ganze Universen zu entdecken gilt, die noch niemand kennt. Der Flash ist wie eine Droge, die ihm einen ganz besonderen Trip beschert. Wenn ihn das zum Spinner macht, kann er damit leben. Andere verbringen ihre Zeit, indem sie von einer Veranstaltung zur nächsten rasen, und das findet Matthias noch viel seltsamer, auch wenn inzwischen halb Bad Hoffning von dem Wahn betroffen scheint. Es vergeht kein Tag, an dem nicht irgendwo in der Gegend ein Event stattfindet. *Rock am See, Fest am Teich, Kubanischer Abend im Schwimmbad, Kirtag, Streetfood-Market am Hauptplatz, Europafest im Flüchtlingsheim, Ostereiersuchen im Stadtpark, Frühschoppen mit Bubble-Soccer, Dämmerschoppen ohne Bubble-Soccer, Lange Shopping-Nacht, Chillen und Grillen mit Taucherbrillen, Public Viewing, Papa-Kind-Brunch, Esoterikmesse, Erotikmesse, Reptilienschau, Krampusmarkt, Nikolomarkt, Weihnachtsfeiern, Silvesterparty, Sportlerball, Maturaball, Maskenball, Gemeindeball und Feuerwehrfest ...,* die Liste der Zerstreuungsangebote rund ums Jahr ist schier endlos. Wer besonders ehrgeizig ist, springt gleich nach dem *Bauernbundball* aus der Lederhose direkt in den weißen Anzug, um nur ja die *Fete Blanche* nicht zu verpassen, auf der irgendein DJ-Trottel mit herzrhythmusgefährdenden Beats zum Cocktailsaufen animiert.

Matthias versucht sich vorzustellen, was so ein Event-Hopper machen würde, wenn er in einem Raum wie diesem für längere Zeit zusammen mit 34 anderen Menschen eingesperrt wäre. Unbezahlt und ohne Kameras. Ohne Big Brother und Reality-Ruhm. Versucht sich vorzustellen, wie so ein Vergnügungs-Junkie reagiert, sobald ihm klar wird, dass er sich nicht auf einer geilen Bunker-Party befindet, sondern in einem nuklearen Alptraum steckt, der erst endet, wenn die Vorräte zur Neige gehen und der wahre Alptraum erst beginnt. Muss sich fragen, ob er es selbst ertragen könnte, hier unten festzusitzen, ohne zu wissen, wie das

Leben an der Oberfläche inzwischen aussieht. Blickt sich um in dem vollgestellten Raum, den er inzwischen so gut kennt. Denkt sich den ganzen Schulramsch weg, und stellt sich 35 Leiber vor, die seit Tagen nebeneinander, übereinander, dicht auf dicht zusammen schlafen. Wachen. Essen. Scheißen. Streiten. Ihre Körpergerüche ausdünsten, ihre Angst. Stellt sich den Gestank von Ammoniak und Schweiß vor, von verbrauchter Luft, Blut und Pheromonen. Nein, auch er würde es unter solchen Bedingungen nicht lange aushalten. Nicht einmal, wenn er sich die Leute aussuchen könnte, mit denen er den Bunker teilt.

Er hängt dem Gedanken eine Weile nach. Überlegt, zündet sich eine neue Zigarette an. Will sie wieder ausdämpfen. Überlegt es sich anders, raucht weiter. Öffnet ein neues Dokument und schreibt: *Liste von Menschen, mit denen ich in einem Bunker leben könnte.* Daneben eine zweite Überschrift *Liste von Menschen, die ich nicht in meinem Bunker haben wollte.* Unentschlossen starrt er auf den Bildschirm und nimmt einen tiefen Lungenzug. Nein, so funktioniert das nicht, er muss die Sache anders angehen. Er löscht beide Überschriften und schreibt stattdessen alle möglichen Leute auf, die ihm spontan einfallen. Dann streicht er jene, die es aufgrund ihrer Entfernung zur Schule im Katastrophenfall gar nicht erst bis zum Schutzraum schaffen würden. Darunter sind Maria Marderer, seine Eltern, Martha, und leider auch die Zwillinge. Und Bernie, sein Schwager. Aber der ist ohnehin nie da, also fällt er weg. Manu ist ebenfalls raus, weil sie inzwischen zu ihrem senilen Lover in die Hauptstadt gezogen ist. Damit enthebt sie ihn einer schwierigen Entscheidung, denn immerhin hat er ihr ein paar schöne gemeinsame Jahre zu verdanken. Aus reiner Kränkung überlässt man so einen Menschen nicht dem Strahlentod. Andererseits ist er auch nur ein Mensch, und das Bild von dem alten Arsch zwischen den Beinen seiner Frau im eigenen Schlafzimmer hat sich ihm so tief in die Netzhaut gebrannt, dass ihn dies im echten Krisenfall durchaus vor ein moralisches Dilemma stellen könnte.

Bei Maria zögert er am längsten. Die Freundin wird höchstwahrscheinlich nicht mehr da sein, wenn es zu einem Fallout kommt, trotzdem bringt er es unmöglich übers Herz, sie von der Liste zu streichen. Matthias seufzt und setzt ihren Namen in Klammer. Kalte Zigarettenasche rieselt auf die Tastatur, die Akkuanzeige hat nur noch einen vollen Balken. Als er sich bückt, um das Laptopkabel anzuschließen, fällt ihm ein, dass der Heizstrahler an der einzigen funktionierenden Steckdose hängt. Mit Frühlingsbeginn ist es zwar endlich ein wenig wärmer geworden, aber die Temperatur im Bunker liegt um diese Jahreszeit bei allerhöchstens 13 Grad. Er kann es sich nicht leisten, krank zu werden, sie haben nächste Woche ein wichtiges Spiel gegen das Erzherzog-Johann und jetzt, wo Murat als Stürmer ausfällt, muss die gesamte Defensive umgestellt werden.

Schließlich löscht er alle Namen von der Liste und fügt eine Tabelle mit zwei Spalten in das Dokument. In die linke tippt er all jene Freunde und Verwandte ein, die über 50 sind, also schon viel erleben durften. Die rechte Spalte gehört den Jüngeren. Sie sind weniger krankheitsanfällig, kräftiger und innovativ. Sollten sie einen Anschlag tatsächlich überstehen, sprechen diese Eigenschaften dafür, ihre Leben zugunsten eines Wiederaufbaus zu bewahren. Trotzdem ist Matthias mit der Lösung immer noch nicht ganz zufrieden. Mit der strengen Altersgrenze hätte er zwar seine Nichten gerettet, die Eltern und Maria aber schon zum zweiten Mal sterben lassen. Und auch den Franz, den er schon aus reiner Dankbarkeit in den Bunker aufnehmen müsste; zudem kennt sich der in technischen Dingen gut aus, und während der apokalyptischen Zustände auf so jemanden zu verzichten, wäre äußerst unklug. Und natürlich wäre dann mit ihren sechsunddreißig Jahren auch Manu wieder mit im Spiel. An die Kollegen hat Matthias noch gar nicht gedacht, und bis er seine Schüler durch hat, ist nicht nur der Akku leer, sondern auch schon die erste Atombombe im Anflug. Eines ist klar, wenn er auf alle Rücksicht nimmt, wird er den verdammten Bunker niemals vollkriegen.

Drei unnötige Zigaretten später und bei nur noch zehnprozentiger Akkuleistung, hat er sich endlich zu einer Entscheidung durchgerungen. Es ist mehr ein Kompromiss, und eigentlich ist er damit immer noch nicht glücklich, aber da zur Zeit sein ganzes Leben irgendwie aus Kompromissen besteht, muss sich Matthias mit der Variante vorerst zufrieden geben. Und schließlich, geht es ihm durch den vom Schlafentzug schon etwas wirren Kopf, schließlich ist das Ganze nur ein Gedankenexperiment.

Was er während der folgenden vierzehn Minuten auf die Festplatte hämmert, ist immerhin für ein Gedankenexperiment gar nicht so übel. Müde nach getanem Werk, aber durch den Flow vollgepumpt mit Adrenalin, fährt er sich durch die Locken, greift nach der letzten Marlboro und überfliegt, was ob der Komplexität der Ausdrucksform vielleicht nicht als literarisch wertvoller Erguss, aber durchaus als exzellent formuliertes Regelwerk durchgeht. Dass besagtes Regelwerk nie zum Einsatz kommen wird, da es erstens absurd ist, zweitens diskriminierend, und drittens völlig überholt in Zeiten der terroristischen Kriegsführung, spielt in diesem Fall keine Rolle. Was für Matthias zählt, ist die Befreiung einer nächtlichen Vision, die er da in meisterhaft präzisem Stil aus seiner Fantasiewelt in die Wirklichkeit geholt hat.

1.) Unabhängig von ihrem medizinischen, handwerklichen oder sozialen Nutzen für die Gemeinschaft, werden unten angeführte Personen (siehe Punkt 8) im Bunker, Kernstockgasse 17 aufgenommen.

2.) Die Auswahl beruht auf der alleinigen Entscheidung des Bunkerwartes (Matthias Sommer) und ist nur anfechtbar, wenn eine nicht zutrittsberechtigte Person ...
   a) eine Schwangerschaft
   b) ein besonders überzeugendes Gegenargument (Schuss- oder Stichwaffen) oder

c) ein bisher unentdecktes verwandtschaftliches Verhältnis zu dem Obengenannten vorzuweisen hat.

Sollte der Obengenannte im Laufe des Einschleusungsvorganges (durch welchen Umstand auch immer) aus dem Leben scheiden oder handlungsunfähig sein, bleibt die Gültigkeit sämtlicher durch ihn verfasste Schleusungsregeln bestehen.

3.) Kontaminierte Personen werden ungeachtet ihres Verwandtschaftsgrades zum Kommandanten und ohne Rücksicht auf Sympathie, Schwangerschaft oder ähnliche unter anderen Umständen zum Vorteil gereichende Argumente ausnahmslos abgewiesen.

Sollte eine abgewiesene oder kontaminierte (oder kontaminierte und deshalb abgewiesene) Person den Einlass durch Androhung von Waffengewalt erzwingen wollen, hat sie dies mit ihren moralischen Vorstellungen selbst zu vereinbaren und volle Verantwortung für alle sich daraus ergebenden Konsequenzen zu übernehmen.

4.) Vierbeiner werden nur in Begleitung ihrer Besitzer aufgenommen, und nur wenn dieser nachweisen kann, dass das Tier seit mindestens einem Jahr stubenrein ist. Außerdem hat der Halter ein für die Exkremente vorgesehenes luftdichtes Behältnis mitzuführen.

5.) Dasselbe gilt für Schüler und deren Eltern, unter dem Zusatz, dass weder bei den Erziehungsberechtigten noch bei dem Nachwuchs Verhaltensauffälligkeiten vorliegen. Eltern mit experimentellen Erziehungsvorstellungen müssen damit rechnen, zu Beginn ihres Aufenthaltes noch in der Hauptschleuse einem Umziehungsprogramm durch die bereits im Bunker befindlichen Pädagogen unterzogen zu werden.

6.) *Sämtliche eingeschleuste Personen unterstehen ausnahmslos den Kleidungsvorschriften des Bunkerkommandanten. Bauchfreie Tops, bis in die Kniekehlen reichende Hosen, Miniröcke aus Stretch, sowie jede Art von anderer Bekleidung, die dem Geschmack des Verantwortlichen zuwider läuft, gelten automatisch als ebenfalls kontaminiert und sind anstandslos in Schleuse II abzugeben. Die Ersatzkleidung wird vom Kommandanten-Helfer (Franz Uhl) ausgehändigt und ist ohne Widerworte anzulegen, ehe der Bunker durch die Endschleuse betreten wird.*

7.) *Personen, und das betrifft insbesondere Lehrpersonal, die zu Vielschwätzerei, Besserwisserei, Pessimismus oder überschwänglichem Idealismus neigen, werden umgehend aus dem Bunker entfernt, sofern sie nicht bereit sind, ihre Vorstellungen den Ideologien des Bunkerwartes anzupassen.*

8.) *Liste der Personen, die einen Fixplatz im Bunker zugeteilt bekommen (sofern im Falle eines Angriffs anwesend und nicht kontaminiert):*
Martha, Susanne und Klara Posch, Verwandtschaft
Klaus und Irene Sommer, Verwandtschaft
Graber Rosalinde
Nowak Rudolf
Sabine Sablatnig
Silvia Lenz
Franz Uhl, Bunkerkommandant-Helfer
Lady, Dackelhündin (Zusatz: Vierbeiner, sofern nicht größer als kniehoch, können als halbe Bewohner angesehen werden, sind aber als vollwertige Lebewesen zu betrachten und deshalb als ebensolche zu behandeln)
Elias, Yogalehrer, Maler, Lebenskünstler ..., Nachname unbekannt
Manuela Antonitsch, geschiedene Sommer, Verwandtschaft (?)
Matthias Sommer, Bunkerwart

Die restlichen 21,5 Plätze werden durch den Wurf einer Zweieuromünze vergeben.

Zusatzklausel: Dr. Mag. Maria Marderer erhält gemeinsam mit ihren Katzen einen Ehrenplatz, was im Falle der Mitnahme aller vier Tiere insgesamt drei Freiplätzen entspricht (siehe: „Zusatz Vierbeiner"), die ausschließlich im Falle des vorzeitigen Ablebens der oben genannten wieder per Münzwurf unter jenen (nicht kontaminierten und nicht armierten) Personen zu verlosen ist, denen kein Fixplatz zugeteilt wurde.

Tatsächlich ist Mathias mehr als zufrieden mit dem Ergebnis. Sicherheitshalber geht er die Liste noch ein paar Mal durch, schleift an ein paar Formulierungen und rechnet nach. Bis auf den halben verbliebenen Platz, der sich durch die Dackelhündin ergibt, kann er keine Fehler entdecken. Das Problem ließe sich leicht durch einen Zusatz über die Aufnahme besonders beleibter Personen beseitigen, aber das geht ihm dann doch zu weit.

Jedes Mal, wenn er über den Namen Silvia Lenz stolpert, kann er spüren, wie sein Puls beim Gedanken an eine Bunkerromanze mit der aparten Kollegin nach oben schnellt. Dabei ist die großgewachsene Lateinerin keine Schönheit im klassischen Sinne, und eigentlich gar nicht sein Typ Frau. Obwohl er sich eingestehen muss, dass es für ihn so etwas wie den *Typ Frau* nicht gibt. Alle Frauen, die er trifft, hat er bisher immer nur mit Manu verglichen. Nicht besonders groß, zart und dennoch athletisch, bis zur Schulter reichendes dunkles Haar, intelligent und schlagfertig – so hat er sie kennengelernt vor einer halben Ewigkeit beim Westernfest im Park. Er hatte damals seine Lonesome-Cowboy-Masche ganz gut drauf, was die Manu als Kevin Costner Fan natürlich ziemlich angeturnt hat. Drei Cola-Rum und zwei Tänze später hatte er sie am Lasso. Hatte sie ihn in der Schlinge, und nichts und niemand konnte sie mehr auseinanderbringen. Dass sie Jahre später letztendlich doch mit einem anderen in einen gemeinsamen

Sonnenuntergang reitet, damit hat Matthias trotz der Krisen nie gerechnet. Zu sicher ist er sich ihrer gewesen, zu verdammt blind, um zu sehen, dass sie den Cowboy satt hat und lieber mit dem Doktor reitet. Oder besser gesagt auf dem Doktor, denn eines hat Matthias im Nachhinein erkannt – wenn es darum ging, Entscheidungen zu treffen, ist immer sie diejenige gewesen, die die Zügel in der Hand behielt. Sie hat sich immer schon durchzusetzen gewusst und letztendlich auch bekommen, was sie wollte. Das wird auch ihr feiner Herr Professor gneißen, sobald er wieder mit dem Hirn denkt.

Silvia Lenz jedenfalls macht nicht den Eindruck, als läge ihr daran, irgendjemanden an die Kandare zu nehmen. Vielleicht liegt das an ihrer Reife. Matthias schätzt sie auf 42 oder mehr. In dem Alter sollen ja viele Frauen schon hinter sich haben, was den Männern mit der Midlife-Crisis noch bevorsteht. Wer nicht geschieden ist oder auf dem Selbstfindungstrip, entdeckt seine Leidenschaft fürs Gärtnern und genießt den ersten Urlaub ohne Kinder. Soviel er weiß, hat Silvia weder Ehemann noch Kinder. Sieht auch nicht verloren aus, im Gegenteil. Sie wirkt sehr mit sich im Reinen, manchmal sogar auf eine überirdische Art gelassen und dabei überhaupt nicht reserviert. Vielleicht ist es das, was ihm so an ihr gefällt. Dieser souveräne Gleichmut. Das dunkle Timbre in der Stimme, das ihm hinunter geht wie Honig, vor allem wenn sie über seine Scherze lacht. Ein leichtes Lispeln durch die kleine Lücke zwischen ihren Vorderzähnen lässt alles was sie sagt, reizvoll und charmant erscheinen. Dabei ist sie äußerst scharfsinnig und humorvoll und kommt bei den Schülern gut an.

Warum er den Nowak Rudi und den Elias mit auf die Liste gesetzt hat, kann Matthias nicht ganz nachvollziehen. Trotzdem beschließt er, die Namen stehen zu lassen. Wie auch er selbst, sind sie beide in gewisser Weise Underdogs. Wenn schon vom Leben zu Antihelden degradiert, sollten sie wenigstens die Chance bekommen, sich während eines fiktionalen Katastrophenzustandes zu beweisen. Sabine Sablatnig ist eine graue Maus, die sich bei den

Schülern trotz ihrer Bemühtheit nicht durchsetzen kann. Aber wie sie sich letztens geweigert hat, ihr Wochenende für das Projekt *Keksbazar für Afrika* zu opfern, mit dem die Niederwieser Inge und die katholische Religionslehrerin seit den Semesterferien das Kollegium tyrannisieren, das hat ihm schon mächtig imponiert. Er hat das Gefühl, dass auch die Villacherin mehr los hat, als sie zeigen kann.

Keine zehn Sekunden, nachdem er die überarbeitete Fassung in einer Unterdatei seines Ideenordners abgespeichert hat, schaltet sich mit wehleidigem Piep-Ton der Laptop aus. Matthias versucht ebenfalls abzuschalten, auch wenn er weiß, dass seine Chancen, vor dem Morgen noch Schlaf zu finden, gleich Null sind. Er kann nur von Glück reden, dass er nicht früh raus muss. Endlich wieder Samstag. Gegen Mittag wird er auf ein zweites Frühstück zu den Eltern radeln und dem Franz beim Grünschnitt helfen. Nach einer Arbeitswoche schafft der es mit seinem schlimmen Knie unmöglich auf die Leiter. Um fünf hat er dann ein Kino-Date mit Klara und Susanne. Er hat versprochen, die Zwillinge in *Ice Age 4* zu entführen, während sich Martha mit Bernie trifft, um in ihrer ganz persönlichen Eiszeit endlich eine Schmelze einzuleiten. Der Schwager wird sich ganz schön warm anziehen müssen, denn wie Matthias seine Schwester kennt, wird sie diesmal nicht klein beigeben, wenn der Trottel nicht endlich in eine Paartherapie einwilligt.

Nicht sein Problem. Nur eines steht fest– wie immer die Sache ausgeht, bei den Eltern wird er auf keinen Fall wieder einziehen. Nach allem, was er schon alleine durchgemacht hat, kann das nur ein Rückschritt sein. Solange die Mutter weiter glaubt, dass er bei einem Kumpel wohnt, ist alles in Butter. Und was genau der Franz damit gemeint hat, als er sagte, die Bunker-Lösung sei allenfalls vorübergehend, haben sie seit seinem Einzug nicht weiter vertieft. Jedenfalls nimmt Matthias an, dass er bis Schulschluss bleiben kann. Was danach passiert ... nun, damit will er sich jetzt

nicht auseinandersetzen. Wie heißt es doch gleich? *Wenn du Gott zum Lachen bringen willst, dann erzähl ihm von deinen Plänen.* Der liebe Gott muss Seitenstechen haben vor Lachen nach seinen Kabaretteinlagen der letzten Wochen! Eine Weile wird er es schon noch aushalten hier unten. Bis auf die paar Spinnen, mit denen er inzwischen per Du ist, stört ihn keiner. Wenn ihm langweilig ist, bedient er sich aus der Schulbibliothek. Wenn er nicht liest oder zu schreiben versucht, schleicht er sich hinauf ins Schulhaus. Dort oben, wo es tagsüber laut und hektisch ist, wo es nach nassen Jacken, Turnbeuteln und Schuhen riecht, nach Schweiß und Jause, nach Haarspray und billigen Parfums, erschließt sich ihm zur Nachtzeit eine völlig andere Welt.
Heute aber wird er keine nächtliche Expedition mehr unternehmen. Der Mangel an Schlaf fordert endlich sein Tribut. Es ist eine schwere, angenehme Müdigkeit, die ihn durchströmt, als er den Laptop zuklappt und sich den Weg durch das Gerümpel zurück zu seiner Pritsche sucht. Noch während er unter die kratzige Decke schlüpft, ist Matthias auch schon eingeschlafen. Schläft tief und fest, wie nur kleine Jungen schlafen können, weil sie wissen, dass sie in ihrer Welt der Träume Superhelden sind.

Sechste Episode, in der sich Erna in ihre Karriere und Franz von der Leiter stürzt

Die Einkaufsliste ist nicht annähernd fertig, als sie aufsteht, um sich Kaffee nachzuschenken. Die dritte Tasse heute Morgen, obwohl ihr die Frauenärztin geraten hat, im Wechsel auf Tee umzusteigen. Zwar hat Erna halbwegs gut geschlafen, aber wenn sie an das bevorstehende Abendessen denkt, würde sie am liebsten zurück nach oben gehen und sich wieder ins Bett verkriechen.
Sie hat vieles erledigt in den letzten Tagen, hat wieder viel geschafft nebenbei. Mähen, Trimmen, das Unkraut um den Brunnen jäten. Morgen nimmt sie sich das Grab der Eltern vor. Das heißt, wenn Katharina fürs Siedeln nicht das Auto braucht. Erna weiß, dass sie angesichts der bewältigten Pflichten eigentlich zufrieden sein müsste, aber das Gefühl bleibt aus. Da ist nur Leere und Erschöpfung in letzter Zeit. Wie kann man nur so müde sein?
Sie greift zur Tasse und setzt sich damit an den Küchentisch, das einzige Möbelstück im Haus, das ihr wirklich sympathisch ist, weil es nicht aussieht wie aus dem Designerkatalog. An diesem Tisch haben die Kinder ihre ersten Kopffüßler gezeichnet und später ihre Aufgaben gemacht. Erna kennt jede Kerbe in dem weichen Kiefernholz. Weiß auch um die Kämpfe, die an diesem Tisch schon ausgetragen wurden.
Widerwillig greift sie zur Einkaufsliste und notiert: Vorspeise, Suppe, Hauptgericht, Salate und Dessert. Was zum Teufel tischt man solchen Leuten auf? Sie denkt an Rindsrouladen in Rotweinsauce mit Knödeln, davor vielleicht ein Pilztartar im Glas mit Parmaschinken? Nicht schlecht. Aufwändig, aber machbar, wenn sie es nach dem Termin auf der Gemeinde noch zum Großmarkt schafft, bevor der Nachmittagsunterricht beginnt. Während die Rouladen im Kelomat sind, kann sie die Sauce anrühren. Die Fertigknödel und das Tatar gehen ganz schnell nebenbei, voraus-

gesetzt Erich denkt daran, heute früher heimzukommen. Es ist ja wohl nicht zu viel verlangt, dass er wenigstens beim Saubermachen hilft, zumal es seine Freunde sind, die sie bewirten soll. Sie streicht die Rindssuppe mit Kaiserschöberl von der Liste und entscheidet sich stattdessen für ein Gazpacho mit Crème fraîche. Das geht schneller und hat weniger Kalorien, sodass es auch den anorektischen Ehefrauen von Erichs Geschäftspartnern zusagen dürfte. Ihr selbst kann es auch nicht schaden, ein wenig mehr darauf zu achten, was sie ihrem Körper zuführt. Schließlich ist sie keine Dreißig mehr. Und auch keine Vierzig. Die Zeiten, als sie jedes Jahr drei Marathons gelaufen ist, sind endgültig vorbei und Schifahren tun sie auch nicht mehr, seit die Kinder erwachsen sind. Das Abo fürs *Shape* hätte sie sich heuer sparen können, denn wann immer sie sich vornimmt hinzugehen, kommt garantiert eine Fachbesprechung dazwischen. Letzten Montag war es die Gemeinderatssitzung, am Mittwoch darauf ein Elternabend. Als der neue Zumba-Kurs begonnen hat, ist es auf der Hochschule mit den Fortbildungsveranstaltungen losgegangen.
Sitzen statt Schwitzen, bei irgendwelchen Vorträgen von gertenschlanken jungen Dingern in Kostümchen und Stöckelschuhen, die in todlangweiligen Powerpoint-Präsentationen den neusten bildungstheoretischen Wahnsinn herunterbeten. Dass die praxisfernen Trutscherln wahrscheinlich mehr verdienen als sie selbst mit ihren dreißig Jahren Diensterfahrung, ist Erna egal. Was wirklich an ihr nagt, was ihr wirklich weh tut, ist die fehlende Wertschätzung. Der Unmut, der ihr von den eigenen Kollegen entgegenschlägt, wenn sie den Schmarren aus diesen Seminaren in die Konferenz tragen muss. Als ob sonst jemand den undankbaren Job des Lerndesigners übernehmen würde! Erna hat sie so satt, diese jämmerlichen Gestalten und Reformverweigerer in den eigenen Reihen. Mit ihrer konservativen Einstellung und Bequemlichkeit ziehen sie seit Jahrzehnten die Reputation der Lehrerschaft hinunter. Freilich sind viele Neuerungen völlig sinnfrei, aber es muss doch einzusehen sein, dass man sich dem Zeitgeist

nicht verschließen kann. Und heutzutage ist eben nur erfolgreich, wer sich nach außen hin innovativ zeigt. Sich gut verkauft. Präsent ist. Auch, und vor allem in den Medien. Bildung ist längst zu einem neuen Wirtschaftszweig geworden. Wer von den Kollegen denkt, er könne weiterhin gemütlich vor sich hin arbeiten wie zu Zeiten Maria Theresias, wird sich bald nach einem neuen Job umsehen können. Wenn erst ordentlich fusioniert worden ist und der Alfred seinen Hut genommen hat, wird es mit der elenden Jammerei, dem minimalistischen Denken und Krankfeiern endgültig ein Ende haben. Eberhardt Wolf hat es ganz richtig gemacht. Mit einem strengen Regiment und guter Eigenwerbung hat er das Erzherzog-Johann auf Vordermann gebracht. Sie wird alles in ihrer Macht stehende tun, und sein Erbe ganz in diesem Sinne weiter führen. Natürlich wünscht sie ihm noch viele Jahre, aber nach allem, was man hört, stehen seine Chancen ziemlich schlecht. Furchtbar. Und dann noch die Sache mit Maria Marderer. Sieht ganz so aus, als würden sie noch vor den Sommerferien zwei Kollegen begraben müssen. Es kann so schnell gehen mit dem Sterben. Und deshalb sollte man das Beste aus dem Leben machen, solange man die Dinge selbst in der Hand hat.

Entschlossen stürzt Erna den Kaffee hinunter und stellt die Tasse in die Spüle. Zu viel mehr kommt sie nicht, denn im nächsten Augenblick treibt es ihr auch schon den Schweiß aus den Poren, als habe sie einen türkischen Hamam betreten. Jetzt nur keine Panik – sie kennt das schon. Es ist gleich wieder vorbei. Ihr Puls beruhigt sich, sie taumelt zurück zur Abwasch, trinkt gierig aus dem Wasserhahn, und wartet bis die Hitzewallung abebbt, dann reißt sie sich das nasse T-Shirt samt BH vom Leib und eilt fluchend nach oben.

Bis Erna endlich in ihrem Fiat Twingo sitzt, in einer weißen Bluse, die unvorteilhaft über ihre Brüste spannt, ist sie wie erschlagen. Dabei hat die Woche gerade erst begonnen. Jetzt schon blendet die Sonne unerträglich grell durch die mit Vogeldreck verschmutzte Windschutzscheibe. Autowaschen – noch ein Punkt auf der langen Liste der alltäglichen Verrichtungen. Ungeduldig kramt sie im Handschuhfach nach ihrer Sonnenbrille. Findet eine angebrochene Tafel Schokolade, die sich im flüssigen Zustand irgendwann über die CD-Hüllen verteilt hat, drei Kugelschreiber und jede Menge zerknüllte Parkscheine und Einkaufszettel. Keine Brille. Wenigstens funktioniert die Klimaanlage. Es ist viel zu schwül für Anfang Juni. Schon jetzt kann sie spüren, wie sich der feuchte Bund ihrer Jeans in die Bauchfalte frisst. Bei dem Gedanken an den Schultag, wird ihr übel. Vier Stunden Mathematik in einem durch, zwei davon mit der Sabine, wo sie sich als Mentorin zurücknehmen, aber immer auch ein Auge darauf haben muss, dass die junge Kollegin nicht zu viel Tempo macht. In einem gewissen Alter haben die Schüler eine niedrige Frustrationsschwelle. Wenn man darauf keine Rücksicht nimmt, kann das Machtverhältnis sehr schnell kippen. Wie so viele Junge, die ganz frisch und hochambitioniert von der Uni kommen und nach den ersten Monaten bemerken, dass der Job kein Zuckerschlecken ist, ist auch die Kärntnerin zurzeit nur begrenzt belastbar. Zu viel Theorie, zu wenig Praxis. Das ist in etwa genauso sinnvoll wie tausend Flugstunden im Simulator ohne Landetraining.

Mein Gott, denkt Erna, als sie an der Hauptstraße in den Frühverkehr einfädelt, was hat sie selbst früher nicht alles ausgehalten? Jede Stunde, die sie kriegen konnte, hatte sie genommen, sobald Frederick und Katharina alt genug waren für den Kindergarten. An manchen Nachmittagen oft sogar noch extra Turneinheiten und Matura-Vorbereitungskurse. Und irgendwie hatte das alles sogar Spaß gemacht. Heute empfindet sie das Unterrichten als notweniges Übel. Als eine Qual, die nur zu ertragen ist, weil sie bald ein Ende hat.

In ihren späten Vierzigern ist sie plötzlich dagewesen, die panische Vorstellung, an einem toten Punkt angekommen zu sein, ohne wirklich etwas im Leben erreicht zu haben. Ab da ist das Gefühl dann immer nagender geworden. Und wäre ihre Selbstachtung nicht groß genug gewesen, hätte sie nicht die Stärke gehabt, sich ein neues Ziel zu setzen, sie könnte heute längst nicht mehr aufrecht in der Klasse stehen. Auch ist mit diesen seltsamen Kindern nichts mehr anzufangen. Was immer sie an neuen Unterrichtsmethoden ausprobiert, da ist nicht ein Hauch von Interesse. Da kommt nichts zurück. Die Fratzen sind es von klein auf gewöhnt, für jeden Furz gelobt zu werden, die haben ein Riesen-Ego und wenn sie dann einmal an ihre Grenzen stoßen, reagieren sie entweder mit Resignation oder werden aggressiv. Mit der Panik vor Standardtestungen und Zentralmatura hat sich der Schwerpunkt noch mehr auf komplexe Aufgabenstellungen in den Hauptfächern verlegt, während sich die Schularbeitennoten umgekehrt proportional zum steigenden Aufwand bei der Stundenvorbereitung verschlechtern, weil es an Basiswissen fehlt. Die Lehrer werden vierteljährlich medial verrissen, weil die Kinder nicht mehr sinnerfassend lesen können. Für die reizüberflutete Generation, die sich jede nur erdenkliche Information in bewegten Bildern auf das Smartphone holt, macht es keinen Sinn mehr, sich wirklich auf die Dinge einzulassen.

Aber sollen sich doch die Kollegen damit abkämpfen. Sie hat dreißig Jahre lang die eigenen Bedürfnisse hintangestellt, um ihr Bestmögliches zu geben für das System. Wer denkt, er schafft es mit weniger Einsatz, hat keinen Platz an ihrer Schule. Die Zauderer und Suderer, die Bremser und all jene, denen sie mit ihrem Engagement bisher ein Dorn im Auge war, werden sich noch anschauen. Erna ist klar, dass die letzte Entscheidung immer noch beim Land liegt, aber wenn es um die neuen Stellenbesetzungen geht, wird sie ein Wörtchen mitzureden haben. Schließlich sind sie autonom. Autonomie, Zielstrebigkeit, Fleiß und Image, das ist die Formel zum Erfolg. Und nach nichts sehnt sich Erna derzeit mehr, als nach Erfolg und Anerkennung. Sie hat lange dafür gebuckelt. Wie heißt es doch gleich? *Alles im Leben hat seine Zeit.* Und jetzt ist ihre Zeit gekommen. Erna-Zeit. Erntezeit. Und dann wird ordentlich umgepflügt und neu gesät. Dann wird sich auch

Erich daran gewöhnen müssen, dass sie ihm nicht mehr rund um die Uhr als Hausklavin zur Verfügung steht. Wenn alles gut geht, ist sie nur noch ein paar Wochen vom ganz großen Karrieresprung entfernt.

Der zwickende Hosenbund ist schon fast vergessen, als sie an der letzten Ampel vor der Schule links zum Park hinunter biegt, wo sie bei einer Freundin in der Petersgasse ihren Wagen abstellt. Sie ist später dran als sonst, deshalb braucht sie vor der Schule gar nicht erst nach einer Parkgelegenheit zu suchen. Mit der Morgensonne im Gesicht und der Aussicht auf einen kurzen Vormittag ist Erna mittlerweile guter Dinge. Wenn sie heute bei Albert Prinz ihre Karten richtig ausspielt, ist sie ihrem Ziel schon wieder ein ganzes Stück näher gekommen. Beschwingt hievt sie sich die in die Jahre gekommene Ledertasche über die Schulter und geht schnurstracks die Kernstockgasse hinauf und bei Gelb über den Zebrastreifen auf den Eingang zu.

Dass sie, wäre sie an diesem Morgen nur ein bisschen weniger motiviert gewesen, den Anstoß in einer Zufallskette von weitreichenden Ereignissen hätte vermeiden können, weiß Erna nicht, als sie ihr Gewicht schwungvoll gegen das schwere Schultor drückt, hinter dem Franz Uhl auf seine Leiter klettert, um eine defekte Deckenlampe auszuwechseln. Natürlich kann sie das nicht wissen, wie auch niemand wissen kann, ob nicht das Schicksal trotzdem seinen Lauf genommen hätte.

In einem Gebäude, in dem sich knapp vierhundert Menschen aufhalten, ist es normalerweise schwer festzustellen, was den Einzelnen gerade beschäftigt. In extremen Ausnahmesituationen jedoch, soll es schon vorkommen, dass auch die Individuen einer so großen Gruppe fast simultan reagieren. Wenn nun irgendwo ein Schulwart von der Leiter stürzt, ist das zwar nicht unbedingt eine globale Katastrophe, trotzdem muss man verstehen, wenn solch ein Ereignis, zumal recht spät im Jahr, da sowohl Lehrer als auch

Schüler über jede Art der Zerstreuung dankbar sind, dass also solch ein Schulwartfall unter den sich in unmittelbarer Nähe befindlichen Personen eine Art Synchroneffekt auslösen kann. Vor allem, wenn alarmiert durch die beunruhigende Tonfolge aus dem Martinshorn eines ankommenden Ambulanzwagens, der kurz vor seinem Ziel mit quietschenden Reifen zusammenbremsen muss, um nicht die Frau zu überfahren, die unerwartet mitten auf dem Zebrastreifen hält, um zum wiederholten Male an diesem Morgen den Inhalt ihrer Tasche zu überprüfen.

Nicht ganz zweihundert Augenpaare sind es, die siebzehn Minuten nach dem schicksalhaften Eintreten der Administratorin Erna Habicher durch die Fenster des Kernstock-Gymnasiums beobachten, wie der gefallene Schulwart mit schmerzverzerrtem Gesicht in den Ambulanzwagen vor dem Tor geschoben wird. Sämtliche Schüler und Lehrer, die sich zum Zeitpunkt des Sturzes noch in den hofseitig gelegenen Räumen des Gebäudes befanden, haben ihre Klassen ebenfalls verlassen, um sich das Spektakel an der Vorderfront auf keinen Fall entgehen zu lassen. Um es bildhafter auszudrücken – wäre das Gymnasium ein Schiff, auf dem sich alles Gewicht binnen Sekunden von Steuerbord- auf Backbordseite verlagert, hätte dieses Schiff wohl ziemlich schnell Schlagseite bekommen und in Seenot geraten können. Da aber selbst bei einem renovierungsbedürftigen Gebäude von Kentern keine Rede sein kann, und Franz Uhl der Einzige ist, der sich in diesem Moment in Not befindet, hält die kollektive Betroffenheit nicht allzu lange an, und so kommt auch ganz allmählich wieder Individualität in das Handeln der Akteure.

Alfred Böck, der mit rekordverdächtigem Tempo die Treppen hinuntergeeilt ist, steht händeringend neben seiner sprachlosen Administratorin und starrt auf das linke Knie des Schulwartes, das auf die Größe eines Medizinballs angeschwollen ist. Es ist ihm anzusehen, dass er keine Ahnung hat, welche Vorgehensweise von ihm als Schulleiter erwartet wird. Für einen kurzen Moment erwägt er, zu dem Verletzten in den Wagen zu klettern, doch dann fällt ihm ein, dass ja dessen Ausfall eine ganze Reihe von Papierkram nach sich ziehen wird. Es muss sich schleunigst jemand um einen verlässlichen Ersatz kümmern. Dass er selbst dieser Jemand sein könnte, versetzt ihn kurz in Panik, bis er sich daran erinnert, dass das Sache der Gemeinde ist. Den Anruf kann er alleine bewerkstelligen, dafür braucht es kein diplomatisches Geschick oder Entscheidungskompetenzen.

Während Alfred Böck also weiß, was er zu tun hat, ist Matthias Sommer, Ersthelfer und unmittelbarer Zeuge des Unfalls, hin- und her gerissen zwischen freundschaftlichem Pflichtgefühl dem verletzten Freund gegenüber und ehrlicher Sorge um Silvia Lenz, die infolge ihres Beinahe-Zusammenstoßes mit einem 3,5 Tonnen schweren Rettungswagen an der Gehsteigkante sitzt und einen sichtlich mitgenommenen Eindruck macht. Die aparte Kollegin wirkt konfus. Aus dem normalerweise perfekt sitzenden Haarknoten haben sich mehrere Strähnen gelöst, die sie sich mit fahrigen Bewegungen aus dem Gesicht streicht, während sie hektisch in der Tasche zwischen ihren Knien kramt. Als Matthias ein paar Schritte auf sie zugeht, erkennt er, dass sie nicht sucht, sondern ordnet. Mappen, Bücher, Hefte, Füller, Federpennal – immer wieder nimmt sie dieselben Dinge aus der Tasche, legt sie neben sich in gleichem Abstand zueinander auf den Asphalt, um sie gleich darauf in nicht nachvollziehbarer Reihenfolge in die Fächer zu sortieren. Dabei kommentiert sie die absurde Tätigkeit mit monotonem Flüstern, als sei sie in eine Art mantrische Manie verfallen. Oder ein manisches Mantra. Er ist sich nicht sicher, welche Bezeichnung eher zutrifft oder ob die Kombination der beiden Wörter laut Duden überhaupt zulässig ist.
Sicher ist nur, dass sie Hilfe braucht. Nachdem er die Sanitäter gebeten hat, mit dem Abtransport des Schulwartes noch ein paar Minuten zu warten, geht er zurück zu Silvia an die Gehsteigkante, beugt sich langsam hinunter und berührt sie vorsichtig am Arm, damit sie nicht erschrickt. Tatsächlich zuckt die Kollegin zusam-

men, als habe sie ihn nicht bemerkt. Als sie den Kopf hebt, sieht er eine Art Verzweiflung in den angespannten Zügen, die einem nervösen Lächeln weicht, als er sie fragt, ob alles in Ordnung ist.
„Nein. Ja, danke. Es fehlt mir nichts." Ihre Stimme klingt ein wenig schrill, als hätte er sie gerade bei etwas Verbotenem ertappt. Endlich lässt sie von der Tasche ab. „Ich dachte nur, ..."
Wieder fallen Matthias die fahrigen Bewegungen auf, als suchten ihre Hände verzweifelt nach Beschäftigung. Am liebsten würde er Silvia in den Arm nehmen. Sie sieht so hilflos aus mit den zerzausten Haaren und diesem verletzlichen Ausdruck in den Augen. Grüne Augen. Ein Grün, wie ein Waldsee, fällt ihm ein, obwohl er klischeehafte Vergleiche hasst.
„Ich weiß nicht. Es muss wohl ..., muss wohl am Schrecken liegen", unterbricht sie sich mit schlecht gespielter Leichtigkeit. „Schließlich wird man nicht jeden Tag beinahe von einem Rettungswagen überfahren."
„Das war ganz schön knapp", stimmt ihr Matthias zu, der vor dem Schultor auf die Ambulanz gewartet und den Beinahe-Unfall miterlebt hat. Er kann sich schon vorstellen, dass so ein Erlebnis eine traumatische Schockreaktion auslöst. Andererseits hat er als Zivildiener einige Facetten des Schocks gesehen. Er ist sich ziemlich sicher, dass der Grund für Silvias Blackout tiefer liegt. Wie sie eben dagesessen hat, ausschließlich fokussiert auf den Inhalt ihrer Tasche, das hatte beinahe etwas Entrücktes. Verrücktes? Blödsinn! Verrückt ist er selbst. Seit über einem Jahr hat er keine Frau gehabt, und jetzt, da ihn endlich wieder eine interessiert, erklärt er sie gleich für meschugge, nur weil sie etwas von der Rolle ist.
Als ihr beim Aufstehen die Knie einknicken, fasst er sie am Ellenbogen. „Bist du sicher, dass es wieder geht?", fragt er besorgt und deutet zum Rettungswagen hinüber. „Vielleicht solltest du dich kurz durchchecken lassen?"
Silvia Lenz schüttelt den Kopf und streicht sich eine aschblonde Haarsträhne aus der Stirn.
„Danke. Alles bestens. Ich will der 7b gleich die letzte Schularbeit

zurückgeben." Plötzlich breitet sich ein Strahlen über ihr Gesicht, als wären die letzten Minuten nie geschehen. „Und die ist gut ausgefallen. Sehr gut sogar! Kein einziger Fleck, nur ein Vierer, und den habe ich der Vera Winkler geben müssen, weil sie mit Seneca auf Kriegsfuß steht."

„Das ist schön zu hören. *Ex animo tibi gratulor!*", grinst Matthias. Und es freut ihn wirklich. Sowohl für die 7b als auch für Silvia, die nie sexier ausgesehen hat als jetzt, da sie ihre Lippen zu einem breiten Lächeln öffnet und ihm die kleine Lücke zwischen ihren Vorderzähnen zeigt. Gern möchte er ihr noch sagen, dass es an ihr liegt, wie gut die Klasse sich entwickelt hat, aber erstens wäre ihm das wie ein Verrat an Maria vorgekommen, und zweitens hat er Angst, es könnte irgendwie schleimig klingen. Man kann ihm ja so einiges nachsagen, aber Schleimer ist er keiner! Durch die entstandene Stille ein wenig befangen, löst er seinen Blick von der neckischen Zahnlücke, bückt sich nach der Tasche und reicht sie der Kollegin, bevor er dem rauchenden Sanitäter mit einem lässigen Handzeichen zu verstehen gibt, dass er gleich abfahrbereit ist. Vor seinem Abgang, hat ihn der Böck kurzatmig damit beauftragt, den Franz ins Krankenhaus zu begleiten. Was Matthias ja wirklich gerne tut, aber den Zusatz, *Und schauen Sie, dass Sie vor der nächsten Stunde wieder da sind, ich habe keine Supplierreserve*, hätte der Chef sich wirklich sparen können. Als Turnlehrer, der schon etliche unbezahlte Stunden in der Ambulanz verbracht hat, weiß Matthias, dass die Warterei beim Röntgen ewig dauern kann. Es wird ihm eine Freude sein, dem Beutelböck bei seiner Rückkehr eine saftige Taxirechnung zu präsentieren.

„Was ist denn überhaupt passiert?", will Silvia wissen, die in ihrem kurzzeitigen Zustand der hypomanischen Ordnerei von der ganzen Aufregung rund um den verletzten Schulwart nichts mitbekommen hat. „Turnunfall? Hoffentlich nichts Schlimmes!"
„Ich fürchte doch", sagt Matthias, „Sturz von ganz oben."
„Ich dachte, der Turnsaal ist gesperrt?"

„Das ist er auch. Aber bei dem Patienten handelt es sich ausnahmsweise nicht um einen patscherten Schüler, den es vom Reck gedroschen hat, sondern um unseren Franz."
Als sie ihn verwirrt anblickt, wird ihm klar, dass er sich falsch ausgedrückt hat. Das Bild von dem beleibten Schulwart am Reck hat schon etwas sehr Skurriles.
„Ach so. Ja. Ich meine, … Nein, kein Turnunfall. Der Franz ist im Eingang auf sein schlimmes Knie gestürzt, als die Eiserne Lady auf ihrem Weg ins Oberhaus die Stehleiter gerammt hat."
„Die Habicher Erna", schickt er zur Erklärung nach, und beschließt, den Mund zu halten, ehe er noch mehr verworrenes Zeug ausspuckt. Aber das selbst auferlegte Sprechverbot wirkt nicht. Das ist genetisch bei ihm. Wie auch seine Mutter kann er nicht mehr aufhören, wenn er erst einmal begonnen hat zu schwätzen. Das Einzige, was wirklich hilft gegen die nervöse Plapperei, ist ein sofortiger Abgang. „Ich muss jetzt. Hab dem Böck versprochen, unserem Patienten das Patschhändchen zu halten auf dem Weg zum Krankenhaus." Super! Jetzt hält sie ihn für schwul! *Patschhändchen!* Welcher echte Kerl sagt denn so etwas? Um jedes weitere Missverständnis zu vermeiden, bemüht er sich um eine machohafte Lässigkeit, mit der er sich noch weniger identifizieren kann. Die Worte, die ihm plötzlich aus dem Mund purzeln, klingen oberflächlich, wie die Textzeilen aus einer Seifenoper, sodass er sich am liebsten selbst gegen das Schienbein treten würde. Was ist nur los mit ihm, dass er in Gegenwart dieser klugen Frau so unwahrscheinlich dumme Phrasen drischt? Vielleicht liegt es daran, dass sie zum ersten Mal außerhalb des Schulgebäudes miteinander reden.
„Dazu sind Freunde schließlich da, nicht wahr? Ich meine, … um einander beizustehen?!" Na toll! Jetzt fehlt nur noch die Totalaufnahme seines vor Sorge um den Freund mahlenden Kiefers und ein bisschen *Fado* aus der Dose, und gleich verwandelt sich die ganze Welt in eine portugiesisch-spanische Telenovela. Manu

hätte ihn ausgelacht, wenn er ihr mit einem solchen Satz gekommen wäre, Silvia Lenz scheint sich nicht daran zu stoßen.
„Das tut mit wahnsinnig leid", sagt sie mit ehrlicher Betroffenheit in der Stimme. „Du richtest ihm alles Gute von mir aus, ja?"
„Wird gemacht, das wird ihn sicher freuen." Vorbeugend presst Matthias die Lippen zusammen, damit ihm nicht noch ein Seifenopern-Satz entfleucht, dann begleitet er sie die letzten Schritte bis zum Eingang, verabschiedet sich mit einem unverfänglichen, „bis später dann", und steigt erleichtert in den Rettungswagen.

Dass Silvia vor dem Griff zur Türschnalle den Ärmel ihrer Bluse über die Hand stülpt, nimmt er zunächst nur unbewusst wahr. Erst später, als sie auf die Hauptstraße hinaus gebogen sind, und Matthias dabei zusieht, wie der Sanitäter dem kreidebleichen Franz eine Dosis Schmerzmittel verabreicht, die hoch genug ist, um den Schulwart in das Land der Träume zu befördern, hat er Zeit, den ereignisreichen Morgen vor dem inneren Auge Revue passieren zu lassen. Kann er plötzlich den türkisen Blusenärmel wieder vor sich sehen, spult gedanklich ein Stück zurück. Sieht Silvia Hefte und Bücher in die Schultasche sortieren. Spult noch weiter, bis er fünf Tage in der Vergangenheit im Konferenzzimmer steht, und sie dabei beobachtet, wie sie die Magnete auf dem Infoboard so lange umgruppiert, bis alle Ankündigungen im gleichen Abstand zueinander stehen, ausschließlich von Knöpfen derselben Farbe an dem Board gehalten. Dann reißt der Film und er ist wieder in der Gegenwart. Das ist schräg. Ziemlich schräg sogar, überlegt er grinsend, und ist irgendwie sehr froh darüber, dass ihn die Erkenntnis nicht ein bisschen stört.

Als der Rettungswagen mit Franz Uhl und Matthias Sommer an Bord die Einfahrt zum Krankenhaus erreicht, ist man in der Kersntockgasse längst wieder zur Tagesordnung übergegangen. Bis auf zwei durch den Aufprall der Aluminiumleiter ausgeschlagene Fliesen und ein von den Sanitätern vergessenes Coolbag erinnert nichts mehr an den Unfall in der Eingangshalle. Ein paar Kinder der Unterstufe haben noch Schwierigkeiten, dem Unterricht zu folgen. Sie werden in den Pausen Zeit haben, um ihre Beobachtung durch die Fenster auszuschmücken und darüber zu spekulieren, ob der Schulwart vor den Ferien wiederkommt. Viele der älteren Schüler (schon weitaus lebenserfahrener und abgeklärter) wissen, dass die Sache hätte schlimmer ausgehen können, und sind mit ihren Gedanken längst woanders. Eine Krisenintervention scheint nicht notwendig, wobei man von Glück reden muss, denn die Beratungslehrerin ist wieder einmal im Krankenstand und die einzige andere Person, der man aufgrund ihrer Zusatzausbildung ein kompetentes Notfallshandling zutrauen könnte, ist im Moment viel zu sehr mit der eigene Krise beschäftigt, die der Unfall ausgelöst hat.

Erna Habicher steht selbst noch unter Schock. Sie hätte den Uhl gleich erstversorgen müssen, stattdessen hat sie dagestanden wie eine dumme Kuh und darauf gewartet, dass von irgendwoher Hilfe kommt. Wäre der junge Sommer nicht gleich da gewesen, Erna hätte nicht gewusst, was zu tun ist. Das heißt, gewusst schon, aber der Anblick des verdrehten Knies und dann das furchtbare Geschrei vor dem Hintergrund des langsamen Begreifens, dass sie selbst Verursacherin des Schulwartelends ist, das alles auf einmal war einfach zu viel gewesen. Wieso kann der Mann seine verflixten Lampen nicht am Nachmittag auswechseln? Oder wenigstens das Schultor absperren. Genaugenommen hat er mit dieser Nachlässigkeit gegen die Sicherheitsvorschriften verstoßen. Es trifft sie also keine Schuld. Dennoch – Erna kennt die Dynamik, die nach solchen Vorfällen entsteht. Worüber man in den nächsten Tagen reden wird, ist nicht die Schulwartschlamperei, sondern ihre tragische Rolle als Schuldige in der Geschichte. Sie muss jetzt fokussiert bleiben. Heute ist ein wichtiger Tag, kein Platz für Schuldgefühle und Zerstreutheit. Außerdem ist es bereits zehn nach acht, und sie sollte längst im Unterricht sein.

Gerade will Erna mit Tafeldreieck und Zirkel unterm Arm in die Klasse eilen, als ihr Alfred Böck aus der Kanzlei entgegenkommt. Erst denkt sie, die Furchen zwischen seinen Augenbrauen könnten mit dem Sturz zu tun haben. So spät im Jahr noch einen passenden Ersatz zu finden, ist fast unmöglich, denn die Personalvertretung der Gemeinde ist nicht gerade bekannt für die flexible Bereitstellung von Arbeitskräften. Hoffentlich lädt er seinen Frust jetzt nicht an ihr ab. Der Chef ist leicht zu lenken, aber wenn er überfordert ist, kann er auch ihr gegenüber richtig ungut werden. Fest entschlossen, ihm den Wind aus den Segeln zu nehmen, setzt sie ihr kollegialstes Lächeln auf und tritt dem Chef entgegen.
„Blöde Sache, Alfred. Ich weiß. Tut mir wahnsinnig leid, was da passiert ist, aber dir ist schon klar, dass der Franz den Eingangsbereich hätte absichern müssen, wenn er dort arbeitet. Der Ärmste. Wird schwer sein, jemanden für ihn zu finden, aber weißt du was? Ich bin später noch auf der Gemeinde, wenn du willst, kümmere ich mich gleich darum." Gut gemacht, klopft sie sich geistig auf die Schulter. Es ist kein Geheimnis, wie sehr der Böck es hasst, sich mit Personalangelegenheiten herumzuschlagen. Zu Ernas Verwunderung aber, scheint sie der Chef gar nicht zu beachten. Geneigten Hauptes geht er an ihr vorbei zur Info-Tafel, zieht ein paar schwarze Magnete und einen Zeitungsausschnitt aus der Tasche. Mit beinahe gravitätischer Sorgfalt streicht er das Stück Papier an der Magnetwand glatt und verwendet eine Ewigkeit darauf, nach einem freien Platz zu suchen. Als der Zettel endlich hängt, dreht er sich langsam zu ihr um.
„Ja Erna, mach das bitte. Das wäre wirklich nett von dir." Nichts sonst. Kein Vorwurf, kein Wort über den Unfall, keine Klage. Dann lässt er sie stehen, geht zurück in sein Büro und schließt die Tür hinter sich.
Als Erna auf die Anschlagtafel sieht, wird ihr heiß. Keine Wallung diesmal. Es ist die Hitze der Erregung, die erst in Bedauern und dann in Wut umschlägt. Das hat er doch absichtlich gemacht, schießt es ihr durch den Kopf, wobei ihr nicht ganz klar ist, ob sie

damit Alfred Böck meint oder den Verstorbenen. Tatsächlich aber bezieht sich die spontane Reaktion wohl eher auf letzteren, dessen Name ihr wie ein schlechtes Omen von der halbseitigen Traueranzeige entgegenspringt. Daneben, die betenden Hände Alfred Dürers – in künstlerischer Scheinheiligkeit gefaltet, wie nach einem Schlag in ihr Gesicht. Einen schlechteren Zeitpunkt für seinen Abgang hätte sich der alte Kontrahent nicht aussuchen können, denn was sie dem zukünftigen Bürgermeister Prinz heute vorschlagen wird, kann sie in diesem Kontext verdammt hart und herzlos aussehen lassen.

Was?", fragt Matthias nach, weil er den Schremsel kaum verstehen kann? Er hat es mit dem Taxi tatsächlich rechtzeitig zur großen Pause zurück geschafft. Wie immer geht es rund im Parterre und dass der Walter den Mund voll hat, trägt auch nicht gerade zu einer optimalen Gesprächssituation bei. „Der Wolf ist tot!", wiederholt der Kauende und lässt keinen Zweifel darüber offen, was ihm seine Frau heute in die Jausenbox getan hat. Seit Matthias ihm zum ersten Mal begegnet ist, verbindet er den Walter mit dem unvergleichlich penetranten Odeur von Extrawurstsemmel mit Essiggurkerln. Manchmal ist es auch Schinken oder Speck mit Mayonnaise, der seinen fleischempfindlichen Geruchssinn beleidigt. Nur mittwochs ist Matthias nicht gezwungen, dezent den Kopf zur Seite zu drehen, wenn ihn der Kollege anspricht, denn am Mittwoch ist Krapfentag am Schulbuffet. Aber wenn man ganz sicher gehen will, sollte man dem Schremsel Walter in der Jausenzeit prinzipiell nur seitlich begegnen.

Jedenfalls hat er ihn noch immer nicht verstanden. „Wie, der Wolf ist tot? Bist du jetzt unter die Märchenerzähler gegangen oder was? Soll ich raten? Du bist die Großmutter! Oder nein, warte – Das Rotkäppchen!", amüsiert er sich auf Kosten des Werklehrers, während der an seiner schlecht gekauten Semmel fast erstickt. Die Gier ist ein Schwein. Fasziniert beobachtet Matthias die hektische Aktivität im Schremsel-Puterhals und rechnet fest damit, dass der auf und ab hüpfende Adamsapfel jeden Moment die dünne Haut durchwetzt.

„Nicht lustig", bringt der Walter endlich hervor. „Hast du's oben nicht gesehen? Eberhardt Wolf – den Chef vom Erzherzog-Johann meine ich." Mit einer seltsam elyptischen Kreisbewegung schüttelt er den Kopf und hebt die Schultern. „Hat's nicht geschafft, der arme Kerl. Ich meine, eigentlich war es abzusehen, nach allem, was man gehört hat in den letzten Wochen. Aber jetzt, wo es wirklich passiert ist, da macht einen das trotzdem irgendwie ..., irgendwie ... na, du weißt schon. Immerhin war er ein Kollege."
Matthias starrt den Schremsel an: Schütteln, Rütteln, Schulterzucken, aufgeregtes Semmelschlucken.

„Scheiße", rutscht es ihm heraus. Er wünscht, ihm wäre etwas anderes eingefallen, aber spontane Betroffenheit kennt keine Zensur, und außerdem ist es immer Scheiße, wenn jemand stirbt. Und er ist ja auch betroffen, wenn auch eher durch die sofortige Assoziation mit Maria Marderer, die sich in dem Zusammenhang aufdrängt, als aus tatsächlicher Trauer um den Wolf, mit dem er außer seinem Nachzapf in Mathe noch ein paar erniedrigende Sitzungen beim Elternsprechtag verbindet. Als ehemaliger Schüler am Erzherzog-Johann ist er vor über zwanzig Jahren einer der letzten gewesen, die der Wolf vor seinem Karrieresprung mit Logarithmen und Exponentialfunktionen gequält hat. Trotzdem, das mit dem toten Eberhardt ist natürlich schlimm. Schließlich hatte er Familie.

Wann immer Matthias Schwierigkeiten hat, die in solchen Fällen angebrachte Empathie aufzubringen, weil er den Toten zu wenig kannte (oder auch umgekehrt, gut genug gekannt hat, um zu wissen, dass er ein Arschloch war), dann denkt er an die Hinterbliebenen. So gesehen also ist seine erste Reaktion vielleicht nicht unbedingt das, was der Schremsel Walter sich erwartet, aber rein subjektiv betrachtet, immerhin das Beste, was er an Ausdruck tiefen Mitgefühls zustande bringt.

Auf dem Weg nach oben trifft er auf Erna Habicher, die es schon wieder eilig hat, zu gehen. Zu beschäftigt, um sich nach dem Schulwartknie zu erkundigen und keine Zeit für Freundlichkeit, schießt sie aus ihrem Kammerl und an ihm vorbei zur Stiege und zum Tor hinaus. Das Konferenzzimmer ist leer. Matthias genießt die seltene Stille, und sieht hinüber zu Marias Platz, auf dem jetzt Silvias Sachen liegen. Wenn er ganz alleine hier drinnen ist, kann er sie oft noch dort sitzen sehen, die alte Lateinerin, wie sie in den Pausen mit der Zigarettenpackung winkt oder ihm während der Konferenzen Blicke zuwirft. Als er vor dem Partezettel vom Wolf steht, beschleicht ihn ein vages Gefühl, dass er in Verbindung mit Maria und dem Wolf irgendetwas Wichtiges vergessen hat. Matthias kommt nicht drauf. Ähnlich dem verflixten Wörtchen auf der Zungenspitze liegt die Erinnerung an ein Gespräch mit Maria vergraben in seinem Hinterkopf und ist einfach nicht zu fassen.

Spätestens als die Graber Rosi hinter ihm fluchend zur Tür hereinpoltert, weil ihr gerade ein Stapel Zettel von der Mappe segelt, hat Matthias den Gedanken ganz verloren. Wenn heute noch mehr passiert, ist er wirklich reif fürs Irrenhaus. Dabei hat der Tag ganz gut begonnen. Überhaupt war es keine schlechte Woche. Entgegen allen Erwartungen haben sie das Spiel vergangenen Donnerstag nach griechischem Vorbild gewonnen, und sind als Tabellenzweiter ins Finale um den Bezirkspokal aufgestiegen. Die Defensive steht wie eine Mauer, seine Burschen strotzen nur so vor Selbstvertrauen und gehen voll motiviert in die Endrunde. Die jugendliche Energie und Begeisterungsfähigkeit muss irgendwie auf ihn abgefärbt haben, denn seit dem Wochenende schreibt er wieder. Plötzlich hat es *Klick* gemacht. Einfach so, als hätte sich irgendwo in seinem Inneren eine Blockade gelöst, hat er sich am Freitagabend hingesetzt und die Finger über die Tasten fliegen lassen, als wären es nicht seine eigenen, sondern die einer Romanfigur, die zufällig die gleichen Gedanken denkt und an seiner Stelle alles niederschreibt. Kurz vor Mitternacht hatten sich

sieben Seiten wie von alleine erzählt. Sein Kopf war angenehm leer, wie schon lange nicht mehr. Noch leerer ist nur sein Magen gewesen, der geknurrt hat wie ein ganzes Rudel übermotivierter Jungfeuerwehrmänner beim Krampusumzug, als ihm einfiel, dass er seit dem Frühstück nichts gegessen hat. Vier Tofuwürstchen, einen Kartoffelsalat und drei Dosen Bier später hatte er sich mit den beiden alten Freunden *Narziss und Goldmund* auf seine Pritsche gelegt und ist nach nicht einmal drei Seiten eingeschlafen. Samstag und Sonntag sind ähnlich verlaufen, nur dass er während der geistigen Ergüsse hin und wieder an die Luft musste, weil sein Bewegungsdrang zu übermächtig wurde. Nach den ersten fünfzehn Seiten hatte er irgendwo den Faden verloren und das bisher Geschriebene gründlich überarbeiten müssen. Es stört den Schreibfluss, wenn man einen Text immer wieder durchliest, aber hin und wieder muss er die Bremsen anziehen, um die Story neu zu überdenken und verlorene Handlungsfäden aufzunehmen. Mit zwei Versionen für das Ende schon im Kopf hat er in der Nacht auf heute noch einmal rigoros gekürzt, gestrichen und gebessert, damit er frei und unbelastet weitermachen kann, sobald es sein Stundenplan erlaubt. Mona Rothe wäre stolz auf ihn. Es sieht fast so aus, als würde der Text bis zur Deadline für den Wettbewerb noch fertig werden.
Aber ausgerechnet jetzt muss wieder etwas passieren. Franz soll morgen operiert werden, wobei die Kniescheibenfraktur nach dem Sturz noch das geringere Übel ist. Das MRT hat ergeben, dass der alte Depp seit Jahren mit einer schlimmen Arthrose durch die Gegend rennt. Es steht natürlich außer Frage, dass sich Matthias während OP und Reha um die Dackelhündin kümmern wird – das hat er dem Freund beim Abschied fest versprochen. Aber auf keinen Fall wird er wieder in die Schulwartwohnung ziehen. Lady wohnt ab jetzt bei ihm im Bunker.

Matthias erschrickt, als hinter ihm ein Stuhlbein über den Boden knirscht. Tief versunken in Gedanken hat er ganz vergessen,

dass er nicht alleine ist. Die Rosi hat ihr Repertoire an Flüchen inzwischen ausgeschöpft und kriecht gebückt wie Tolkiens *Gollum* unter einem Tisch hervor, allerdings mit einem ungeordneten Haufen von Spendenformularen in der Hand, anstatt des Ringes.
„Was war denn überhaupt im Krankenhaus?", ächzt sie und stopft die Zettel in ihr Bankfach.
„Sag ich dir später", murmelt Matthias. Ihm ist gerade wieder eingefallen, dass er noch in die Kanzlei hinüber muss, um dem Böck die Taxirechnung vorzulegen. „Wir sehen uns dann beim Turnen."

Audienz beim Prinzen

Er hat sie warten lassen. Als wäre sie irgendeine Bittstellerin, hat er sie zehn Minuten vor seinem Büro sitzen lassen, und ihr nicht einmal einen Kaffee angeboten. Aber was hat sie auch erwartet, der Albert ist schon als Schüler ein selbstverliebtes Bürschchen ohne Manieren gewesen. Noch nicht einmal gewählt, und schon tut er, als müsse ihm die ganze Stadt zu Füßen liegen. Als Erna jetzt die dicht behaarte, für einen Mann geradezu grotesk kleine Hand von Albert Prinz ergreift, muss sie sich zusammenreißen, um ihm nicht die Nägel in die Haut zu bohren.
„Servus, Albert. Danke, dass du dir die Zeit genommen hast", sagt sie, bemüht um einen neutralen Tonfall.
„No problem. Als Stadtratsvorsitzender habe ich für die Anliegen meiner Bürger stets ein offenes Ohr, nicht wahr?" Nicht wahr? Wo hat er das denn her? Aus dem *Knigge* der jovialen Ausdrucksweisen für Politiker? Na gut, leutselig kann sie selbst daherreden.
„Das ist schön zu hören. Vor allem unter dem Aspekt, dass du bald unser Bürgermeister bist. Nicht wahr?" Obwohl ihm der Zynismus hinter ihren Worten nicht entgangen ist, spielt der Prinz das kleine Spielchen mit. Ihre politischen Ansichten könnten konträrer nicht sein, aber die Tatsache, dass sie ihn praktisch kennt, seit er ein pickeliger Nachzapfschüler war, wertet Erna als ihren Vorteil.
„Naja, ich würde sagen, da sollten wir schon erst einmal die Wahlen abwarten. Bis zum Herbst kann noch eine ganze Menge passieren, und in unsicheren Zeiten wie diesen ist es wichtiger denn je, eine möglichst breite Bevölkerungsschicht anzusprechen." Erna muss ein Schnauben unterdrücken. Wenn es jemand versteht, sein Fähnchen nach dem Wind zu drehen, dann der Albert. Nur bemerken es die meisten nicht, weil ihnen vor lauter Solarzellen die Zellen im eigenen Oberstübchen durchgebrannt sind. Eines aber muss man ihm schon lassen, er hat ein untrügliches Gespür für die

Bedürfnisse der Menschen. Wenn er diese Begabung zur Verwirklichung der eigenen Ziele einsetzt, dann kann man ihn opportunistisch nennen oder schlau.

Vor zwei Jahren noch, trotz Europafahne am Revers eher schon im rechten Gemeindelager zu finden, war er der erste Stadtpolitiker, der sich für ein Flüchtlingslager drüben im alten Lehrlingsheim ausgesprochen hatte. Sich selbst zwei Asylwerber ins Haus zu holen, war damals ein taktischer Geniestreich und hat seinen Beliebtheitswert in der Bevölkerung enorm gesteigert. Als die Willkommenskultur im Laufe des Jahres an Attraktivität verloren hat, nachdem es in Heim und Bahnhofgegend immer wieder zu Auseinandersetzungen zwischen Afghanen und Iranern kam, hatte er das Ruder elegant herumgerissen. Beschließt jetzt jede Rede mit den Worten, die ihn in die Wahl begleiten werden. *Für ein sicheres Bad Hoffning.* Um zu verhindern, dass sich bei dem an sich vertrauenerweckenden Wort *Sicherheit* gewisse Leute nicht zu sehr an Patriotismus und Bürgerwehr erinnert fühlen, lehnt er sich an die deutsche Bundeskanzlerin. *Wir schaffen das! Unsere schöne Stadt wird das beste Beispiel dafür sein, dass sich Sicherheitspolitik und Integrationswille keinesfalls widersprechen müssen.* Zur Veranschaulichung dienen die beiden Syrer-Burschen, die er zu jedem öffentlichen Anlass aus dem Keller holt und in Lederhosen aufmarschieren lässt. Ob er bei einem derart riskanten Spiel mit dem Vertrauen der Wählerschaft im Herbst wird punkten können, oder von der Bevölkerung als Wendehals abqualifiziert wird, ist abzuwarten. Aber letztendlich sind es, Gott sei Dank auch in der Politik, immer noch die Taten, die zählen. Und genau damit wird sich Erna den Rotzlöffel jetzt angeln.

„Ich bin sicher, dass die Bevölkerungsschicht, die du ansprichst, breit genug ist, Albert. Schließlich ist dir als Gegner nur der alte Stoisser Sepp geblieben, und den nimmt seit seinem Kommunistensager ohnehin keiner mehr ernst. Außerdem steht fast der gesamte Gemeinderat geschlossen hinter dir. Die Leute haben den Stix gemocht und respektiert, jeder weiß, dass er dich seit Jahren als seinen Amtserben protegiert. Wenn du dir also keinen Skandal erlaubst, dürfte die Wahl im Oktober wohl reine Formsache sein." Zufrieden stellt sie fest, dass das Grinsen auf dem Gesicht des Prinzen bei der Erwähnung des Skandals für einen Augenblick erstarrt. Es war ein Schuss ins Blaue, aber Leute wie er haben immer Dreck am Stecken. Hauptsache er denkt, sie hätte etwas gegen ihn in der Hand.

„Ich danke dir für deinen Zuspruch, Erna. Aber du wirst wohl kaum gekommen sein, um mir zu schmeicheln, nicht wahr?" Der Kandidat hat hundert Punkte! Jetzt zum Angriff übergehen, aber nur ja nicht zu forsch, sonst fühlt er sich in die Enge getrieben und wird ungut. Und das passiert dem Albert leicht, wie sie von den cholerischen Aussetzern während seiner Schulzeit weiß. Es genügt, dass sie seine Schwächen kennt. Sie braucht ihm nicht die Daumenschrauben anzusetzen, wenn sie ihm ihren Plan als Chance verkauft.

„Du hast ganz recht, Albert. Aber lass mich erst einmal klarstellen, dass ich nicht als Bürgerin zu dir komme, sondern als langjähriges Mitglied des Gemeinderates. Als Kollegin." Albert nickt, lehnt sich zurück in seinen ächzenden Lederstuhl und streicht über die lächerlich breite Krawatte – was wahrscheinlich geschäftsmäßig wirken soll, angesichts eines deutlichen Bauchansatzes unter dem engen Armani-Hemd einfach nur aussieht, als würde er sich die Wampe streicheln.

„Ich bin ganz auf deiner Seite, Albert. Ja das bin ich wirklich. Aber, wie du sagst, bin ich heute nicht gekommen, um dir Honig ums Maul zu schmieren. Wie du weißt, ist das auch gar nicht mein Stil." Wieder grinst der Prinz, diesmal ist es das selbstbewusste Grinsen, das der Leserschaft der Bad Hoffninger Stadtzeitung nur allzu bekannt ist.

„Nun, es geht um eine Sache, die ... wie soll ich sagen, uns beiden nützlich sein kann." Sie hat die Sätze fix im Kopf, aber es ist unmöglich ihr Anliegen vorzubringen, ohne den verstorbenen Wolf zu erwähnen. Später, entscheidet Erna. Sie darf es nicht so ausse-

hen lassen, als wäre Eberhardts Ableben Anlass für dieses Gespräch. „Ich mache es kurz, Albert. Es geht um die Schulfusion."
„Ich denke, das Thema steht für die Sitzung am 15. ohnehin auf unserer Tagesordnung?"
„Schon, aber das tut es seit Jahren immer wieder und nichts ist bisher passiert", kontert sie und bemüht sich, ruhig zu bleiben. „Genauso wenig wie in Sachen Sanierung der Werkswohnungen oder Umbau des Seniorenheims. Wie wir beide wissen, sind diese Projekte immer wieder abgeschmettert worden, weil unser geschätzter Bürgermeister ein alter Sparfuchs ist, der zwar das Charisma eines Staatsmannes besitzt, aber bei weitem nicht dessen Entscheidungskraft."
Als der Prinz etwas entgegnen will, hebt sie die Hand und setzt ein mütterliches Lächeln auf. „Lass mich bitte ausreden. Ich weiß, du bist sein Freund und Protegé, und das Letzte, was ich möchte ist, den Josephus hier schlechtzumachen. Bad Hoffning wäre heute noch ein Kaff ohne seinen Einsatz für die wirtschaftliche und industrielle Entwicklung der Stadt. Aber seien wir uns ehrlich, der Mann ist müde." Auch ihre nächsten Worte hat Erna gut geübt. Sie muss jetzt empathisch rüberkommen.
„Und das ist sein gutes Recht. Nach so vielen Jahren im Dienste der Bevölkerung und kurz vor der Pension, kann man nicht erwarten, dass er seine Energien in umstrittene Projekte steckt."
Jetzt muss sie die Kurve kriegen. Zurück zum Thema. Einschmeicheln, Köder auswerfen.
„Was allerdings dich angeht, lieber Albert, liegen die Erwartungen sehr hoch. Mit deiner Solargeschichte und der Europamasche hast du ja bereits bewiesen, wie sehr dir unsere Region am Herzen liegt."
Tatsächlich sieht es aus, als würde Albert Prinz bei der Erwähnung seiner Verdienste ein klein wenig wachsen in seinem schwarzen Ledersthul, der Ausdruck in seinen Augen jedoch bleibt lauernd. Er ist nicht dumm. Dafür spielt er dieses Spiel zu lange, ruft sich Erna in Erinnerung. „Aber wie heißt es noch beim Fußball? Kein

Sieg ist so alt, wie der von gestern. Lass dir von mir helfen, und ich verspreche dir, dass man noch lange an deine Erfolge denken wird." Bewusst lässt sie den Satz im Raum stehen, um zu sehen, wie ihre Auftaktrede ankommt.
Albert gibt sich Mühe, skeptisch auszusehen, aber sein nervöses Räuspern verrät ihr, dass sie den Fisch an der Angel hat. „Durch eine Schulzusammenlegung?"
„Durch die Fusion eines Schandflecks in der Schullandschaft mit einem der progressivsten und modernsten Gymnasien im Bezirk."
Ihr Stichwort. Entschlossen greift sie in die Tasche und reicht ihm den Schnellhefter über den Tisch, in dem sie seit Monaten Informationen zu baulichen Mängeln, Schäden und Sicherheitsrisiken an der eigenen Schule sammelt. Die Aufzeichnungen belegen eindeutig, dass das Gymnasium Kernstockgasse als Bildungseinrichtung nicht mehr tragbar ist. Es gibt noch eine andere umfangreiche Sammlung von Aktenmaterial, mit der sich Erna seit langem schon beschäftigt, aber die geht den Prinzen nichts an. Das privat recherchierte Dossier auf einem Datenstick liegt sicher in ihrem Schultresor verwahrt. Ihre kleine Rückversicherung, für den Fall, dass sich beim Hearing jemand aus der Kollegenschaft gegen sie stellen sollte.
Nachdem Albert einen kurzen Blick in die Mappe geworfen hat, legt er sie zurück auf den Schreibtisch, und presst die Lippen aufeinander. „Ich muss zugeben, das sind ernstzunehmende Missstände, aber ich verstehe nicht, wie mir die Sache nützen sollte."
„Das hier sind mehr als nur Missstände, Albert. Wir sprechen von echten hygienischen und baulichen Unzulänglichkeiten. Was bisher über das Kernstock-Gymnasium offiziell bekannt ist, ist nur die Spitze des Eisberges. Was meinst du, wem man die Schuld geben wird, wenn irgendjemand dahinter kommt, welchen gesundheitlichen Risiken unsere lernende Jugend tagtäglich ausgesetzt ist?"
„Von der sozialen Ungerechtigkeit, die diesen Kindern widerfährt, weil sie gezwungen sind, in einer Lernumgebung zu arbeiten, die

bestenfalls dem Standard der 90er entspricht, will ich gar nicht reden. Die Schule ist im gleichen Zustand, wie sie Alfred Böck vor sieben Jahren übernommen hat. Schlimmer noch, was seitdem an Schäden angefallen ist, hat er aus Angst vor zu viel Arbeit und Verantwortung einfach unter den Teppich gekehrt. Die einzigen größeren Veränderungen unter seiner Leitung, sind die Anschaffung ein paar neuer Mediengeräte und die Umstellung auf das computergesteuerte Heizungssystem, wobei ihm bei letzterem keine Wahl blieb, weil die Stadtwerke Druck gemacht haben."
Von den eigenen Worten mitgerissen, springt sie vom Stuhl und geht ein paar Schritte durchs Büro, wohl wissend, dass der Blick des Prinzen auf ihr ruht. Als sie sich ihm wieder zuwendet, hat er die Hände im Nacken verschränkt, sodass sie die dunklen Flecken unter seinen Achseln sehen kann. „Was ich sagen will, es geht ja nicht alleine um einen kaputten Turnsaal oder ein paar Sprünge in den Wänden. Hier geht es vor allem ums Image. Wir haben nicht einmal einen barrierefreien Aufzug. Die Einzigen, die an der behelfsmäßig installierten Rampe zum Schuleingang ihre Freude haben, sind die Skateboarder, weil kein auch nur ansatzweise normal denkendes Elternpaar leichtsinnig genug wäre, sein Rollstuhlkind in eine derartige Behindertenfalle zu stecken." Als sie bemerkt, dass der Prinz von ihrem Hin- und Hergerenne langsam unruhig wird, setzt sich Erna wieder auf den Stuhl, und deutet auf die Mappe. „Image, Albert. In ein gutes Image muss man investieren, und ich glaube nicht, dass es die Stadt sich leisten kann, das nicht zu tun."
„Ich verstehe noch immer nicht, inwieweit das mit mir zu tun haben soll." Er hat begonnen, mit den Schneidezähnen die Haut um seinen Daumennagel zu bearbeiten. Erna kann spüren, dass sie ihn verlieren wird, wenn sie nicht bald auf den Punkt kommt. Alberts Aufmerksamkeitspanne war schon als Rotzbub nicht größer als die eines Goldfisches.
„Einen Moment noch, dazu komme ich gleich", unterbricht sie ihn, und muss sich alle Mühe geben, die Erregung zu unterdrü-

cken, die ihr mit Eintritt in die entscheidende Phase der Rede eine sprichwörtliche Gänsehaut beschert. „Image, also. Das Einzige, was zählt, wenn man vorankommen will. Ich denke, darin sind wir uns einig?" Albert begnügt sich mit einem Nicken, gibt ihr aber mit einer auffordernden Geste zu verstehen, dass sie weitersprechen soll.

„Am Erzherzog-Johann haben sie schon vor Jahren erkannt, wie man mit Image Schüler anlockt. Du kennst die Großprojekte und Neuerungen, die unter dem Wolf entstanden sind?" Jetzt muss sie vorsichtig treten, was jetzt kommt, darf nicht herzlos oder eigennützig wirken. „Leider habe ich eben erst erfahren, dass der gute Eberhardt seinen schweren Kampf verloren hat, und glaub mir, ich hätte unseren Termin verschoben, wenn nicht in zwei Wochen schon die Gemeinderatssitzung anstehen würde ..."

„Ein guter Mann", nickt der Prinz, und für eine Weile verebbt das Gespräch, als hätten sie im stillen Einvernehmen beschlossen, dem verblichenen Direktor zu Ehren eine Schweigeminute abzuhalten. In Echtzeit sind es nur ein paar Sekunden, die verstreichen, bis Erna wieder das Wort ergreift.

„Nun, wie auch immer..., bestimmt wäre das, was ich dir vorschlagen möchte, ganz in seinem Sinne. Genaugenommen halte ich es für unsere Pflicht, das Andenken an einen geschätzten, ehrgeizigen und außerordentlichen Bürger der Stadt aufrecht zu erhalten." In Gedanken verneigt sich Erna vor sich selbst. Der Schwenk war nahezu genial! Aber offenbar hat sie doch ein wenig zu dick aufgetragen.

„Ich wusste ja gar nicht, dass du mit dem Wolf so eng gewesen bist. Wo ihr doch sicherlich Konkurrenten gewesen wäret im Falle einer Neuausschreibung. Sehr edel, wirklich sehr edel, dein kleiner Nachruf, liebe Erna", grinst der Prinz und beugt sich zu ihr vor. „Aber bitte sprich nur weiter, ich bin ganz Ohr!" Trotz des übelkeitserregenden Geruchs von Schweiß und Rasierwasser in der Nase lässt sich Erna nicht beirren.

„Wir waren keine Freunde, aber wir haben uns geschätzt. Ich

weiß, dass es deiner Generation weitgehend unbekannt sein dürfte, aber Respekt kann auf einer gewissen zwischenmenschlichen Ebene durchaus Nähe schaffen. So gesehen …, ja. So gesehen kann man durchaus sagen, dass der Eberhardt und ich uns nahestanden. Als pädagogischer Leiter war er hochqualifiziert und engagiert. Was aber viel entscheidender ist, der Mann ist ein ausgezeichneter Wirtschafter gewesen. Budgetär steht das Erzherzog-Johann da wie ein Erfolgsunternehmen. Schau dir nur die Angebote auf der Homepage an. Was sich für die Eltern wie der Leitfaden einer Elite-Uni liest, klingt für die Kinder nach einem nie enden wollenden Ferienlager. EU geförderter Schüleraustausch in aller Herren Länder, Sprachzertifikate, Schwerpunktangebote in fast allen Fächern und Nachmittagsbetreuung verwoben mit Tennis, Reiten und so weiter. Welcher Vater, welche Mutter würde den hoffnungsvollen Sprössling nicht gern in einem solchen Umfeld lernen sehen?" Albert hat selbst keine Kinder, aber Erna weiß, dass sie ihn mit der Nachwuchsförderung in Zugzwang bringt, denn als Verfechter zukunftsorientierter Technologien und Gallionsfigur für Forschung und Nachhaltigkeit, betont er in seinen Ansprachen immer wieder, wie sehr er auf die Kompetenzen der heimischen Jugend setzt. „Wie du weißt, sind in das Energieschulhaus-Projekt vor drei Jahren eine Menge EU-Fördergelder geflossen, und dann darf man nicht vergessen, dass der Eberhardt aus der aktiven Zeit im Schisport auch noch seine Sponsorenkontakte hatte. Seit Turnhallen und Gänge mit Plakaten von Power-Drink- und Sportartikel-Herstellern zugepflastert sind, hat sich das Johann ein mit allen Schikanen ausgestattetes Sprachlabor geleistet und angeblich war für 2022 sogar ein Lehrschwimmbecken geplant." Innerlich muss Erna grinsen. Das mit dem Becken ist eine schamlose Lüge, aber Albert soll ihr das Gegenteil beweisen.

„Werbeflächen an Schulen? Ich denke das ist verboten?"

„Nicht, wenn die Eltern nicht dagegen sind." Wieder fängt Albert an, an seinem Daumennagel zu knabbern. Er wirkt konzentriert,

Erna kann sehen, wie es hinter seiner Stirn arbeitet. Sie gibt ihm die Zeit und lauscht geduldig den vormittäglichen Stadtgeräuschen vor dem Rathaus, die durch ein offenstehendes Bürofenster in den zweiten Stock heraufdringen.

„Und du bist also fest entschlossen, an diesem großen Kuchen mitzunaschen, wenn ich das richtig verstehe?" Das Grinsen, das den Satz begleitet, ist so schmierig, dass man es ihm gerne mit einer Ohrfeige aus dem Gesicht wischen möchte, aber Erna lässt sich nicht aus der Reserve locken.

„Wenn du das so verstanden hast, muss ich mich falsch ausgedrückt haben. Es geht mir nicht um den Anteil an irgendeinem Kuchen, sondern um das Wohl meiner Schüler. Außerdem denke ich als Stadträtin natürlich auch an das Gemeindebudget. Es sind ja nicht nur die baulichen Mängel am Schulgebäude, die uns Sorgen machen sollten. Durch den wirtschaftlichen Aufschwung der Region hat sich der Zuzugstrend in den letzten Jahren fast verdoppelt. Damit lässt sich auch das seit langem bestehende Raumproblem nicht länger wegdiskutieren. Unsere Schule platzt schon jetzt aus allen Nähten. Zwei Klassen mussten wir heuer im Keller unterbringen, und wenn der Turnsaal nicht wieder freigegeben wird, haben wir es spätestens im Winter mit einem Haufen unausgelasteter Pubertierender zu tun, die uns auf dem Kopf herumspringen wie eine Horde Jung-Gorillas." Wie einer aus der Gattung der Primaten zeigt auch Albert sein Gebiss, als der Vergleich durchgesickert ist.

„Früher oder später …", fährt Erna fort, um seine Fantasie gleich noch ein bisschen mehr zu beflügeln „… und ich befürchte, es wird eher früher sein, haben wir nicht nur ein gewaltiges Sanierungsproblem, sondern auch einen teuren Anbau am Hals. Ist dir eigentlich klar, was das kosten wird?"

„Und da kommt die Fusion ins Spiel", schlussfolgert der Prinz und hebt fragend die Augenbrauen, als hätte er gerade erst die Tragweite ihrer Darlegung begriffen.

„Da kommt die Fusion ins Spiel", bestätigt Erna und lehnt sich

zum ersten Mal seit Beginn des Gesprächs entspannt zurück. Jetzt muss sie Lösungsvorschläge liefern. „Ich habe mir das grob durchrechnen lassen. Wenn inklusive Turnsaal alles, was am Kernstock-Gymnasium im Argen liegt, saniert werden soll, und ich spreche nicht von Pfuscherei, sondern von einer völligen Modernisierung, sind wir bereits bei einer Summe von über zwei Millionen. Rechne für einen Anbau mindestens das Dreifache dazu und dann sag mir, ob sich die Gemeinde das wirklich leisten kann."
„Und das wird sie müssen, denn wir haben zwar viele Schüler mit bildungsfernem und sozial schwachem Hintergrund, aber sehr wohl auch solche, deren Eltern es nicht egal ist, dass ihre Kinder den Vormittag in einem Abbruchhaus verbringen, in dem sie durch mangelhafte Ausstattung den Gleichaltrigen am Erzherzog-Johann gegenüber benachteiligt sind. Und diese Eltern, Albert, wissen sich zu artikulieren. Bereits jetzt ist eine durch den Elternverein gestartete Petition in Umlauf, die auf eine umgehende Renovierung drängt." Auch das ist frei erfunden, aber sollte der Prinz die Information nachprüfen wollen, was Erna nicht glaubt, lässt sich eine solche Petition problemlos initiieren.
„Ich kann mir nicht vorstellen, dass du dir gleich zu Anfang deiner Amtsperiode eine wütende Elternschaft wünschst, die vor dem Rathaus mit Schildern aufmarschiert, und Slogans über Bildungsfaschismus durch soziale Ungerechtigkeit skandiert." Wenn sie auch nur den Hauch einer Befürchtung gehabt hat, die heraufbeschworene Szene könne übertrieben sein, so reicht ein Blick in das Gesicht des Prinzen, um diese Sorge zu zerstreuen. Albert versucht seine Züge unter Kontrolle zu halten, aber ein nervöses Zucken um die Mundwinkel und zwei neue dunkle Flecken auf dem fliederfarbenen Hemd verraten ihn. „Aber wie gesagt, dazu muss es nicht kommen. Ich habe mich im Bauamt über das leer stehende Internatsgebäude auf den Grund des Erzherzog-Johann informiert. Es ist nach wie vor in Schulbesitz und in gutem Zustand. Die Ausgaben für eine Modernisierung und der Umbau von Schülerwohnungen in Klassenzimmer und Projekträume belaufen

sich auf einen Bruchteil der Summe, die uns Rundumsanierung und Zubau des Kernstock-Gymnasiums kosten würden. Anfangs müsste man natürlich ein wenig zusammenrücken, aber ich bin überzeugt davon, dass sich das organisatorisch regeln lässt. Fusion bedeutet in erster Linie Wachstum. Längerfristig gesehen, werte ich das als große Chance. Es wird ein wenig dauern, aber wenn der zukünftige Leiter nur halb so gut wirtschaftet, wie es der Wolf getan hat, könnte man in einigen Jahren einen Anbau in Erwägung ziehen. Einen Teil der umliegenden Gründe kaufen, um anzubauen, und im selben Zuge das Schwerpunkt- und Freizeitangebot zu erweitern. Damit wäre das Johann eines der größten Gymnasien des Landes, wenn nicht das größte überhaupt. Wenn wir die Kosten dafür aus weiteren Fördergeldern für Projekte lukrieren, können wir auch begabten Kindern aus der Unterschicht unglaubliche Zukunftsaussichten bieten, ohne die Eltern zu belasten." Durch Alberts plötzliches Kichern irritiert, verliert sie den Faden und muss sich ausgerechnet im besten Teil der Rede unterbrechen.
„Das bist du", schnaubt er durch die Nase und stochert mit dem zu kurz geratenen, behaarten Zeigefinger in der Luft herum. „Wenn du vom neuen Leiter sprichst, meinst du dich selber. Du spitzt doch auf den Posten." Obwohl Erna innerlich bebt, ermahnt sie sich zur Sachlichkeit. Sie muss jetzt souverän bleiben.
„Die Leiterbestellung ist eine völlig andere Sache und obliegt dem Landesschulrat", erwidert sie kühl und denkt an die Strapazen durch die Hearings und Assessment-Kurse, die sie in den kommenden Monaten noch erwarten.
Ihre Chancen stehen nicht schlecht. Abgesehen von Herbert Thaler, der während Eberhardts Krankheit die Leitung am Johann übernommen hat, gibt es keinen, der Interesse an dem Amt bekundet hätte. Oder das Zeug dazu hätte. Erna weiß, dass sie die Fußstapfen des Wolfs ausfüllen kann. Und zu gegebener Zeit wird sie dem Erzherzog-Johann ihr eigenes Profil aufdrücken. Zunächst aber gilt es, Geduld zu bewahren und das Blatt in der Hand rich-

tig auszuspielen. Trotzdem braucht sie Verbündete, und leider ist es in diesem Falle eben der Rotzprinz, mit dem sie eine Allianz eingehen muss. Wie sie Albert kennt, ist es ihm ohnehin egal, wer Leiter am Johann wird. Seine Achillesferse ist die Eitelkeit, und mit ihrem Wissen um genau diese Schwäche, wird sie jetzt ihr Schlussplädoyer einleiten. Es ist Zeit, den Sack zuzumachen.
„Wie dem auch sei …", sagt sie mit einem demonstrativen Blick auf ihre Armbanduhr. „Du kennst jetzt die Situation. Es ist also deine Entscheidung, ob du als neu gewählter Bürgermeister durch eine zermürbende Debatte mit einem Haufen unzufriedener Elternvertreter in die Medien kommen, oder mein Angebot annehmen, und dir gleich zu Beginn deiner Amtszeit ein Image als Visionär in Jugend- und Bildungsfragen aufbauen willst." Albert der sich eben noch köstlich amüsiert hat, starrt jetzt ausdruckslos auf den Schnellhefter vor sich auf dem Schreibtisch und nagt an seiner Unterlippe. Für jemanden, der ihn nicht kennt, könnte es beinahe so aussehen, als habe er ernsthaft Probleme, seine Optionen richtig einzuschätzen. Aber Erna kennt das bauernschlaue Bürschchen. Bestimmt überlegt er gerade, wie er aus dem Gespräch herauskommt, ohne als ihr Hampelmann dazustehen. Aber auch darauf ist sie vorbereitet. Als endlich die magischen Worte fallen, fällt es ihr nicht leicht, ihre Erregung im Angesicht des Triumphs zu kontrollieren.
„Was also, schlägst du vor?"
„Unser Deal, lieber Albert, ist folgender: du wirst alles in deiner Macht stehende tun, um den Antrag auf Schulzusammenlegung in der nächsten Gemeinderatssitzung durchzubringen. Eine Sache, die bei deiner Popularität nicht schwierig sein dürfte. Im Gegenzug verspreche ich dir dafür sorgen, dass die Lorbeeren für die Vergrößerung des Johann alleine dir zufallen. Außerdem sichere ich dir meine volle Unterstützung bei der Verwirklichung des Projektes zu." Dass so ein Bauvorhaben im Zuge der Ausführungen schon einmal teurer werden kann als ursprünglich veranschlagt, lassen sie beide als unausgesprochene Tatsache unter den

Schreibtisch fallen, dessen antik anmutende Beschaffenheit so ziemlich das Einzige ist, was man an Anmut mit dem Prinzen in Verbindung bringen kann. Was dieser selbst bestätigt, als er zum Abschluss der Verhandlungen von seinem Ledersessel aufsteht und den Stoff der dunkelblauen Anzughose mit einer schnellen Bewegung der rechten Hand aus seinem Schritt befreit. Und Erna ebendiese zum Abschied reicht. Angesichts der Umstände, kann sie ihren Ekel überwinden und schlägt ein.

Sie ist gerade im Begriff zu gehen, als ihr im letzten Augenblick die Sache mit dem Schulwart einfällt. „Ach ja, ich hätte da noch eine kleine Bitte. Unser Schulwart, der Uhl, hatte heute einen bedauerlichen Sturz und wird wohl für längere Zeit ausfallen. Der Chef konnte bei der Personalabteilung nichts erreichen. Vielleicht schickst du uns den Haberfellner Ernstl als Ersatz? Der hat sich als Vertretung schon des Öfteren bewährt."
„So etwas fällt eigentlich nicht in mein Ressort", gibt der Angesprochene zurück, und setzt sein Pressegrinsen wieder auf. „Aber wenn ich an eine große, schöne Bronzeplakette mit meinem Namen über dem Eingang deiner neuen Superschule denke, könnte sich da eventuell etwas machen lassen."
„Warum nicht eine aus Gold?", lächelt Erna beinahe kokett zurück und verlässt ohne ein weiteres Wort das Büro.
Dass sie das Gesicht von Franz Uhl nicht sehen kann, wenn der erfährt, dass der patscherte Haberfellner seine Vertretung übernimmt, ist zwar schade, aber zu verschmerzen. Man kann nicht alles haben. Sie hat viel erreicht heute. Und wenn sie erst den Einkauf für das langweilige Abendessen erledigt hat, bleibt vor dem Nachmittagsunterricht vielleicht noch etwas Zeit, um sich ihrem anderen kleinen Projekt zu widmen. Die Liste auf dem USB-Stick ist zwar schon recht informativ, aber noch lange nicht komplett. Sollte Erna wirklich gezwungen sein, auf ihren Background-Check der Kollegenschaft zurückzugreifen, muss sie zusehen, dass sie bald mit den Recherchen fertig wird.

Insomnia

Es ist schon spät. Oder auch ziemlich früh, je nachdem, wie man es sehen will. Silvia Lenz kümmert das nicht. Das Einzige, was sie sieht, sind hin und wieder ein paar tanzende Punkte vor den Augen, die von einem irritierenden Flimmern abgelöst werden, wenn sie unabsichtlich direkt ins Licht blickt. In grauen Shorts und einem weißen T-Shirt sitzt sie auf dem Sofa neben der Stehlampe in ihrem Wohnzimmer und blättert in einer lateinischen Übersetzung von Marc Aurels *Selbstbetrachtungen*. Die Strukturiertheit der Sprache wirkt beruhigend und vertraut. Es fasziniert sie, wie der Lieblingsphilosoph innere Gelassenheit und bedienungslose Pflichterfüllung in das Zentrum seiner Überlegungen rückt. Wann immer die Grenze zwischen wirklichen und selbstauferlegten Pflichten zu verschwimmen droht, versucht sie sich auf diese innere Gelassenheit zu besinnen, um daraus Vertrauen und Kraft zu schöpfen.

Heute Nacht genügt es ihr, das Buch einfach in der Hand zu halten und die Wörter zu betrachten. Es ist ein heißer, ein anstrengender Tag gewesen. Die Luft hat erst gegen Mitternacht ein wenig abgekühlt, fühlt sich aber immer noch feucht und klebrig an. Silvia hat seit dem späten Nachmittag geschlafen und müsste eigentlich ausgeruht sein, aber ihre Augen brennen, als hätte sie Sandpapier unter den Lidern. Das Gehirn arbeitet auf Hochtouren, während die Welt in tiefem Schlummer auf ihrer vorbestimmten Bahn durchs All kreist. In einem Rhythmus, der uralt und verlässlich ist. Der seit Jahrmillionen schon den Takt des Lebens diktiert, ohne sich nach einer Uhr zu richten. Ohne Fragen zu stellen nach Bestimmung, Wert und Nutzen. Silvia hat es sich abgewöhnt, gegen diesen Rhythmus anzukämpfen. Sie lebt darin. Sie lebt damit. Hat lernen müssen, dass sie ihn nicht beschleunigen kann und nicht verlangsamen. Im Augenblick leben, nicht bewerten. Sich treiben lassen, um nicht zur Getriebenen zu werden, darauf kommt es an. Das ist ihr Überlebensplan. Schritt für Schritt zurückzukehren in den Alltag. Mit allen Konsequenzen. Fehlern eine Chance geben, Niederlagen willkommen heißen, als seien sie gute alte Freunde, die ihr behutsam eine neue Richtung weisen. Nichts übereilen, aber auch nicht in der angestrebten Langsamkeit ins Grübeln geraten. Nur mit diesem Glaubenssatz hat sie es geschafft, die Ereignisse des letzten Morgens zu überstehen.

Dass sie gleich nach Schulschluss einen Termin bei Dr. Lang bekommen hat, ist reines Glück gewesen. Wobei, was heißt schon Glück? *Glück ist kein Geschenk der Götter, sondern die Frucht einer inneren Einstellung.* Wenn der Ausspruch stimmt, ist sie stärker, als sie denkt.

Dr. Lang sieht das ähnlich. Verständlicherweise war der Psychiater nicht gerade begeistert, als sie ihm den idiotischen Selbstversuch gebeichtet hat, aber zumindest konnte er der Sache etwas Positives abgewinnen.

„Nun ja, Frau Lenz", hatte er gelispelt und sich das bleistiftdünne Oberlippenbärtchen glatt gestrichen. „Dass Sie sich mit dieser Dummheit selbst geschadet haben, muss ich Ihnen wohl nicht sagen." Nein, das hat er ihr nicht sagen müssen, denkt Silvia, wenn sie sich den vergangenen Tag vor Augen führt. „Trotzdem, und darauf können Sie stolz sein, bedeutet Ihr Hilferuf aus eigenem Antrieb einen gewaltigen Fortschritt für den therapeutischen Prozess." Stolz ist sie nicht gewesen in dem Moment, und Silvia weiß auch, dass sie noch einen langen Weg vor sich hat, aber wenn sie sich in Erinnerung ruft, wo sie vor knapp zwei Jahren noch stand, darf sie heute vielleicht wirklich ein wenig optimistisch sein.

„Das Opipramol wird dafür sorgen, dass Sie nachts wieder schlafen können. Das wird einige Tage dauern, aber Sie werden sehen, mit einem ausgeruhten Geist lässt sich auch der Alltag wieder besser meistern. Was die Kontroll- und Angstgedanken angeht, halte ich es für ratsam, dass wir uns bis auf Weiteres wieder jede

Woche sehen, anstatt nur einmal monatlich. Und seien Sie sich im Klaren darüber, dass es sich dabei nicht um einen Rückschritt handelt, sondern um eine Vorsichtsmaßnahme. In Ordnung?"

Natürlich ist das in Ordnung. Alles ist ihr lieber, als wieder in den Zustand zu verfallen, in dem sie damals durch die Tage getaumelt ist wie eine Untote auf Speed. Kurz vor dem Zusammenbruch ist es ihr nicht einmal mehr möglich gewesen, die eigene Wohnung zu verlassen. Bis sie sich davon überzeugt hatte, dass alles so ist, wie es sein muss (wirklich so ist, wie es sein muss, ohne Abweichungen und Unregelmäßigkeiten), war es meist zu spät gewesen für Besorgungen und wichtige Termine. Oft schon vor der Haustür angelangt, hatte sie immer wieder umkehren, hatte noch einmal und dann wieder kontrollieren müssen, ob auch der Teppich so lag wie er liegen sollte (im rechten Winkel zu den Bodenleisten), und die Abstände zwischen Tischplatte und Stühlen korrekt waren (eine Handbreit von der Lehne aus, nicht mehr und nicht weniger). Oder ihr fiel plötzlich auf, dass der Grauton ihrer Schuhe nicht zum Anthrazit des Mantels passt, das Webmuster der Jacke nicht mit dem der Hose harmoniert. War sie dann umgezogen, hatte sie sich schmutzig und verschwitzt gefühlt, sodass sie erst lange duschen musste, ehe sie unter Menschen gehen konnte. Danach fing der ganze Teufelskreis von vorne an. Bad putzen, Aufräumen, Schalterkontrolle zurück zum Spiegel, Gewandinspektion. Zweifel. Panik. Schweiß. Erschöpfung.

Hätte es jemanden gegeben, der sich um sie kümmert, hätte er ihr Problem vielleicht erkannt und helfen können. Oder die Krankheit wäre gar nicht ausgebrochen in der Nähe dieses Jemand, bei dem es in Ordnung war, nicht immer nur perfekt zu sein. Bei dem sie sich fallen lassen und entspannen, den Alltagsstress vergessen konnte.

Aber das sind Ausreden aus dem Wolkenkuckucksheim, denn in Wahrheit weiß Silvia ganz genau, dass es ihr damals unmöglich gewesen wäre, die alles bestimmende Unruhe bei einem Glas Wein und gutem Essen, bei belanglosen Gesprächen, gemeinsa-

mem Lachen oder Schweigen zu verdrängen. Niemals hätte die Frau, die sie vor knapp zwei Jahren noch gewesen ist, auf ihre Gewohnheiten innerhalb der selbstgestrickten Denkmuster verzichtet. *Die Gewohnheit ist ein eisernes Hemd.*
Aus Angst vor der Alternative hatte sie den Mann, der geduldig darauf wartete, an ihrem Leben teilhaben zu dürfen, stets auf Abstand gehalten. Anfangs, als die Aufregung des Neuen noch überwog, hätte sich Silvia eine Beziehung sogar vorstellen können, aber schon bald hatte sie den Druck der Verantwortung gespürt, der unter der Prämisse einer engen Bindung immer größer wurde und mit dem Typen Schluss gemacht. Als dann die Fixanstellung an der Uni dazu kam, der damit verbundene Umzug in die Stadt und nur wenige Wochen später der Suizidversuch der Mutter, war ihr alles zu viel geworden. Zu viel Chaos, zu viele Emotionen, zu viel Angst davor, nicht zu entsprechen. Andere unglücklich zu machen. Bevor die Institutsleitung ihre Konsequenzen ziehen, und sie durch eine verlässlichere Lehrkraft ersetzen konnte, war sie von selbst gegangen. Konfrontationen sind nicht Silvias Stärke.

Heute hat sie keine Lust mehr, sich für irgendetwas zu entschuldigen. Auch nicht bei den Eltern. Dafür, dass sie mit sechzehn ausgezogen ist, weil deren Egoismus und Gefühlskälte nicht länger zu ertragen war. Genausowenig hat sie noch die Kraft, alte Wunden wieder aufzureißen, sich schmerzhaften Erinnerungen auszusetzen. Wenn es ihr besser gehen soll, dann bringt es nichts, die Schuld für ihren Zustand auf den ständig depressiven Vater zu schieben, die krankhaft dominante Mutter oder gar den lieben Gott, weil er irgendwelche Synapsen in ihrem Kopf schlampig verkabelt hat. Schuldzuweisungen sind immer bequem, sind immer auch ein Vorwand, um die eigene Person aus der Verantwortung zu nehmen. Wenn sie sich nicht endlich zusammenreißt und sich mit dieser Person auseinandersetzt, werden ihr auch die Tabletten und die beste Therapie nicht helfen.

Wie hatte es der zwergenhafte Psychologe mit dem Milchgesicht noch ausgedrückt, als sie in die Klinik kam? „Selbst wenn sie

bei den Waltons aufgewachsen wären, Frau Lenz, hätte Ihnen keiner garantieren können, dass die Krankheit nicht in irgendeiner Phase Ihres Lebens ausgebrochen wäre." Er hatte sehr kompetent gewirkt bei seinen Ausführungen, aber Silvia weiß noch, wie skurril es war, dass ausgerechnet ein dem Gnomdoktor aus ihrer Fernsehkindheit so stark ähnelnder Arzt auf eine andere TV-Serie anspielt, die er aufgrund seiner Jugend kaum gesehen haben kann.
Was ihr der Arzt, bei dem es sich, wie Silvia später erst erfahren hat, keinesfalls um ein akademisches Wunderkind handelte, sondern um einen, durch eine seltene Form von hormonell bedingter Wachstumsstörung auf bizarre Weise jung anmutenden Mittdreißiger, was ihr dieser falsche Doogie Howser also bei ihrem ersten Patientengespräch schonend zu erklären versuchte, hat sie in vollem Ausmaß freilich erst nach und nach begriffen. Während die Neurologen bemüht waren herauszufinden, was genau mit den Synapsen in ihrem Kopf nicht stimmt, hatte sie genügend Zeit gehabt, sich intensiv mit den Leuten auseinanderzusetzen, bei denen es sich eindeutig nicht um John und Olivia Walton handelt. Wenn es überhaupt etwas gibt, womit sich ihr Gefühl für die Eltern beschreiben lässt, ist es das Wörtchen *Mitleid*. Mitleid mit der Mutter, die sie mit Liebesentzug bestraft hat, wenn sie schmutzig vom Spielen nach Hause gekommen war. Mitleid mit dem Vater, den sie als Kind vergöttert hatte, weil er in ihren Augen klug und kräftig war. Ein lieber, sanfter Riese, der sie mit den Jahren schwer enttäuschte, als klar wurde, dass er vor allem auch zu schwach war, um der sekkanten Ehefrau die Stirn zu bieten. Wenn Silvia jetzt darüber nachdenkt, erscheint es ihr geradezu paradox, dass ausgerechnet die Mutter versucht hat, sich nach der Trennung das Leben zu nehmen. Aber die Frau verstehen zu wollen, hieße auch, sich ihre Probleme aufzuladen und das ist das Letzte, was sie gebrauchen kann. Mittlerweile hat jeder bekommen, was er verdient. Der melancholische Vater eine zackige Frühpensionistin, die ihn jedes Wochenende auf die Berge treibt, und die Mutter eine Single-Wohnung in der Altstadt, wo sie nach

Herzenslust putzen und wischen kann, wenn sie nicht gerade versucht, in Seminaren ihr Inneres Kind zu finden.

Ihr wirkliches Kind, das von so viel Zuwendung nur hätte träumen können, kämpft sich inzwischen Schritt für Schritt zurück in die Normalität. Erledigt, was getan werden muss und freut sich über jeden Tag, an dem es gelingt, ein wenig loszulassen. Sich auf das Umfeld einzulassen. Und das ist oft gar nicht leicht mit so vielen Menschen in ihrem Leben. Wenn ihr die unzähligen Gespräche und Begegnungen zu viel werden, hilft Silvia nur die Isolation. Verschanzt sie sich in den eigenen Vier Wänden hinter ihren Lieblingsbüchern oder unternimmt lange Spaziergänge auf den vielen Wegen rund um die Stadt. Aber es gibt auch die anderen Tage. Die Tage, an denen eine bisher völlig unbekannte Leichtigkeit von ihr Besitz ergreift, wenn sie etwa morgens erst entscheidet, was sie anzieht, ob sie zu Fuß zur Arbeit geht oder das Fahrrad nimmt. Wo es in Ordnung ist, wenn der Honig im Kühlschrank neben den Milchprodukten steht oder der Laptop schräg zur Schreibtischkante.

Und noch etwas hat sich verändert in den letzten Wochen. Etwas, das Silvia kaum zu benennen wagt, vielleicht weil es sich so gut anfühlt, dass es ihr eine Riesenangst einjagt. Sie hat es sich verboten nach Schulschluss an den gutaussehenden Kollegen zu denken, der ihr mit seinem jungenhaften Charme und ein paar Brocken Latein zu imponieren versucht, aber es hat nicht funktioniert. Auch wenn sie es schafft, sich ihn den ganzen Nachmittag aus dem Kopf zu halten, taucht Matthias Sommer dort abends mit seinem unverschämten Grinsen wieder auf, und beginnt mit ihr zu flirten. Aber flirtet er wirklich nur oder ist es möglich, dass er sie auch mag? Obwohl sie sich noch nie so wohl gefühlt hat in der Gesellschaft eines Mannes, eines Menschen überhaupt, kann Silvia nicht mit Sicherheit sagen, ob es ihr recht wäre, sich auf ihn einzulassen. Mit ihrer Vorgeschichte könnte das alles durcheinander bringen. Was, wenn er besitzergreifend wird? Mehr von ihr will, als sie ihm geben kann, oder umgekehrt – sie selbst plötzlich den

Wunsch verspürt, mehr mit ihm zu teilen, als ihn wirklich interessieren könnte? Und wie soll sie erst damit umgehen, wenn sich die Sache gut entwickelt? Wenn es ihr damit besser geht als in ihrem selbst erbauten Gefängnis aus Richtlinien, Regeln und Beschränkungen?

Aber vielleicht ist es ja genau das, überlegt Silvia, während der Lichtstrahl eines einsamen Scheinwerfers durchs Zimmer streift und ausgerechnet auf die Stelle fällt, wo seit ein paar Tagen ein kleiner unansehnlicher Blutfleck die Wand besudelt. Vielleicht liegt ja genau darin das Problem – dass es so schwer fällt, das Gute in ihr Leben zu lassen. Sie muss dran denken, eine Dose Gelsenspray zu kaufen und weiße Farbe. Der Scheinwerfer, der ihren Fokus auf den Makel richtet, gehört zum Moped der Zeitungsfrau, die die Nachbarn jeden Morgen mit Finanzskandalen, Terrormeldungen und Flüchtlingstragödien beliefert. Silvia liest keine Zeitungen. Die Schlagzeilen aus dem eigenen Leben sind beunruhigend genug, und die neueste tanzt immer noch in dicken, fetten Lettern in ihrem müden Kopf herum.
Irre Lehrerin nach Rückfall in Zwangsjacke abgeführt. Wen lassen wir auf unsere Kinder los? Gut, das ist leicht übertrieben, denn die Zwangsjacke ist ihr ja, Gott sei Dank, erspart geblieben. Bei allem Wirbel um den armen Schulwart, ist keinem aufgefallen, was tatsächlich mit ihr los war, auch wenn … naja. Matthias Sommer hatte doch ziemlich besorgt gewirkt nach dem peinlichen Theater um die Tasche. Sie hätte es kommen sehen müssen. Vor Wochen schon hatte sie bemerkt, dass sie langsam wieder in ihre alten Muster schlittert. Ein- und Ausmachen der Lichtschalter, Zurechtrücken von Gegenständen, lange Sauberkeitsrituale, … Merkmale wie aus dem Lehrbuch, und doch hatte sie die Signale ignoriert. Als Sensationsreporterin der eigenen Fantasien spinnt Silvia die Schlagzeile in ihrem Kopf noch weiter.
Wie gestern erst durch einen bedauerlichen Zwischenfall bekannt wurde, hatte die Schulbehörde eine psychisch kranke Frau beschäftigt.

Ex-Psychiatrie-Patientin Silvia L., die nach ihrer Entlassung als stabil galt, wurde vor knapp zwei Monaten am Gymnasium Kernstockgasse im oststeirischen Bad Hoffning als Lateinlehrerin angestellt, wo sie sich zunächst gut integrieren konnte und als unauffällige, freundliche Lehrperson beschrieben wurde, die gut mit Schülern und Kollegen auskam.

Offenbar wusste nicht einmal der Schulleiter von der problematischen Vergangenheit der Pädagogin, die gestern Vormittag nach einem Zusammenbruch in aller Öffentlichkeit und unter den Augen von knapp vierhundert Schutzbefohlenen in einer Zwangsjacke von ihrer Arbeitsstelle entfernt werden musste. Von einem zufällig anwesenden Rettungswagen wurde die völlig verstörte Frau ins Landesnervenkrankenhaus gebracht.

„Es kommt nicht selten vor", so Dr. Lang, der behandelnde Therapeut der Frau, "dass Patienten, sobald sie im Alltag wieder Fuß gefasst haben, der Illusion unterliegen, völlig geheilt zu sein, und aufgrund dessen ihre Medikation eigenmächtig reduzieren, absetzen oder nicht mehr zur ambulanten Nachbegleitung erscheinen."

„Im konkreten Fall von Frau L.", so der Therapeut weiter, „bin ich allerdings schwer enttäuscht. Nach einem neurotischen Zusammenbruch schien die Patientin auf dem besten Weg in ein normales Leben und wusste um das Risiko der Eigenmedikation. Offenbar aber ist das Tabu psychischer Erkrankungen in unserer Gesellschaft nach wie vor so groß, dass die Einnahme von Psychopharmaka selbst unter intelligenten und vernunftbegabten Menschen immer noch als Schwäche angesehen wird."

Ob Silvia L. in Leichtsinn gehandelt hat, aus Selbstüberschätzung oder Scham, ist der Redaktion zu diesem Zeitpunkt nicht bekannt. Was besorgte Eltern nach einem derartigen Zwischenfall allerdings mehr beschäftigen dürfte, ist die Frage nach der Sicherheit ihrer Sprösslinge. „Wie ist es möglich ...", macht eine aufgebrachte Elternvertreterin und Mutter von drei Kindern ihrem Ärger Luft, „... wie kann es sein, dass man eine offenbar nicht zurechnungsfähige Person auf unsere Kinder loslässt, ohne uns darüber zu informieren?"

Dasselbe wollten wir vom Schulleiter wissen, der allerdings bis zu Redaktionsschluss zu keiner Stellungnahme bereit war. Ein Sprecher des Landesschulrates hält sich ebenfalls bedeckt und argumentiert mit Datenschutz. Er spricht von „unnötiger Dramatisierung eines bedauernswerten Vorfalles." Die Aussage, es sei schließlich keiner zu Schaden gekommen, wirft eine weitere Frage auf – Wer übernimmt die Verantwortung, sollte ein ähnlicher Zwischenfall nicht so glimpflich ausgehen?

Verärgert über so viel Schund und Hetze, reißt Silvia den absurden Artikel gedanklich in tausend kleine Stücke und beschließt, das imaginäre Käseblatt bei nächster Gelegenheit abzubestellen. Dann reibt sie sich die Augen und überlegt, ob sie dem Schlaf noch eine Chance geben soll. Versucht, an nichts zu denken. Durchdenkt die letzten Tage, Wochen, Monate noch einmal im Schnelldurchlauf, vorwärts, rückwärts, wieder von vorne und in allen möglichen und unmöglichen Varianten, und beschließt, mit dem Zubettgehen noch zu warten. Lieber eine selige Stunde Erholung vor dem Weckerläuten als das quälende Herumgewälze die ganze Nacht. Dabei fällt ihr ein Roman von Stephen King ein, den sie vor langer Zeit gelesen hat.

Insomnia, die Geschichte eines Mannes, der an chronischer Schlaflosigkeit leidet. Von Tag zu Tag erwacht er früher, streift in nächtlichen Spaziergängen durch die Stadt, wobei er kleine Männchen sieht, die durch Farbschnüre und Auren mit ihrem Leben in einer Hyperrealität verbunden sind. So oder so ähnlich geht der Plot. Ein wenig esoterisch für ihren Geschmack, aber die Idee, zwischen den Welten zu wechseln, hat schon etwas für sich. So ein Kurzurlaub in einem Paralleluniversum, in der die Gesetze dieser Welt nicht gelten, das klingt doch ganz erholsam. Bei dem, was sie an realem Horror schon erlebt hat, wäre so ein Spaziergang über den *Friedhof der Kuscheltiere* wie ein Besuch im Streichelzoo. Und wer weiß, vielleicht würde sie sogar Matthias Sommer dort begegnen? Wer verrückt genug ist, mit einem Clown Pennywise

T-Shirt herumzulaufen, treibt sich bestimmt ebenfalls gerne hin und wieder in der Welt des Stephen King herum.

Als Marc Aurels *Selbstbetrachtungen* mit einem Knall auf dem Boden landet, merkt Silvia, dass sie doch noch eingedöst sein muss. Etwas Seltsames liegt in der Luft. Es riecht nach einer lauen Sommernacht und feuchter Erde, darunter (nicht unangenehm, aber deutlich präsent) der Geruch von Zigarettenrauch und Leder vermischt mit Männerschweiß und Seife. Sie hat geträumt. Von einem Jahrmarkt und Clowns mit spitzen Zähnen und einer schummrig beleuchteten Turnhalle, in der sie ganz alleine mit einem gesichtslosen, aber seltsam vertrauten Fremden unter einer Discokugel tanzt, während Doogie Howser einen Eimer Gelsenblut über ihre Köpfe gießt.

Das herbe Aroma von Moschus und Seife hängt noch so real im Raum, als hätte ein gewisser gutaussehender Turnlehrer von fast zwei Metern Größe eben erst ihre Wohnung verlassen. Die Bilder verblassen, aber der Gedanke bleibt. Matthias Sommer bei ihr zu Hause – was würde er wohl denken beim Anblick von so viel Aufgeräumtheit? Silvia lässt den müden Blick durch ihr Wohnzimmer schweifen. Fünf Regale, schlicht aber funktionell (wie auch Tisch und Sofa, in einem reinen Weiß gehalten), bieten Platz für alle jene Bücher, die wegzugeben sie sich nicht überwinden konnte nach dem Kauf des E-Books, weil sie die Sammlungen ihrer liebsten Autoren gern im Blickfeld hat. Das E-Book wiederum hat den Vorteil, dass sie dort nach Herzenslust und Belieben Ordner und Unterordner anlegen, verschieben und umbenennen kann. Zudem nimmt es keinen Raum ein. Nirgendwo auf den Regalen oder Abstellflächen, auch in der Küche nicht, und nicht in Bad und Schlafzimmer, ragt ein Gegenstand über die Kanten, steht etwas hervor, liegt etwas herum, das ihre Wohnästhetik verletzen könnte. Verschließbare Boxen (Türkis, Weiß oder Schwarz) schützen vor dem Anblick der Schulbücher und Kopiervorlagen, Schreibkram und Druckerpatronen. Die Dokumentenordner stehen frei

auf einem Brett über dem Sofa, damit sie jederzeit Zugriff auf Versicherungspapiere Kontoauszüge, Pass und Krankenscheine hat. Das Grau der mit Computeretiketten beschrifteten Ordner passt exakt zum pflegeleichten Laminatboden aus Holzimitat. Genau so mag sie ihre Wohnung. Und was ist falsch daran?
„Es ist nichts falsch daran ...", hört Silvia in Gedanken die Antwort Dr. Langs, "... dass die Dinge ihren Platz haben. In einem gesunden Maß ist der Wunsch nach Ordnung ganz normal. Äußere Ordnung zeugt ja im Allgemeinen von einer inneren Aufgeräumtheit. Bedenklich wird es nur, wenn, wie gesagt, der Wunsch nach Sauberkeit und Perfektion in Relation zu Ihren inneren Bedürfnissen ein ungesundes Ausmaß erreicht. Was ich Ihnen deshalb heute mitgeben möchte, Frau Lenz, ist die Frage: was beziehen Sie aus dieser Ordnung?"

Ihre Wochenhausaufgabe. Es ist eine dieser typischen Therapeuten-Fragen, an der sie bis zum nächsten Termin knabbern wird. Eine dieser Fragen, auf die es weder eine richtige, noch eine falsche Antwort gibt, die aber (wenn sie nicht aufpasst) direkt in die tiefsten Abgründe der eigenen Seele führen kann. Was will er hören? Was würde sie an seiner Stelle hören wollen und welche Fragen würde sie sich selbst stellen? Oder besser – lieber nicht stellen? *„Ist es nicht eher so, Frau Lenz, dass Sie außer dieser Ordnung nichts mehr haben? Dass Sie, wenn Sie es könnten, sich selbst in eines Ihrer Regale stellen würden, sauber gebunden, katalogisiert, etikettiert und abgestaubt, um nur ja niemandem zur Last zu fallen, Mühe oder Unannehmlichkeiten zu bereiten?"*
Autsch, denkt Silvia. Da hat aber jemand den Nagel auf den Kopf getroffen. Ihr Talent, sich in den Therapeuten zu versetzen geht eindeutig zu weit, und deshalb versucht sie, sich wieder auf die ursprüngliche Frage zu konzentrieren. Scheitert angesichts des mittlerweile ziemlich großen Gedankenknäuels in ihrem Kopf und wünscht sich plötzlich, es gäbe einen Freund, mit dem sie darüber sprechen könnte. Aber da gibt es niemanden. Zu gut hat sie darauf geachtet, dass aus Bekannten keine Freunde werden.

Freundschaft beruht auf Kompromissen und will gepflegt werden. Ist Verantwortung. Und Freunde sind ja insofern auch nicht berechenbar, als man nie wissen kann, wie sehr sie sich eines Tages aufdrängen. Sie dich in ihre persönlichen Schlamassel, Krisen und Beziehungskisten hineinziehen, aufsaugen, absorbieren wollen. Freunde sind wie die Gegenstände, die nicht in ihre Wohnung passen. Sie sind die Platzräuber in ihren grauen Kisten, Zeitdiebe, Staubfänger, Energieverschwender, tote Gelsen an der Wand. Mit Bekanntschaften ist das leichter. Sind sie erst klar definiert, lassen sie sich beschriften und in einen Ordner stecken. Die Einteilung nach Namen, Nummern und Adressen enthebt sie dem Zwang, über diese Leute nachdenken zu müssen. So hat das zumindest bis jetzt ganz gut funktioniert.

Inzwischen muss sich Silvia fragen, ob die Ordnung, die sie sich geschaffen hat, nicht viel mehr eine Leere ist, die sie alleine nicht mehr ausfüllen kann. Oder möchte. Was nützt ihr die perfekte Wohnung, wenn es niemanden gibt, der sie besucht. Außer vielleicht in bizarren Träumen der umwerfende Kollege, um seine Duftmarke zu hinterlassen. Wie passt er überhaupt in diese Ordnung? Weder kann sie ihn in eine Klarsichtfolie stecken, noch hat er Platz in einem ihrer Schränke. Wenn sie versucht, ihn aus dem Kopf zu sperren, taucht er unerwartet auf und bringt sie völlig durcheinander. Diese Erkenntnis beunruhigt sie zutiefst. Der Gedanke, Matthias könne sich nur für sie interessieren, weil er eine Schwäche für jungfernhafte Kuriositäten hat, noch mehr. Denn das würde ihn in ihren Augen selbst zum Freak machen. Und dass in ihrem ohnehin absonderlichen Leben für einen weiteren Verrückten Platz ist, wagt Silvia zu bezweifeln.

Käsemond

Zum Fenster des Durchgangzimmers, das er sich mit seiner Schwester teilt, scheint der zunehmende Mond herein. Und der erinnert Franz heute fast ein wenig an einen angeschnittenen Laib Käse aus den Tom & Jerry Folgen, die er seit neustem in Farbe sehen kann, weil der Vater beim Kauf des Fernsehers ausnahmsweise nicht knausrig war. Wie ein Schrein steht die Flimmerkiste seit Weihnachten in der Wohnküche nebenan mit einem Seidentuch verhangen, das erst abgenommen wird, wenn der Vater seinen Arbeitsmantel an den Garderobenhaken hängt und die Nachrichten beginnen. Nur am Wochenende dürfen er und Mimi manchmal ganz alleine vor dem Wunderkasten sitzen, denn dann läuft Lassie und Bonanza. Oder der Kasperl. Allerdings fühlt sich Franz für Handpuppen und unlustige Clowns allmählich zu alt. Überhaupt hat sich vieles verändert in den letzten Monaten. Die Klassenkameraden haben endlich kapiert, dass er nicht nur der Bub vom strengen Schulwart ist, der unterm Stiegenaufgang wohnt, sondern eben ein ganz normaler Kerl, der gerne im Hof mit ihnen Fußball spielt. Wenn er dem Vater bei der Arbeit hilft, fühlt er sich fast schon wie ein Mann. Und er wohnt inzwischen gerne hier. Wenn nach dem letzten Läuten das große Tor die vielen Kinder wieder ausspuckt, ist es plötzlich so still im Haus, dass man das Knacken in den Heizungsrohren hört und das Ächzen in den Stühlen und Tischen. Ja manches Mal sogar das verzögerte Echo vom Gekicher und den Rufen und Ermahnungen des Vormittags. Und dann fühlt es sich beinahe so an, als würde das riesige Gebäude ihm ganz alleine gehören. Franz hat niemandem davon erzählt. Auch seinen besten Freunden nicht, sie würden es nicht verstehen. Das Gefühl soll sein Geheimnis bleiben.
Nur Mimi geht ihm zurzeit gewaltig auf die Nerven. Immer muss sie das Kommando haben, weil sie zwei Jahre älter ist, verpetzt sie

ihn bei jeder Kleinigkeit. Und zu zweit in dem beengten Zimmer entgeht ihr natürlich nichts.

Als der Käsemond am Fenster vorbeigewandert ist, hat Franz einen Entschluss gefasst. Er will endlich was erleben, und das wird ihm Mimi diesmal nicht verderben. Ein paar Minuten lang lauscht er ihren gleichmäßigen Atemzügen, schielt dann zum anderen Bett hinüber. Sie schläft mit dem Gesicht zur Wand. Besser könnte es gar nicht laufen. Trotzdem muss er sehr vorsichtig sein. Sein eigenes Bett stammt noch vom Vorgänger des Vaters. Der alte Lattenrost quietscht schlimmer als sein Waffenrad.
Im Zeitlupentempo setzt er sich auf, stellt den linken Fuß auf den kalten Boden und lässt den rechten folgen. Durch die dünne Wand zur Wohnküche kann er den Ton des Testbildes hören. Ein hohes Surren, das nur Kinderohren vernehmen. Die Eltern sind wieder vor dem Fernseher eingeschlafen. Mimi schlummert für gewöhnlich wie ein Stein, aber sie hat so etwas wie den sechsten Sinn, und der ist ausgerechnet dann besonders wach, wenn Franz der eigene Sinn nach etwas Verbotenem steht. Wie oft hat sie ihn nicht erwischt, wenn er nach Mitternacht mit der Taschenlampe in seinen Comics gelesen hatte. Oder heimlich zur Speisekammer geschlichen war, um eine Scheibe Leberwurst, den Rest vom Sonntagsbraten oder einen Löffel Mayonnaise-Salat zu stibitzen. Und was hatte es nicht am nächsten Tag für ein Theater gegeben, sobald die Mutter davon erfahren hat! Oder schlimmer noch, der Vater, der ihn dafür drei Nachmittage lang den Schulhof kehren ließ. Richtig unheimlich ist sie ihm, diese Hellsichtigkeit der Schwester.

Franz versucht so wenig Lärm wie möglich zu machen, als er seinen Hintern aus der Matratze hebt und auf leisen Sohlen an Mimis Bett vorbei zur angelehnten Tür des Durchgangszimmers tappt. Was er heute Nacht vorhat, ist riskant. Ist noch viel verbotener als ein Abstecher in die Speisekammer. Dafür, was er gleich machen wird, blüht ihm die väterliche Höchststrafe, vor der ihm so die Flatter geht, dass dagegen selbst lebenslanges Schulhofkehren wie ein Jahr im Ferienlager ist. Zu mehr als einer schallenden Ohrfeige, wenn er besonders frech war, hat sich der Vater bisher nicht hinreißen lassen. Und wenn Franz ganz ehrlich ist, hat er sich die meistens auch verdient, denn eigentlich ist er ein gerechter Mann, sein alter Herr. Oft mürrisch zwar und strenger als die meisten Väter, aber kein Prügler. Nur einmal hat er ihm mit seinem Ledergurt gedroht.

Kurz vor Schulanfang ist das gewesen. Sie waren zuerst auf dem Speicher, um sich einen Eindruck vom Zustand des Daches zu verschaffen und haben sich danach jeden Raum im Schulgebäude einzeln vorgenommen. Er hatte keine Lust gehabt auf die Inspektion, aber der Vater hat darauf bestanden. „Damit du was lernst", hatte er gesagt, „und weil ich deine Hilfe brauche, wenn das hier auf Dauer funktionieren soll. Je früher du dich auskennst, umso besser." Und das hat ihn natürlich schon irgendwie stolz gemacht, dass ihm der alte Herr so eine harte Arbeit zutraut. Wie in Bonanza ist er sich vorgekommen, während des Kontrollgangs durchs Gebäude. Wie Little Joe Cartwright auf einem Ritt mit seinem Pa über das weite Land rund um die Ponderosa-Ranch. Beide waren sie von einem heiligen Ernst erfüllt. Bis zu jenem Tag hatte sich Franz nie groß Gedanken darüber gemacht, was sein Vater für ein Mann ist. Er wusste nur, dass er als junger Bursche Spengler war und dann alles Mögliche gemacht hat. Was für ein toller Kerl er sein muss, dass man ihm ein ganzes Schulhaus anvertraut, das ist Franz erst in jenem ganz besonderen Bonanza-Augenblick aufgegangen, als sie gemeinsam durch die Gänge marschierten. Seite an Seite, Vater neben Sohn. Mann neben Mann.

Und dann ist es passiert. Selbst heute noch, fast ein Jahr später, kann Franz die Kälte spüren, die ihn beim Hinuntersteigen in den Keller plötzlich zu umfangen schien. Und das war nicht diese typische unterirdische Kälte, wie in einem Kellerstöckel. Das ist eine Frostigkeit gewesen, wie sie einen in den seltenen Momenten manchmal überkommt, wenn man spürt, dass etwas nicht in

Ordnung ist. Als würde sich ein schmaler Riss zwischen den Welten auftun, um etwas zutiefst Böses in die Wirklichkeit hereinzulassen.

Franz erinnert sich, wie der Vater mit jeder Stufe unter die Erde langsamer wird. Sein Knie, denkt er zunächst, der Alte hat es wieder mit dem Knie. Aber es ist nicht das Knie und auch nicht das diffuse Licht, das den Vater zögern lässt. Es ist etwas, das Franz erst benennen kann, als sie ans Ende des Kellerganges gelangen. Angst. Wildes Entsetzen ist es, das ihm aus den Augen seines Pa entgegenblickt, als der vor einer roten Stahltür stehenbleibt und mit schwerfälliger Langsamkeit nach dem Schlüsselring an seinem Gürtel greift. Ohne hinzusehen, den starren Blick nur auf die Tür gerichtet, findet er den richtigen Schlüssel. Steckt ihn ins Schloss und dreht ihn dreimal um, bis ein lautes Klicken zu vernehmen ist. Und wie auf ein Kommando, wie auf ein geheimes Codewort hin, erwacht der Vater bei dem Geräusch aus seiner zombiehaften Langsamkeit und stemmt sich gegen die Tür. „Der Bunker. Bleib in meiner Nähe. Fass nichts an!" Seine Stimme – ein ersticktes Krächzen, das fast so klingt wie die raunzenden Federn am Lattenrost.

Franz hat es ins inzwischen ins Vorzimmer geschafft. Schleicht zur Garderobe, sieht im fahlen Flurlicht die Schlüssel am Hosengurt des Vaters hängen. Jetzt schon läuft ihm ein aufgeregter Schauer den Rücken hinunter bis in die Pyjamahose, wenn er sich vorstellt, dass einer davon passen könnte. In Gedanken ist er schon im Bunker und sieht sich vor dem geheimnisvollen Metallschrank stehen. Nur, diesmal hält ihn keiner auf. Es ist die Nacht der Nächte. Die Nacht, in der er das Ding knacken wird.

Franz ist kein junger Cowboy mehr, sondern die Hauptfigur in einem dieser Endzeitfilme, als er hinter dem Vater durch die erste, mit weißen Kacheln verflieste Schleuse geht. Vorbei an einer

Duschvorrichtung in einen zweiten Gang, der vor einer weiteren Stahltür endet. Diese ist grau und mit fünf mächtigen Riegeln gesichert. Während sich der Vater an den Schiebern zu schaffen macht, hat er Gelegenheit, das Werkzeug zu bestaunen, das an der Wand neben der Tür in Metallschlaufen befestig ist. Genau weiß er nicht, wozu es im Notfall gut sein mag, aber der Anblick von Vorschlaghammer, Stemmeisen und Äxten genügt, um sich lebhaft vorzustellen, wie das Leben nach einem atomaren Bombenangriff hier unten aussehen muss. Traurige Gestalten. Ausgehungert. Krank. Halb blind vom künstlichen Licht, teils wahnsinnig vor Angst. Schreiend, jammernd, weinend. Bereit, im Notfall auch zu töten, um zu überleben an der Oberfläche einer Welt, von der keiner weiß, ob sie noch dieselbe ist.
Der Raum, in den er dem Vater dann nachfolgt, ist breiter. Gute zweieinhalb Meter hoch und zweigeteilt. Im vorderen Bereich befinden sich Pritschen an den Wänden. An die dreißig müssen es sein, immer drei übereinander, wie die Betten im Jugendfreunde-Lager. Darauf jeweils eine raue Wolldecke und ein Schlafsack, akkurat gefaltet und offenbar aus Militärbeständen. Sie sind olivgrün oder grau und tragen das Emblem des österreichischen Bundesadlers. An den Wänden, die in den hinteren Raum führen, sind ausklappbare Tische befestigt, Sitzbänke und Schränke und offene Regale, die teils bis zur Decke reichen. Sie sind vollgestapelt mit allen möglichen Dosen, Gläsern und Konserven. Erbsen, Linsen, Tomaten, Bohnen, Gulasch, Milchpulver, Instant-Kaffee, Tee, Kondensmilch, Ei-Ersatz und Nudeln … Franz geht das Herz auf beim Anblick all der Köstlichkeiten. Mit wachsender Faszination schreitet er die Reihen ab und entdeckt auf den weiteren Ablagen Medizinkoffer und Medikamentenschachteln mit der Aufschrift *Jodtabletten*. Batterien und Taschenlampen gibt es hier, ja sogar ein CB-Funkgerät, wie sein Opa eines im Kabinett stehen hatte. Die Regalreihe endet an der Stelle, wo eine unverputzte Wand den Bunker teilt. Das Licht reicht nicht aus, um zu erkennen, was sich dahinter noch befindet. Franz weiß, er darf nichts

anfassen, aber seine Neugier ist übermächtig. Aller Gehorsam ist dahin, wenn er sich vorstellt, dort im Dunkeln, nur ein paar Schritte entfernt, könnten noch alte Waffen lagern – Gewehre, Pistolen, Gasmasken, Kisten voller Handgranaten. So groß ist seine Aufregung, dass ihn nicht einmal die Angst vor der zu erwartenden Bestrafung zögern lässt, als er sich im nächsten Augenblick eine der Armeelampen greift und sich damit um die Trennwand und aus dem Sichtfeld des Vaters drückt.

Die Innenflächen seiner Hände sind nassgeschwitzt, als er mit wild klopfendem Herz den Schalter der Lampe nach vorne schiebt. Sie funktioniert. Franz kann sein Glück nicht fassen, wird aber gleich darauf enttäuscht. Denn das Einzige, was er im Lichtkegel erkennen kann, sind fünf Duschparzellen auf der linken und noch einmal so viele Klokabinen auf der rechten Seite des Raumes. An der Wand ihm gegenüber steht ein klobiges Gerät, das er beim Nähertreten als einfachen, aber gut erhaltenen Generator erkennt. Daneben ein Metallschrank, ein Turm von Wasserkanistern und fünf Plastiksäcke, vollgestopft mit noch mehr Decken. In der Hoffnung, vielleicht doch noch ein paar Waffen zu finden, rüttelt er vorsichtig am Vorhängeschloss des Schrankes, doch da rührt sich nichts. Nicht einmal die Tür bewegt sich als er, die Lampe unter die Achsel geklemmt, mit beiden Händen an den Griffen zieht. Aber Franz will noch nicht aufgeben. Es muss einen Grund haben, dass der verdammte Spind so gut verriegelt ist. Fest entschlossen, hinter das Geheimnis zu kommen, drückt er sich an die kühle Mauer, um den Spalt zwischen Schrankrückseite und Wand zu untersuchen. Beide Kanten leuchtet er entlang, erst auf der einen, dann auf der anderen Seite, von oben nach unten, und dann wieder hoch, aber da ist kein Zwischenraum zu erkennen. Nicht die kleinste Ritze. Als wäre der Schrank in die Mauer betoniert. Aber wer sollte sich die Mühe machen? Und warum? Weiter kommt er nicht mit den Gedanken, denn im selben Moment lässt ihn ein erstickter Laut mit einem Ruck herumfahren. Die schwere Lampe fällt ihm aus der Hand und landet mit einem dumpfen

Schlag auf dem Betonboden. Rollt weiter. Weiter und weiter, bis sie endlich stillsteht. Als er sieht, was sie aufgehalten hat, weiß Franz, dass er in schlimmen Schwierigkeiten steckt. Langsam löst er den Blick von den abgewetzten Arbeitsschuhen im Lichtkegel auf dem Boden und bereitet sich auf ein gewaltiges Donnerwetter vor.

Das Donnerwetter war ausgeblieben, aber die Spannung, während sie nach oben stiegen, war kaum zu ertragen gewesen und schien mit jedem ihrer Schritte zuzunehmen. Erst als ihn der Vater auf der letzten Treppenstufe ohne Vorwarnung am Kragen packte, ist Franz klar geworden, wie sehr er die Bestrafung mit jeder Faser seines Körpers herbeigesehnt hat. Aber auch diesmal hatte er sich geirrt. Er war auf eine Standpauke gefasst gewesen, eine Ohrfeige vielleicht. Mindestens einen Klaps auf den Hinterkopf hatte er erwartet für seinen Ungehorsam. Nicht aber das wütende Entsetzen in den Augen des Vaters, als dieser sich so nahe zu ihm herunterbeugte, dass sich ihre Nasenspitzen fast berührten.

„Der Krieg ist kein Spiel. Er ist bitterer Ernst. Schlimmer und grausamer als alles, was du dir nur vorstellen kannst. Er verdirbt die Menschen, treibt sie in Armut, Trauer und manchmal auch zum Wahnsinn. Dieser Bunker ist ab heute für dich tabu. Wenn ich dich noch einmal hier erwische, dann schmeckst du meinen Gürtel. Verstehst du das, Bub?"

Bei den letzten Worten hatte der Vater seinen Griff gelockert, aber Franz erinnert sich, dass es vor allem die panische Angst in der Stimme seines alten Herrn gewesen ist, die ihm weiterhin die Luft abschnürte. Ja, er hatte verstanden. Der Krieg ist eine schlimme Sache. Ein Bruder seiner Mutter ist im Krieg geblieben. Erschossen irgendwo in Russland, wo es so kalt ist, dass man sich beim Pinkeln fast den Schwanz abfriert. Sie reden nicht über den Onkel, weil es sie traurig macht. Nur die Oma hat ab und zu von ihm gesprochen, wenn sie ein paar Schnäpse intus hatte. Dann waren ihre Augen trüb und wässrig, wie bei einer tausend Jahre alten Kröte, und sie hat zu erzählen begonnen von den Kämpfen und den Lagern und den vielen Toten und dem Mann, den sie *den großen Lügner* nannte. Was das aber mit dem Bunker zu tun haben soll und mit seiner eigenen kleinen Schnüfflerei, bleibt dem Franz ein Rätsel.

Der Vater jedenfalls hat ihn seitdem nie wieder mit hinunter genommen. Er hat ihn damals nicht geschlagen. Auch später nicht, und bisher hatte die Angst vor der schmerzhaften Begegnung mit dem schweinsledernen Gürtel genügt, um sich an die Bunker-Regel zu halten. Bisher hatte Franz der Versuchung widerstehen können, sich einfach den Schlüsselring zu schnappen, um die begonnene Expedition zu Ende zu bringen. In letzter Zeit aber spürt er immer stärker, wie ihn die Macht des Verbotenen hinunter in den Keller lockt. Wie es einen Nagel zum Magneten zieht, eine Kompassnadel zum Nordpol und die Wassermassen der Ozeane hin zum Mond, fühlt er sich angezogen von dem Schlüsselbund, der in der Garderobe hinterm Eingang hängt. Ausgerechnet an dem Gegenstand, vor dem er sich am meisten in die Hosen macht. Dem braunen Ledergurt des Vaters.

Inwieweit es ebenfalls mit dem Mond zu tun haben mag, dass er gerade heute Nacht alle Vorsicht fahren lässt, darüber denkt Franz nicht nach. Nicht jetzt, wo er so nah dran ist, das Bunkergeheimnis zu lösen. Immer noch starrt er auf die Schlüssel. Es sind zweiundzwanzig, er hat sie gezählt. Ein jeder hat sein Gegenstück an Klassentüren, Zeichensaal, Turnhalle und Werkraum, Kästen, Schränken, Truhen und Laden vom Keller bis hinauf zum Dachgeschoß. Von einigen weiß er, in welches Schloss sie passen, ein paar der kleineren sind Reserveschlüssel für die Lehrer (manche der Pauker sind schon ziemlich alt und vergesslich, da hilft der Vater gerne aus). Ob der Schlüssel zu dem Vorhängeschloss am Spind dabei ist, weiß Franz nicht, aber es gibt nur einen Weg, das herauszufinden. Er stellt sich auf die Zehenspitzen. Zuckt zusammen, als er seine Knöchel knacken hört. Ein Geräusch wie ein Peitschenschlag. Er lauscht – Stille. Nur ein gelegentliches Stöhnen aus den Wasserrohren ist zu hören und das statische Surren des Fernsehers. Die Eltern in der Küche haben nichts bemerkt. Also weiter. Beide Hände legt er um die Schlüssel, damit sie nicht aneinander klimpern, während er den Ring vom Gürtel hebt. Das war's. Geschafft. Leichter als gedacht. Trotzdem hält er für einige Sekunden den Atem an und wartet, aber es bleibt mucksmäuschenstill in der Schulwartwohnung.

Nur der schemenhafte Umriss im Garderobenspiegel ist Zeuge, als ein rundlicher, kleiner Bursche in einem froschgrünen Pyjama den Riegel der Eingangstür zur Seite schiebt und durch den Spalt in der Tür nach draußen schlüpft. Und dann steht er endlich in der Halle. Und wäre dort jemand gewesen, der ihn hätte sehen können, der hätte keinen kleinen Buben gesehen. Keinen Elfjährigen, der sich nachts heimlich davonstehlen muss, sondern einen großen Abenteurer. Einen Mann mit Mission. Genau so fühlt sich Franz, als er barfüßig über den kalten Gang zur Kellertreppe huscht. Er ist ein Held. Ist Christopher Columbus, ist Neil Armstrong bei seinem ersten Schritt auf dem Mond. Ist Sir Oliver Lindenbrook auf seiner Reise zum Mittelpunkt der Erde.

Es ist nicht die Apollo 11 oder gar die Santa Maria, auf der er sich befindet, als er die Augen öffnet. Und obwohl von der Narkose immer noch benebelt, weiß Franz Uhl mit ziemlicher Sicherheit, dass es auch nicht das sagenumwobene Atlantis ist, in dem er die letzten drei Stunden verbracht hat, sondern ein OP-Saal im Landeskrankenhaus Bad Hoffning, wo ihm soeben ein komplette Kniegelenksprothese eingesetzt wurde. Der Gedanke daran, dass nun ein Teil seines Körpers aus Titan und Kunststoff besteht, ist gewöhnungsbedürftig, er fühlt sich schlapp und leicht daneben. Unrund wie ein Kind, das nach seinem unfreiwilligen Mittagsschlaf erwacht mit dem Gefühl, die Party der Erwachsenen verpasst zu haben. Was ihn im Moment allerdings noch mehr beschäftigt als die diffuse Ohnmacht, ist sein Traum. Und wie ihm ein derart einschneidendes Erlebnis aus der Kindheit einfach so abhandenkommen konnte. Denn Eines steht fest: Was er da gesehen hat, was da hinter seinen Lidern abgelaufen ist wie ein Farbfilm, während die resche Matrone, die sich ihm als Orthopädin vorgestellt hat, an seinem Knie zugange war, das ist nicht bloß eine besonders rege Narkosefantasie gewesen. Das war ein Blick in die Vergangenheit. Eine verlorene Erinnerung, die sich über all die Jahrzehnte hinweg in seinen grauen Zellen versteckt gehalten hat. Um ihm was zu ersparen? Schmerz, Enttäuschung, Scham? Franz Uhl hat schon davon gehört, dass es Momente gibt, traumatische Momente, in denen das Gedächtnis die Kontrolle übernimmt, wenn die Seele mit einer Erinnerung nicht fertig wird. Also sperrt es die bösen Bilder weg und tut, als wäre nichts passiert, damit der Mensch sein Leben in Ruhe weiterleben kann. Nur wenn der Mensch (in diesem Falle er selbst) sich manchmal doch erinnert, dann ist das eben Pech. Oder auch Glück. Je nachdem wahrscheinlich, wie groß die Bereitschaft ist, in dem Seelenmüll herumzugraben, der sich im Laufe eines Lebens so anhäuft.

Aber für ihn ist das nichts. Die Dinge sind gut so, wie sie sind. Er wird die Erinnerung so rasch wie möglich wieder dahin verdrängen, von wo sie hergekommen ist. Wenn es wirklich etwas geben sollte, das er aufarbeiten muss, dann kann er das genauso gut im Schlaf erledigen. Und so wird er es auch machen. Schlafen und dann aufwachen und die seltsame Geschichte vergessen haben.

Er sieht den ersten Hieb nicht kommen. Sieht gar nichts, außer das schwarze Viereck in der Mauer, an dessen Stelle sich eigentlich die Rückwand des Metallspindes befinden sollte. Er zittert. Zittert so stark, dass die Schlüssel am Ring in seiner Hand klimpern wie die Schellen am Röckchen des unsympathischen Fernsehkasperls. Bebt vor wohlig-schauriger Erregung und wegen der kalten Luft, die ihm aus dem Loch in der Wand entgegenschlägt und durch die Ärmel unter den Pyjama kriecht. Und hört nicht das Geräusch der über den Betonboden schleifenden Bunkertür draußen vor der Schleuse. Hört weder die eilig herannahenden Schritte von schweren Arbeitsschuhen noch den verhaltenen Schrei, als sie nur wenige Meter hinter ihm zum Stillstand kommen. Hört nichts, sieht nichts, nimmt auch sonst nichts wahr um sich herum, bis ihn ein furchtbares Brennen am rechten Ohr herumfahren lässt. Und dann sind es nicht mehr Aufgeregtheit und Erstaunen, sondern die Schmerzen, die dafür sorgen, dass dem Buben Hören und Sehen vergeht. Der erste Schlag trifft ihn an der Stelle zwischen Ohr und Schlüsselbein, der zweite an der Brust. Bis der Vater ihn sich packen, bis er ihn an sich reißen und übers Knie beugen kann, hat er in seinem verzweifelten Zorn so oft mit dem Gürtel auf ihn eingeschlagen, dass ihn schon beim fünften Streich auf den dicken, weißen Hintern alle Kraft verlässt. Und er keuchend neben ihm zusammensinkt.

Am frühen Abend (Franz hat noch ein wenig schlafen können, fühlt sich aber angesichts der neusten Heimsuchung aus der Vergangenheit alles andere als ausgeruht) kommt eine kleine zarte Vietnamesin mit Topffrisur ins Krankenzimmer und verpasst ihm ein Zäpfchen gegen die Schmerzen. Franz schämt sich in Grund und Boden, als sie ihre (proportional zum Gesamterscheinungsbild ungewöhnlich große) Hand in einen Latexhandschuh zwängt, und ihn auffordert, sich herumzudrehen. Verdammte Schlucksperre! Die hat ihn schon als Kind würgen lassen, wenn die Mutter den Löffel für den Lebertran nur in die Hand genommen hat. Bei all den Fortschritten in der medizinischen Forschung, muss man sich wirklich fragen, wieso es noch Tabletten und Zäpfchen gibt. Was spricht gegen Schmerzmittel in Dicksaftform? Mit Himbeergeschmack zum Beispiel? Oder besser noch, Johannisbeere mit Zitrone?

Aber es hilft ja nichts, sagt sich der Schulwart. Das Knie, das nicht sein eigenes ist, fühlt sich an, als wären darin tausend kleine

Männchen mit winzigen Meißeln und Hämmerchen zugange, und ganz nebenbei melden sich vom vielen Liegen auch die Bandscheiben wieder. Und wozu leiden? Nachdem er sich unter dem ausdruckslosen Blick der Krankenschwester mit geschätzten zwei Litern ungesüßtem Früchtetee vollgeschwabbelt hat und die Schmerztablette immer noch am hinteren Gaumen klebt, ist der Weg durch die Hintertür der einzige. Bleibt nur zu hoffen, dass er bei seiner Aversion gegen die Bettpfanne in den nächsten Tagen nicht auch noch eine chronische Verstopfung entwickelt, sonst kommen ihm die ganzen Zäpfchen irgendwann zum Hals heraus.

Was die Darmentleerung im Beisein zweiter Personen betrifft, so merkt der Schulwart aber gleich, dass er sich keine Hemmungen erlauben darf. Der Übergenuss von grausigem Tee macht sich bereits in einem Ausmaß bemerkbar, bei dem schon der flüchtige Gedanke an das Brunnenrauschen im Park ein Malheur auslösen kann. Durch die vorangegangene Penetration seiner Würde bereits beraubt, bittet er die Schwester um die Leibschüssel, blickt starr aus dem Fenster und lässt rinnen. Es hat etwas Kontemplatives, wie er da liegt und in den Sonnenuntergang schaut, während das zögerliche Plätschern in ein gebirgsbachartiges Tosen übergeht. Und so dauert es nicht lange, bis Franz Uhl gedanklich wieder in die Tiefen seines Unterbewusstseins abtaucht.

Dort sind die harten Schläge auf Brust und Rücken und das Hinterteil derart real, dass er ein paar Male unmerklich zusammenzuckt. Das Verhältnis zum Vater, wenn auch stets von Respekt geprägt, war kein schlechtes gewesen in der folgenden Zeit seiner Jugend. Als sich herauskristallisiert hat, dass seinem Buben das Praktische mehr liegt als das ganze Deklinieren, Konjugieren und Abstrahieren und das Studieren überhaupt, hatte er einer Zimmermannslehre zugestimmt und ihn unter seine Fittiche genommen. Zusammen haben sie das Schulhaus auf Vordermann gebracht. Waren ein gutes Team, bis er plötzlich nicht mehr da gewesen ist, sein alter Herr.

Nach dem Lehrabschluss beim Schreiner Steiner kam die erste eigene Wohnung mit dem Aushilfsjob im Sägewerk, dann die Jahre auf dem Bau. Später war Franz auf Montage in halb Europa unterwegs. Das alles hat sich so ergeben, und er hätte kein anderes Leben haben wollen. Was er sich aber nie verzeihen wird ist, dass er nicht bei seinem Vater war, als der Liebe Gott ihn zu sich holte. Nur ein Jahr vor der wohlverdienten Pension hat Franz Uhl Senior an einem ungewöhnlich heißen Tag Ende April mit dem Besen in der Hand der Schlag getroffen, während sich sein Sohn irgendwo an der Küste Süditaliens als Schiffsbauer versuchte.

Bis Franz sich zutraut, das berufliche Erbe anzutreten, ist auch die Mutter tot – gestorben an gebrochenem Herzen. Die Schulwartwohnung gibt es nicht mehr, sieben inkompetente Ersatzschulwarte haben das Gebäude so weit verkommen lassen, dass sich seine Augen mit Tränen füllen, als er zum ersten Mal nach über zwanzig Jahren wieder durch die Gänge streift. Zum ersten Mal seit langer Zeit steigt er auch wieder hinunter in den Bunker und ist verwundert, dass er kaum Erinnerungen an den Raum hat, der mittlerweile als Rumpelkammer dient. Mit dem Ende des Kalten Krieges hat er seinen Zweck verwirkt. Im Gegensatz zu den Dingen aber, die sich darin stapeln, nie erfüllt. Das meiste von dem Zeug wird Franz in den folgenden Jahren entsorgt haben, um neuen Platz zu schaffen für die Relikte kommender Generationen. Was bleibt, sind lediglich die angeschraubten Pritschen und Regale und Apparaturen für den Notfall. Und ein verplombter Metallspind an der Wand, zu dem es weder Schloss noch Schlüssel gibt.

Es war Mimi, die ihn dazu ermuntert hat, sich zu bewerben, als die Stelle von der Gemeinde neu ausgeschrieben wurde. Mimi, die sich aufopfernd um ihn gekümmert hat nach dem Tod der Eltern. Die immer noch für ihn da ist, Tag und Nacht, obwohl sie längst erwachsen sind.

Und auch jetzt, wie kann es anders sein, ist es wieder Mimi, die sich herein ins Krankenzimmer schiebt, mit prall gefüllter

Tasche um die Schulter, und ihm eine Kusshand zuwirft. Bis die Vietnamesin mit der vollen Bettpfanne endlich aus dem Zimmer ist, vergehen ein paar Minuten. Es gibt da plötzlich so vieles, was Franz wissen möchte. Was er Mimi fragen muss, um zu verstehen, was den Vater damals in der Käsemondnacht so in Wut versetzte, dass er ihn fast totgeprügelt hätte.

Aber als er endlich die Gelegenheit dazu hat, als Mimi endlich bei ihm sitzt und ihn an den dicken Busen drückt, dass ihm beinahe die Luft wegbleibt, haben all die Fragen mit einem Schlag an Dringlichkeit verloren. Mit dem ihr so eigenen Eifer der fürsorglichen Hausfrau und Schwester zieht sie einen Kranz Selchwürste aus der Tasche, gefolgt von Brot und Schimmelkäse in Stanniolpapier und einem Gläschen Essiggurken. Und zwei Tafeln Schokolade. Und einer Flasche von ihrem selbst angesetzten Hollersaft, den er auch unverdünnt so gerne trinkt. Während Franz beobachtet, wie sie die Köstlichkeiten Stück für Stück in den Laden seines Nachtkästchens verschwinden lässt, erfasst ihn unwillkürlich eine mächtige Welle der Zuneigung. Eine Wärme, die ihm vom Bauch nach oben zum Herzen strömt und bis hinauf in seine Kehle, sodass er hart schlucken muss, um nicht gleich loszuheulen vor lauter Dankbarkeit und Liebe. Was für eine gute Seele sie doch ist, seine Mimi. Mit einem Mal ist er einfach nur glücklich. Ist er froh, dass sie beisammen sind. Lässt er sich herzen, lässt es sich gefallen, dass sie ihm die Polster aufschüttelt und ein wenig schimpft, weil er so wenig auf sich Acht gibt. Lauscht dem Schwall ihrer Worte, die wie ein warmer Sommerregen auf ihn niederprasseln, nickt zu den Genesungswünschen von allen möglichen Leuten, deren Namen ihm nichts sagen, und grunzt bei der Erwähnung Tonis, der wegen der bevorstehenden Eröffnung des städtischen Freibades angeblich alle Hände voll zu tun hat, aber seine Grüße schickt.

Als Mimi geht, ist es bereits dunkel. Bei den Krankenschwestern war Schichtwechsel und jetzt ist es die magere Ungarin mit den langen Fingernägeln, die ihm seinen Tee bringt. Zäpfchen gibt es heute keine mehr. Franz ist so erschöpft, dass er beinahe augenblicklich einschläft. Nur ein Gedanke geht ihm durch den Kopf, bevor er hinübergleitet in den süßen Zustand traumloser Unbeschwertheit. Er muss mit Matthias Sommer sprechen. Muss ihn nach dem Spind fragen. Wenn der Metallschrank noch im Bunker steht, dann will er sein Geheimnis kennen.

Sie versucht, gegen die Schmerzen anzuatmen, tief und gleichmäßig. Zählt die Risse an der Wand. Glaubt, sie muss sterben, als der Schmerz im Unterleib fast unerträglich wird. In drei Tagen ist Vollmond, da fängt es immer an. Und sie hasst es. Hasst es, dass sie dreizehn ist. Hasst es, dass sie mit dem Franz immer noch im selben Zimmer schläft. Die kleine Ratte! Ständig muss sie auf ihn aufpassen, denn die Eltern geben ihr die Schuld, wenn er wieder Blödsinn macht. Seit sie umgezogen sind, zählt sie beim Vater überhaupt nichts mehr. Wenn sie in der Hauptschule gute Noten schreibt, heißt es nur, „brav, Mädel. Fleißig warst", und die Sache ist vergessen. Man stellt keine besonders hohen Erwartungen an sie, und das tut weh.

Wieder das Ziehen im Bauch. Vor ihr die Wand, hinter ihr der kleine Bruder. Unruhig schnaufend. Er kann die Kraft des Mondes ebenfalls spüren, aber nicht annähernd so schmerzhaft wie sie selbst. Nicht als fiesen Krampf in Bauch, nicht als Vorankündigung von tagelangem Unwohlsein, grundloser Traurigkeit und Scham. Es ist einfach ungerecht. So ungerecht, dass sie es ihm irgendwie heimzahlen wird. Sie muss nur auf die passende Gelegenheit warten.

Und die kommt früher, als erhofft, denn nur ein paar Minuten später hört sie das Knarzen rostiger Bettfedern, gefolgt von der Art Stille, wie sie entsteht, wenn jemand im Raum die Luft anhält. Dann leise Schritte, taps, taps, taps, in Richtung Zimmertür und ein leichter Luftzug von draußen aus dem Gang herein. Minutenlang nichts. Dann wieder ganz deutlich das Geräusch des Riegels an der Eingangstür. Mimi zählt bis dreiundzwanzig, bevor sie sich herumwälzt und zum Bett des Bruders sieht. Bei siebenunddreißig ist sie auf den Beinen, bei vierzig draußen auf dem Flur. Dreiundfünfzig, vierundfünfzig, fünfundfünfzig, und sie stößt die Tür zur Küche auf. Sechsundsechzig, siebenundsechzig, achtundsechzig ... Mimi rüttelt den Vater an den Schultern wach und erzählt ihm, was er wissen sollte. Beobachtet zufrieden, wie er auf den Flur hinausgeht und sich die Arbeitshosen überzieht. Bis auch die Mutter merkt, was los ist und verschlafen neben ihnen steht, hat er seinen Ledergürtel in der Hand und stürmt mit Tränen in den Augen zur Tür hinaus.

Breit wie der gottverdammte Amazonas

Obwohl er nun schon seit über zehn Jahren im Dienst ist, überrascht es Matthias immer wieder aufs Neue, mit welchem Wahnsinnstempo das Schuljahr ab Ostern dem Ende entgegen rast. Die Graber Rosi, mit der er gerade im *Shape* durch die Glastrennscheiben einem Haufen Vierzehnjähriger beim Circle-Training zusieht, hat ihre eigene Theorie dazu. Immer wieder schafft sie es, die Dinge auf den Punkt zu bringen, ohne als Klugscheißerin daherzukommen. Und so erscheint ihm auch ihr Beschreibungsmodell für das kurios differenzierte Zeitempfinden zwischen September und Juli durchaus plausibel.

„Schau, Hiasi ...", erklärt sie ihm an der Erfrischungsbar, während ihnen die knackige Ekaterina Eiweißdrinks mit Vanillegeschmack über die Theke schiebt. „Schau, ich bin ja jetzt doch schon ziemlich lange im Geschäft, und ich sehe das so. Bis Weihnachten ist die Schule vergleichbar mit einem Marathonlauf, bei dem du gegen lauter Sprinter rennst. Du weißt, dass du verdammt lange durchhalten musst, also fängst du gemächlich an. In der Phase heißt es, ja nicht hetzen lassen, auch wenn die Mitläufer, einer nach dem anderen, an dir vorbeiziehen. Du musst nur drauf schauen, dass du dein eigenes Tempo rennst und die ersten paar Kilometer irgendwie dabeibleibst, denn früher oder später geht den anderen die Luft aus, und dann rennst du an den Schnellstartern vorbei und lächelst. Schau auf deine Pulsfrequenz, dann hast du zum Schluss genügend Puste für den Endspurt und gewinnst den Scheiß!"

Obwohl es wirklich ein schönes Bild ist, das die Rosi ihm da zeichnet, während sie ihrem Strohröhrl unanständige Geräusche entlockt, sieht sich Matthias im Vergleich immer noch als Amateur. Gelassenheit und Selbstvertrauen sind Eigenschaften, die mit der Erfahrung und dem Alter kommen. Und wie soll er sich darauf konzentrieren, wenn er zeitweise nicht einmal weiß, ob er gerade einen Marathon, einen Hürdenlauf oder den Iron Man bestreitet? Zudem hat er nicht verstanden, wozu er überhaupt durchs Ziel laufen soll, wenn er die letzten paar Meter auch gemütlich dahin spazieren könnte. Bis Jahresende nämlich, und genau da beginnt die sportliche Analogie der Rosi zu humpeln, bis Jahresende sind die meisten Kollegen wieder fit, und dann wird noch einmal neu durchgestartet, als ginge es um Olympiagold. Schon wieder jagt ein Projekt das andere und überall hängt er irgendwie mit drin. Die Notengebung ist fast abgeschlossen, trotzdem sind noch einige Entscheidungsprüfungen ausständig, und dann dürfte immer noch mit Einsprüchen zu rechnen sein. Der Druck durch die neue, selbstbewusste Elterngeneration ist enorm. Seit das Unterrichtsministerium auf die totale Transparenz setzt, und sich die Medien mit ständig neuen Kompetenzmodellen und Pisa-Standards auf die Bildungsschiene eingeschossen haben, meint jeder, er hätte etwas mitzureden, wenn es um das *Thema Schule* geht. Selbst das Volksschulzeugnis, dieser in seiner Pergamentartigkeit fast schon heilig anmutende gelbe Bogen Papier, ist nicht mehr, was es einmal war. Wo früher die geliebte Klassenlehrerin in ihrer schönsten Schnörkelschrift mit echter Tinte Noten hin gemalt hat, stehen heute nichtssagende Smileys, Haken oder Wellen hinter geschraubten Worthülsen, die ebenso unpersönlich daherkommen, wie das weiße Papier, auf das sie gedruckt sind.

Wie sehr ihn der Verlust der alten Werte und Gepflogenheiten nicht nur ärgert, sondern im Hinblick auf die eigene verlorene Kindheit melancholisch stimmt, wird Matthias klar, wenn er sich daran erinnert, wie er mit seinen Freunden jedes Jahr nach Zeugnisverteilung gleich hinunter ist zum *Sporthaus Pilz*, wo es für zehn *Sehr Gut* ein Gratis-Stirnband gab, später eine Disney-Badetasche und einmal sogar einen ganz passablen Fußball in Schwarz-Weiß. Schwarz und Weiß, mit zweiunddreißig Lederecken, so einfach waren die Bälle damals, und Schwarz und Weiß und einfach war auch die Welt, in der er und seine Freunde aufgewachsen sind. Und irgendwann ist diese einfache Bubenwelt zerbrochen und alles furchtbar kompliziert geworden. Der Zerfall Jugoslawiens, Mauersturz in Berlin, Tschernobyl, die Fußball WM in Italien, das Comeback von Thomas Muster, die ersten Handys, EU-Beitritt, das Internet, Konflikte in Irak und Kuwait, Kriege auf der ganzen Welt. Österreich im Schwarz-Blauen Trauerkleid, 9/11, Offensive gegen Afghanistan, wenig später der Tsunami ... Das alles hat Matthias seitdem miterlebt. Mehr oder weniger interessiert, schockiert oder begeistert hat er diese Meilensteine der Geschichte auch verfolgt. Sie alle haben ihr Datum, es gibt Millionen von Artikeln darüber und wahrscheinlich hundertmal so viele Links zu entsprechendem Videomaterial. Die globalen Veränderungen sind nachvollziehbar. Sind wissenschaftlich, chronologisch, politologisch, psychologisch dokumentiert, digitalisiert, manipuliert, verifiziert und bis ins kleineste Detail analysiert worden. Kompliziert oder klar verständlich formuliert, sind sie für jedermann zu jeder Zeit zugänglich.

Die Antwort auf die Frage aber, wann und wie sich die Veränderungen im Kleinen vollzogen haben, und inwieweit man auch zulässt, dass sie in die Zukunft reichen, liegen irgendwo in der Unendlichkeit des eigenen Mikrokosmos, den zu ergründen einer lebenslangen und, auf weiten Strecken, einsamen Mission gleichkommt.

Matthias befindet sich in jenem Stadium seiner Mission, in dem gerade alles auf Stillstand zeigt. Mit Zero Gravity schwebt er durch sein Miniversum und weiß nicht, wie es weiter gehen soll. Was ist mit ihm passiert während der letzten zwanzig, dreißig Jahre, in denen er zu Songs von *WHAM* und *DEPECHE MODE* aus seinen Jogging High erst in die Buffalos und später in die schweren Docks geschlüpft ist? Dann regelmäßig aus den Biker Boots gekippt zu *GUNS'N ROSES* und *METALLICA*? Oder in der Zeit davor? Mit dem Vater Schifahren lernen nebenan am Hausberg. Buchteln backen mit der Oma, mit dem Opa Wuchteln schießen. Beide begraben innerhalb nur eines Winters, viele Wuchteln und Buchteln später, als er siebzehn wird. Zwei Jahre darauf wird er Manu treffen, aber das weiß er da noch nicht. Er ist traurig. Zornig. Weint und tobt den ganzen Winter bis zum Frühling durch, kauft sich eine gelbe Vespa und hört auf zu lernen.

Während Matthias der Kollegin dabei zusieht, wie sie im Eiweiß-Rausch die Reste ihres Shakes vom Glasrand leckt, überkommt ihn plötzlich eine unfassbare Müdigkeit. Er versucht, dagegen anzukämpfen, aber da verschwimmt die Rosi auch schon mit dem *Shape* und sein Kopf sinkt auf die Theke.

„Hamsterrad."
„Was?", hört sich Matthias sagen, und findet, dass sich seine Stimme seltsam verzerrt anhört, als würde er in einen Kübel sprechen. Rundherum herrscht Dunkelheit, er hat keine Ahnung, wo er sich befindet.
„Hamsterrad, sag ich. Oder wenn du es weniger klischeehaft haben willst – Leistungsspirale." Es ist der schale Geruch von Bier und Zigaretten über einer nur allzu vertrauten Geräuschkulisse aus aufdringlichen Beats von Schlagermusik und Gegröle, der einen ersten schrecklichen Verdacht aufkeimen lässt, als Matthias realisiert, dass er mit dem Gesicht auf seinem Ellenbogen liegt. Langsam hebt er den Kopf und blinzelt mit einem Auge ins diffuse Kneipenlicht. Der Verdacht wird zu Gewissheit, als er auf der anderen Seite der Theke die pink-blaue Leuchtschrift erkennt, die diesem Alptraum seinen Namen gibt. Während der Mix aus Musik und Gejohle seinen kakophonischen Höhepunkt erreicht und sich in einem kollektiven *Who the fuck is Alice* entlädt, beschäftigt Matthias eine ganz andere Frage. Nämlich, what the fuck er hier zu suchen hat. Smokie wird von einem Wolfgang Petry-Medley abgelöst. *Hölle, Hölle, Hölle!* Wahnsinn, wie das wieder wie die Faust aufs Auge passt, geht es ihm durch den Kopf, aber erst als er sieht, in wessen Gesellschaft er gelandet ist, weiß Matthias, dass es wirklich nicht mehr schlimmer kommen kann.
„Ich will ja nicht klugscheißen, Herr Professor, aber so wie ich

das sehe, solltest du dir wirklich überlegen, ob du in dem Job bleiben willst. Ich meine, schau mich an. Die meisten da draußen halten mich für einen Spinner, aber ich kann mehr oder weniger tun und lassen, was ich will. Ich muss keinem was beweisen und kann mich jederzeit neu erfinden. Und das ist doch die einzig richtige Lebensweise, Mann. Sich selber treu zu bleiben." Matthias versteht nur die Hälfte von dem, was sein Gegenüber da vom Stapel lässt, aber das ist egal, denn wenn der Freund der Eder Susi erst ins Predigen geraten ist, geht es immer um dasselbe Thema. Normalerweise ist er auch immun dagegen, aber in der zwielichtigen Atmosphäre der *Frühbar* fällt es schwer, sich dem verbalen Fluidum des Elias zu entziehen. Der Typ redet wie aufgezogen auf ihn ein, und das mit einer Überzeugung, die einen glauben machen könnte, er habe tatsächlich etwas Besonderes zu sagen.

„Und das Beste daran ist, die Tussis stehen drauf, wenn sie merken, dass du mit dir im Reinen bist. Das ist wie ein Magnetfeld, Mann. Die fühlen sich von sowas angezogen wie die Fliegen vom Licht." Offenbar zufrieden mit dem Vergleich, greift Elias mit fahrigen Fingern nach Matthias' Zigaretten, zieht sich eine mit den Zähnen aus der Packung und klopft ihm grinsend auf die Schulter.

„'S aba keine Dussi, die S'sanne", hört sich Matthias sagen, im Nachklang der Worte selbst verwundert, warum er für die Eder hier Partei ergreift. Es wird ihm schlecht. Schlecht, wenn er sieht, wie der andere in sein Bier lächelt, als stünden auf dem Boden des Krügerls Weisheiten geschrieben, die nur ihm vorbehalten sind. Schlecht von den wummernden Bässen aus den Lautsprechern, schlecht vom Geruch der kalten Zigarettenstummel vor ihm auf der Theke.

Als er den Aschenbecher zur Seite schieben will, fällt sein Blick auf ein hellbraunes Lederband an seinem Handgelenk. Es sieht aus wie eines dieser Dinger, die man im Urlaub an der Oberen Adria in jedem zweiten Souvenirshop kriegt, und dann daheim noch eine Weile trägt, bis sie hässlich werden oder gemeinsam mit den

Erinnerungen an Müßiggang von selbst abfallen. Aber er ist schon lange nicht mehr am Meer gewesen. Das Lederarmband, das ihm Manu in ihrem letzten gemeinsamen Urlaub in Rovinj geschenkt hat, liegt irgendwo zu Hause bei den Eltern. Wie dieses hier auf seine Hand kommt, ist ihm ein absolutes Rätsel. Er will es abstreifen, aber seine Feinmotorik ist stark beeinträchtigt. Außerdem fühlt er einen unsichtbaren Gegenzug von unten, den er, mangels anderer physikalischer Begrifflichkeiten in seinem aktiven Wortschatz, der Schwerkraft zuschreibt. Und mit der Schwerkraft, das weiß er, legt man sich in seinem Zustand besser nicht an.

Inzwischen ist Elias aus den Tiefen seines Bierglases aufgetaucht und schließt nahtlos dort an, wo er seinen Sermon beendet hat. „Du musst das so sehen", schreit er ihm ins Ohr, um den erneut ansteigenden Geräuschpegel zu übertönen, „du bist dem verfluchten System nichts schuldig! Scheiß auf Leistungsdenken und Kommerz und den Globalisierungswahn. Scheiß auf die Regierung und die ganzen Verbrecher, Lügner und Betrüger. Fuck the Establishment! Go with the flow and jump the lines, Bruder! Ganz tief drinnen denkst du doch genau wie ich."

Als er ihm beim viel zu vertraulichen *Bruder* die rechte Hand um die Schulter legt, ist Matthias ganz froh, dass seine eigene immer noch in dem Lederband steckt, von dem inzwischen ein gehöriger Zug ausgeht. Am liebsten würde er dem Kerl eins aufs Maul hauen. Die Dinge hier so darzustellen, als wären sie sich nur ansatzweise ähnlich, ist eine Frechheit. Er mag ja durchaus nicht immer damit zufrieden sein, was ihm das Leben an Konvention und Zwängen auferlegt, aber er ist kein Arsch. Er ist kein Sozialschmarotzer und Frauenausnutzer und Blender, und bei allem Hadern in den letzten Jahren hat er sich nie aus der Verantwortung geschlichen. Und jetzt kommt dieser selbstgerechte Hobby-Hippie mit seinen inhaltsleeren, nach Hasch und ungewaschenen Haaren stinkenden Sprüchen und versucht ihm einzureden, sie wären die besten Seelenkumpels. Wahrscheinlich ist er selber schuld. Wahrscheinlich hat er sich im Laufe des Abends so viel Selbstmitleid angesoffen, dass er wieder einmal den Mund nicht halten konnte, und sich über seinen Job beschwert, und wer weiß, was sonst noch alles gefaselt hat. Dabei findet er promilleinduzierten Seelenstriptease in höchstem Grade peinlich und erniedrigend. Die Hosen aber herunterzulassen vor einem wie dem Elias, ist obendrein noch dumm. Wer weiß, was der Typ alles herumerzählt.

„I´m nothing like you!", kommt es aus seinem Mund, in dem es nach Tschick und Bier und mindestens drei Tequilas schmeckt. Er spricht in vielen Zungen, wenn er genug intus hat. Im Unterschied zu Französisch, Russisch und Spanisch allerdings, ist Englisch eine Sprache, die er tatsächlich ganz gut beherrscht. Endlich nimmt der andere die Hand von seiner Schulter und verschwindet im hinteren Teil der Bar, um seinem besten Freund die Hand zu schütteln, wie er sich ausdrückt. Angeekelt von dem heraufbeschworenen Bild, versucht sich Matthias wieder auf das Lederband zu konzentrieren, als eine aufdringliche Intro aus den Lautsprechern über der Theke den nächsten Mitgröler-Hit ankündigt, in dem der hässlichste Mützchenträger der deutsch-österreichischen Schlagerszene einen Spitzensong aus den Sechzigern verhunzt. Es ist einfach unglaublich, wie die Musikindustrie heutzutage vor gar nichts mehr zurückschreckt. Jedes Mal, wenn irgendein selbsternannten Musiker oder DJ wieder einen guten Oldie oder Klassiker gecovert hat, klingt es nach brutaler Vergewaltigung.

Dass es aber ausgerechnet der musikalische Missbrauch durch den Alpen-DJ ist, der ihn auf die Lösung des Armbandrätsels bringt, ist einer raschen Aneinanderreihung von Ereignissen zu verdanken, deren Auslöser sein linker Sitznachbar ist. Unerwartet reißt der junge Bursche verspätet zum Refrain die Arme hoch und verfällt in einen spasmischen Oberkörpertanz, wobei er dem deliriösen Sitznachbarn einen Barhocker weiter das Schnapsglas aus der Hand schlägt. Dieses wiederum landet direkt im Gesicht eines grobschlächtigen Skinheads. Der Glatzkopf fackelt nicht lange, holt aus, und schlägt zuerst dem einen, dann dem anderen Typen auf die Nase, woraufhin beide das Gleichgewicht verlieren.

Selbst wie durch ein kleines Wunder unbehelligt von dem surrealen Kampf, beobachtet Matthias, wie die beiden in Zeitlupe von ihren Hockern kippen, und reißt instinktiv sein Handgelenk zurück. Fühlt den Widerstand, hört empörtes Jaulen. Sieht im Geiste, wie sich am anderen Ende der Leine ein Karabiner in zarte Dackelhaut bohrt, zieht noch einmal an mit aller Kraft, und stößt sich den Ellenbogen an der Theke. Der Schmerz ist heftig, aber Matthias ignoriert ihn. Zu groß ist die Erleichterung darüber, dass der Gegenzug am anderen Ende der Leine nachlässt, kurz bevor die beiden schweren Körper auf den dreckig-klebrigen Linoleumboden stürzen. Genau an die Stelle, wo noch wenige hundertstel Sekunden zuvor die Hündin lag.

Als die betrunkenen Männer versuchen, wieder hochzukommen und der Tumult am Boden erst richtig losbricht, entdeckt Matthias das zitternde Fellbündel zu seinen Füßen. Überwältigt von Dankbarkeit und Reue, hebt er das zarte Wesen hoch und drückt es sanft an seine Brust. Streichelt immer wieder über das kleine braune Köpfchen und spricht ihm tausend Worte des Bedauerns in die Ohren. Obwohl sich Lady langsam zu beruhigen scheint, wird er von einer gigantischen Welle von Schuldgefühlen überspült. Es ist schlimm genug, dass er sich selbst nicht im Griff hat, aber dass er den armen Hund da mit hineinzieht …, dass seine Gedankenlosigkeit einem unschuldigen Tier beinahe das Leben gekostet hätte, das ist wirklich das Allerletzte. Verabscheuungswürdig. Der absolute Tiefpunkt in der Geschichte seiner moralischen Fehltritte.

Als habe ihn der Schock mit einem Schlag ernüchtert, steigen nach und nach die Bilder der letzten Stunden aus den alkoholgeschwängerten Nebelschwaden in seinem Hirn. Je mehr die Wolken sich zurückziehen, umso klarer werden die Eindrücke, umso rascher rücken sie an ihren Platz, bis sie einen chronologisch einigermaßen nachvollziehbaren Ablauf ergeben. Und es sind viele Bilder, denn der vergangene Tag war lang und schwer und voller Überraschungen. Besonders emotional hat er Matthias ganz schön zugesetzt, dieser Tag, der sich nun vor seinem inneren Auge noch einmal abspult wie ein Kurzfilm im Fast-Forward-Modus, während Bareinrichtung, Lärm und Rauch und Menschen rundherum zu einem Aquarell verschwimmen.

Zunächst sieht er sich beim Läuten aus dem Schulwartkammerl eilen. Die vielen Stiegen hinunter in den Bunker und dann zurück hinauf zum Fußballtraining drüben am Vereinsplatz, wo sich die Burschen ein Grinsen nicht verhalten können, als sie ihren Trainer mit einem Dackel an der Leine daherstolpern sehen. Und auch sonst macht er keinen besonders guten Eindruck. Er sieht müde aus, grau im Gesicht und unrasiert, die widerspenstigen Locken achtlos zu einem Pferdeschwanz gebunden, weil seit Wochen keine Zeit für einen Haarschnitt war.

Bis weit nach Mitternacht hat er herumgeschrieben an seiner Wettbewerbsgeschichte, die so weit fertig ist, aber gebessert, gekürzt, und dann noch einmal gebessert werden muss. Außerdem fehlt ihr noch ein Titel, und einige Formulierungen kommen noch recht steif daher. Andererseits hat er Angst, die Story könnte passagenweise zu pathetisch klingen. Dabei mag er sie. Mag sie sogar sehr. Hat den Text inzwischen derart lieb gewonnen, dass ihm bereits vor dem Abschluss graut, auf den er seit Wochen hinarbeitet. Aber die zwiespältigen Gefühle angesichts der nahenden Vollendung sind es nicht alleine, die Matthias zusetzen. Es ist die feuchte Hitze, die Tag und Nacht über Bad Hoffning hängt. Es ist der Notenschluss, es sind die Projekte und Veranstaltungen gegen Juli hin, die ihn rastlos machen. Zum Getriebenen. Und als ob das alles nicht genug wäre, hat er jetzt auch noch den Hund am Hals. Zudem hat ihm der Böck die volle Verantwortung für den Haberfellner Ernstl übertragen.

Gleich am Morgen nach dem Leitersturz, hat er Matthias zu sich in die Kanzlei geholt, und ihm eröffnet, dass er ihn für den Rest der Woche freistellen will, sofern er sich bereit erklärt, den Gemeindearbeiter in dieser Zeit entsprechend einzuschulen.

„Greifen Sie ihm halt ein bissel unter die Arme, habe ich mir gedacht. Weil Sie doch offenbar ganz gut sind mit dem Herrn Uhl und am besten wissen, was an Arbeiten zu tun ist." Der sanfte Unterton in der Stimme des Koalabären hätte Matthias Warnung genug sein müssen. Stattdessen ist er voll auf ihn hereingefallen. Hat sich wie ein kleiner Bub vom netten, älteren Onkel mit der Zuckerltüte ins Gebüsch locken lassen, obwohl die Mama ihn vor solchen Herren gewarnt hat. Als ihm sein Fehler klar geworden ist, war es bereits zu spät. Da hatte er die Hand schon ganz tief drinnen, im Süßigkeitensackerl des Onkel Böck. Der falsche Hund hatte von vornherein nur eines im Kopf gehabt – den Schaden durch den Schulwartausfall möglichst klein zu halten, indem er einem Dummen einen noch Dümmeren an die Seite stellt, der quasi kostenlos erledigt, was der erstere nicht schafft. Und jetzt hat Matthias also nicht nur den Ernstl an der Backe, sondern auch noch alles andere, was ihm der Franz mit seiner leichtsinnigen Stunteinlage hinterlassen hat.

Drei weiche Häufchen hat ihm Lady an diesem Nachmittag aufs Fußballfeld gesetzt, während die Burschen eine Vorstellung geliefert haben, mit der sie – sollte kein Wunder geschehen – im Bezirksfinale in ein paar Tagen sowas von abstinken werden, dass sie nächstes Jahr garantiert ohne Sponsor dastehen. Und als hätte das noch nicht gereicht, als wäre sein Tag nicht schon beschissen und fremdbestimmt genug gewesen, war dann auch noch Terror auf dem Handy. Sechs Anrufe auf der Mailbox. Einer von der Mutter und gleich fünf vom Franz der, obwohl gerade erst frisch operiert und noch ziemlich angeschlagen, seit gestern wieder ordentlich Stress macht. Als ob er nichts anderes zu tun hätte, als im Bunker nach irgendeinem Schrank zu suchen. Und die Mutter liegt ihm damit in den Ohren, dass er nach der Versöhnung zwischen Martha und Bernie wieder einziehen soll. Matthias steckt das Handy in die Trainingshose und beschließt, dass er heute niemanden zurückrufen wird. Er wird überhaupt nur noch abheben, wenn es ihm gerade passt. Sollen sie doch einmal alle miteinander ohne ihn auskommen.

Während der schlechte Film in seinem Kopf zum Abspann kommt, packt Matthias gleich wieder der Trübsinn, sodass er sich am liebsten auf der Stelle ein Reparier-Bier hinunterzischen möchte. Und vielleicht hätte er das auch getan, wenn da nicht das kleine Lebewesen in seinen Armen wäre, für das er die Verantwortung übernommen hat. Eine Verantwortung, derer er sich bereits mehr als unwürdig erwiesen hat heute Nacht. Außerdem muss er in knapp vier Stunden auf der Leiter stehen. Schon wieder. Am Schulhof ist heute der Baumschnitt fällig, und wenn Matthias daran denkt, dass neben ihm der Haberfellner mit der Motorsäge hantiert, würde er sich am liebsten gleich in einer sauberen Hockwende über die Raab-Brücke schwingen. Aber nicht einmal auf die gute alte Raab ist in diesen Zeiten mehr Verlass. Durch die Hitze während der letzten Tage hat der Fluss einen derart niedrigen Pegelstand erreicht, dass er sich bei seinem Glück wohl eher einen Wirbel bricht als in den Fluten zu ersaufen. Und bei aller Bewunderung für *Superman* – das Schicksal eines Christopher Reeve ist dann doch alles andere als erstrebenswert. Zudem würde er den Fluss heute wahrscheinlich nicht einmal mehr finden, wenn er so breit wie der gottverdammte Amazonas wäre. Und breit genug ist Matthias selber noch. Es bleibt ihm also nichts anderes übrig, als endlich nüchtern zu werden. Nüchtern werden, schlafen gehen, und irgendwie den nächsten Tag überstehen. Schritt für Schritt. Genau in dieser Reihenfolge. Aber zuvor, damit er in die Gänge kommt, bestellt er sich noch einen Großen Schwarzen.

Als Elias wiederkommt, zieht er beim Anblick von Dackeldame und Mokkatasse mit gespielter Verzückung die Augenbrauen hoch und spitzt die dünnen Lippen im Gestrüpp seines Ziegenbärtchens. Egal, soll er ihn für einen Softie halten, denkt Matthias. Wer seine Intimbehaarung im Gesicht herumträgt, hat jedes

Recht auf ein Urteil über ihn verloren. Den weißen Puderresten um das rechte Nasenloch zufolge, hat der Eder-Yogi außer seinem besten Freund die Hand zu schütteln am Klo auch eine fette Line gezogen. Das Gespräch von vorhin scheint vergessen, dafür versucht er ihn jetzt für eine Runde am Flipperautomaten zu begeistern, wobei er beim Reden selbst vor- und zurückschnellt wie eine Flipperkugel. Als Matthias nicht reagiert, zieht sich Elias schulterzuckend eine weitere Zigarette aus der Packung und verschwindet alleine in Richtung Spielsalon. Zeitgleich bricht hinter der Bar schon wieder ein Gerangel los, als sich zwei Kerle, die sich bei näherer Betrachtung als Frauen entpuppen, um den vakanten DJ-Sessel streiten. Schließlich setzt sich die Kleinere von beiden durch und bereitet der ewigen Schlagerparade mit der Neuen deutschen Härte ein brutales Ende. Und da hat Matthias endgültig genug. Noch bevor die unzweideutige Hardcore-Version von Rammstein mit den Worten *Bück dich* ihren Höhepunkt erreicht, wirft er ein paar Scheine auf die Theke und wankt mit Lady auf dem Arm zur Tür hinaus.

Es muss geregnet haben über Nacht, denn es hat merklich abgekühlt, sodass ihn leicht fröstelt unter seiner Lederjacke. Für ein paar Augenblicke bleibt er stehen, atmet die frische Morgenluft und den Geruch im Fell der Hündin ein, die nun nicht mehr an sich halten kann, und beim Anblick der ersten grünen Insel im Asphalt ihre harten Krallen voller Ungeduld in seine Arme gräbt. Kaum hat er Lady auf dem Gehsteig vor der *Frühbar* abgesetzt, zieht sie ihn zur nächststehenden Linde, schnuppert kurz am Stamm, und verrichtet ihr Geschäft. Wiederholt die Prozedur am nächsten und übernächsten Baum. Gott weiß, wie viel Zeit sie in der Bar verbracht haben. Die Blase des armen Tierchens muss zum Bersten voll gewesen sein. Und sofort hat Matthias die furchtbarsten Bilder vor Augen: kleine Lungenflügel, schwarz und porös von der verqualmten Luft, ein kleines Dackelherz, das in Todesangst und Panik gegen den zarten Brustkorb hämmert. An die psychischen Folgen, daran welchen Schaden die Hundeseele genommen haben könnte durch den unwürdigen Anblick erwachsener Männer, die sich mitten in der Woche das Gehirn wegsaufen, will er gar nicht denken.

Manu hatte ihn immer als Vergnügungssäufer bezeichnet, wenn er erst am frühen Morgen heimgekommen ist. Aber das ist Bullshit. Es ist nie das Vergnügen gewesen, das er gesucht hat in seinen Exzessen. Er hatte Dampf ablassen müssen, und das ist ein riesengroßer Unterschied. Was soll denn das für ein Vergnügen sein, mitten in der Nacht in einer Bar aufzuwachen, mit einer Zunge wie ein alter Pappendeckel im Maul? Im Gespräch mit einem Typen, den man nicht einmal leiden kann? Hätte sich Manu mehr aufs Studium konzentriert, anstatt mit ihrem Professor herumzuvögeln, hätte sie vielleicht verstanden, dass es sich bei seinen Entgleisungen um eine verzweifelte Form der Selbstzerstörung handelt. Aber für Manu zählen nur die eigenen Befindlichkeiten. Schon bevor sie ihm eröffnet hat, dass sie wieder auf die Uni will, war sie nur noch abweisend und kühl gewesen. Unnahbar. Sex – eine Pflichtübung. Nach jahrelangem Training zwar perfekt auch in der Kür (da gab´s nichts zu beklagen), aber ohne jede Leidenschaft. Er hätte es genauso gut mit einer Aufblaspuppe treiben können. Und irgendwann war dann auch auf dem Gebiet die Luft heraußen. Keine Berührungen mehr. Küssen verboten. Nicht ein nettes Wort, nur zweckgebundene Dialoge über Einkauf, Haushaltskosten, unabwendbare Auftritte als Paar. Dazwischen hat sie ihn analysiert und kritisiert, und als Fallbeispiel für ihre Psychodiagnosen missbraucht. Und ihn schließlich weggeworfen, wie man ein altes Wettex wegwirft, wenn es angefangen hat zu riechen.

Sie sind schon fast am Park, ganz in der Nähe des Eislaufhäuschens, als ein Déjàvu auch die letzte Lücke in den Erinnerungen schließt. Auslöser ist ein Briefkasten, an dem Lady abrupt stehen bleibt, um ausgiebig zu schnuppern. Der Trigger für den Flashback ist die Sticker-Message eines Radiosenders knapp über dem Briefschlitz. *Do The Right Thing!* Plötzlich fällt Matthias wieder ein, wie ihn die vier Worte gestern Abend angesprungen sind. Wie er sich gedacht hat: Wahnsinn! Das passt jetzt genau. Das kann nur ein Wink des Schicksals sein! Und wie geradezu euphorisch er gewesen ist, in dem Bewusstsein, das einzig Richtige zu tun. Eben noch unsicher, ob er den Umschlag wirklich aufgeben sollte, waren in diesem Augenblick alle Zweifel von ihm abgefallen.

Allen Widrigkeiten zum Trotz, hatte er doch das letzte bisschen Willen zusammengekratzt, und sich nach dem Fußballtraining noch einmal an den Text gesetzt, um der Story den allerletzten Schliff zu verpassen. Was war das für ein erhebendes Gefühl gewesen, die zu Papier gebrachten eigenen Gedanken, das Ergebnis von unzähligen durchwachten Nächten endlich in Händen zu halten! Obwohl er es kaum erwarten konnte, die dreißig frisch bedruckten Seiten abzuschicken, hatte er sich viel Zeit gelassen auf dem Weg zum Briefkasten.

Wann genau er das Schulhaus durch die Hintertür verlassen hat, weiß Matthias nicht mehr. Nur, dass es schon fast dunkel war und die Straßen menschenleer. Es gibt die Art von Glück, die länger anhält, wenn man nicht darüber spricht. Und mit diesem Hochgefühl, mit diesem Glück in jeder Faser seines Körpers, ist er zum Park hinüber und keiner, der ihm zufällig entgegengekommen wäre, hätte ahnen können, dass der Mann, der da mit einem Umschlag unterm Arm und einem Dackel an der Leine durch den späten Abend spaziert, dass dieser Mann zum ersten Mal seit langer Zeit wirklich zufrieden mit sich sein kann.

Und jetzt, knapp sechs Stunden später, steht er wieder vor dem Sticker mit der Aufschrift, die ihm wie eine Offenbarung vorgekommen ist. *Do The Right Thing!* Eine prophetische Eingebung, eine Message von Gott. Und trotzdem hatte er genau das Gegenteil getan. Ist in die schlimmste aller Fallen getappt, wie schon tausendmal zuvor und hat sich für das falsche Ding entschieden. Was hatte ihn daran gehindert, heim zu gehen und sich einen schönen Abend zu machen? Einzuschlafen bei einem guten Buch oder vielleicht mit den Gedanken an Silvia Lenz, wie sie in akribischer Genauigkeit Noten in einen Handkatalog überträgt, während sich eine Strähne aus dem Haarknoten löst und unbemerkt über ihre sanften Züge fällt? Matthias kennt die Antwort. Kennt sich inzwischen gut genug, um zu wissen, dass es da in seinem Kopf einen ganz speziellen Hebel gibt, der sich auf Selbstzerstörungsmodus umstellt, sobald ihn die positiven Empfindungen zu überwältigen drohen. *The worst thing about self destruction is that you are fully aware of it, but there's nothing you can do to stop it.* Wider besseren Wissens war er also losgezogen und hatte sich den Versuchungen des Nachtlebens ausgesetzt.

Im Stadtzentrum war wegen der milden Temperaturen ungewöhnlich viel los gewesen für einen Wochentag. Um dir Kirche hatte man damit begonnen, die ersten Buden für den Kirtag am Wochenende aufzustellen und das große weiße Festzelt. Schießbuden, Fahrgeschäfte, ein Karussell und ein Tingeltangel mit Märchenfiguren für die Kleinen. Das untere Ende der Fußgängerzone war von einem LKW mit der Aufschrift *Hüpfburgenverleih* blockiert, sodass Matthias am Eck beim Juwelier in die Seitengasse ausweichen wollte, die zurück auf den Spazierweg und zum Park hinunter führt. So wäre er bequem nach Hause gekommen, ohne direkt über die Barmeile gehen zu müssen. Aus irgendeinem Grund aber ist er zu früh abgebogen und am Ende doch vorne am Platz herausgekommen. Genau an der Stelle, wo sich ein Beisl an das andere reiht. Das *Bistro* und das *Bogart's* waren schon zu, bei *Luigi* daneben ist gerade das Licht ausgegangen. Nur vor dem *Colombia* war noch ordentlich was los. Männer und Frauen, Jung und Alt, bunt gemischt und dicht gedrängt rund um die hell erleuchtete Schirmbar.

Es muss die besondere Atmosphäre gewesen sein, dieser Mix aus After-Business-Laune, Vorfreude auf das Kirtagswochenende und der Flair von Sommer in der Luft, untermalt von dem Ge-

plänkel und Gelächter über den Tönen unaufdringlicher Jazzmusik, die ihn dazu veranlasst haben, Lady sanft hinüberzuziehen in Richtung Theke. Auf einen Pfiff Bier nur, hatte er sich vorgenommen, um den besonderen Tag gebührend zu beenden.
Aus dem Pfiff im *Colombia* waren drei geworden, und als Matthias nach Sperrstunde weitergezogen ist zum *Freddie's*, war er schon beim Krügerl. Im *Eighties* ist er über Elias gestolpert, der ihn beim Dartsspielen um einen Zwanziger erleichtert hat, und irgendwann sind sie dann zusammen an dem Ort gelandet, der für die Nachtschwärmer von Bad Hoffning so etwas wie den *Point of no Return* darstellt. Die *Frühbar* – Schmelztiegel für alle, die nicht mehr nach Hause gehen können (oder wollen, weil sie vorhaben, dieses Stadium noch bis Sonnenaufgang zu erreichen). In der alle gesellschaftlichen Schranken fallen. Wo sich Akademiker mit Hilfsarbeitern verbrüdern, Studentinnen von Baggerfahrern angraben lassen, und vernachlässigte Ehefrauen mit jungen Burschen schmusen (Mrs. Robinson lässt grüßen). Herkunft, politische Überzeugung, sexuelle Orientierung oder Alter spielen in der *Frühbar* keine Rolle, weswegen unter der Stammkundschaft der Ehrencodex gilt – was in der *Frühbar* passiert, bleibt in der *Frühbar*. So gesehen, ist sie weit und breit der einzige Ort, an dem man hin und wieder ohne Hemmungen ganz diskret entgleisen kann.
Soweit sich Matthias erinnert, ist er gestern Nacht alleine entgleist. Soll heißen, er hat zumindest nicht herumgeschmust und sich auch nicht anschmusen lassen, wenn man von Lady einmal absieht.

Als eine kühle Brise aufkommt, die Blüten, Staub und feinen Rollsplit von der Straße herüber gegen die Gehsteigränder treibt, stellt Matthias den Kragen seiner Lederjacke auf und pfeift durch die Schneidezähne. Es ist Zeit für seine Pritsche. Auch in Ladys sonst so wachem Dackelblick spiegeln sich die Anstrengungen der Nacht, als sie anstandslos daher getrottet kommt und sich geduldig anleinen lässt. Dann gehen sie los, Mann neben Gefährtin,

Gefährtin neben Mann, der immer wieder geduldig stehen bleibt und wartet, wenn doch noch ein interessanter Geruch zum Verweilen oder ein Fleckchen zum Markieren einlädt. Nur einmal, als Lady ihre Schnauze in einen Haufen Katzenscheiße steckt, zupft Matthias kräftig an der Leine und lässt sich zu einem lauten *Pfui!* hinreißen.

Ob es an der Katzenscheiße liegt, oder doch am Stress der letzten Nacht, dass Lady vor dem Schulparkplatz fürchterlich zu würgen beginnt, lässt sich im Nachhinein nicht sagen. Jedenfalls staunt Matthias nicht schlecht, als er in der Pfütze aus gespienem Gras und irgendwelchem Erdnussschleim einen schwarzen Plastikgegenstand erkennt, der im Mageninhalt einer Hündin nichts verloren hat – ein USB-Stick, dreckverkrustet und nach dem Regen unbrauchbar. Er tritt das Ding tief in die Erde und stellt sich vor, wie in tausend Jahren vielleicht ein Archäologe seine Freude daran hat.

Das Kapitel, in dem Maria noch Maria ist

Life isn't finished for us yet! We're going to live!
... Maybe if we wait a little longer, we shall find out,
why we live, why we suffer.

Antonin Pawlowitsch Tschechow (1860–1904)

Trotz des orkanähnlichen Sturms am vergangenen Nachmittag und der schweren Regenfälle während der letzten zwei Tage, lässt der Spalt zwischen den zugezogenen Vorhängen die Dämmerung erahnen. Das wilde Prasseln gegen die Scheiben hat vorübergehend nachgelassen, aber es ist mit noch mehr Niederschlägen zu rechnen. Im Radio haben sie gestern von einer Jahrhundertflut gesprochen, und Konrad hat berichtet, dass am Ostrand der Stadt bereits sämtliche Wiesen unter Wasser stehen. Die extreme Trockenheit der ersten Juniwoche hat das Bett der Raab in einen betonharten Kanal verwandelt, der die Fluten aus dem Himmel nicht mehr zu fassen vermag. Feuerwehren und Bundesheer aus der Umgebung sind ständig in Alarmbereitschaft. Der Kirtag, der seit Jahr und Tag am zweiten Juniwochenende stattfindet, wurde abgesagt, nachdem eine Sturmböe das große Festzelt mitsamt Eisenstangen aus der Verankerung gerissen und in einen wütenden weißen Drachen verwandelt hat.

All das hat ihr Konrad im Detail erzählt und ausgeschmückt. „Im Regionalfernsehen haben sie einen Handymitschnitt davon gezeigt, wie es die Überreste der Hüpfburg hinunter bis zum Sportlatz schwemmt. Ich sage dir, das Ding ist abgefahren wie ein gigantisches Gummiboot. Es war, als würde rundherum die Welt zu Ende gehen." Und während er ihr in seiner jungenhaften Aufgeregtheit die Apokalypse Bad Hoffnings schilderte, hatte sie dagelegen und ihrem eigenen Ende entgegen geharrt.

Bad Hoffning steht noch. Und sie harrt weiter. Dreimal ist sie wieder aufgewacht, seit die Fremde da gewesen ist, um die Beutel

auszuwechseln und sie sauber zu machen. Mit geübten Händen, aber ruhig und ohne Hast, braucht sie dafür höchstens zwanzig Minuten. Zwanzig Minuten, die sich für Maria anfühlen wie Stunden, denn es ist Schwerstarbeit, das Gehoben werden, das Wenden und das Wachbleiben während der quälenden Prozedur. Das Ankämpfen gegen die Scham, wenn sich der Gestank der eigenen Fäkalien im Zimmer an die Wände hängt, das Ringen zwischen Todeswunsch und Erleichterung darüber, dass sie dank Konrad doch zu Hause sterben darf. Dankbarkeit trotz allem, denn so unmittelbar vor dem Ende hat sich die Hoffnung auf baldige Erlösung noch einmal umgekehrt. Seit Maria wirklich begriffen hat, dass sie die Welt verlassen wird, fühlt sie sich von einer Angst besetzt, die mit nichts vergleichbar ist, was sie je empfunden hat. Es hat nichts Versöhnliches, das Sterben, auch wenn die Poeten aller Zeiten immer wieder versucht haben, ihm Trost und Güte anzudichten, diesem Zustand. Der an Grausamkeit und Pein im Dasein seinesgleichen sucht.
Der Diagnose zum Trotz, ist sie knapp vier Monate nach ihrem Todesurteil immer noch am Leben. Die Erkrankung hat das letzte Stadium längst erreicht, der Krebs ist mittlerweile in der Speiseröhre, in den Knochen, in den Lymphknoten. Überall. Bei den wenigen Gelegenheiten, in denen sie noch wach und klar bei Verstand ist, fragt sie sich manchmal, ob überhaupt noch etwas von ihr übrig ist. Ob sie überhaupt noch Maria ist, die Krebs hat und nicht längst der Krebs selbst, in dem noch ein wenig von ihr übrig ist. Die Gedankenspiele sind meist schwerer zu ertragen als die Schmerzen, und obwohl sie es über siebzig Jahre in der Welt ganz gut ohne Glauben ausgehalten hat, wünscht sie sich in diesen letzten Wochen, es gäbe da etwas, worauf sie hoffen, oder sich zumindest vorbereiten könnte. Der Weg ins Ungewisse ist das, was ihr am meisten Angst bereitet. *Non mortem timenus, sed cogitationem mortis.* Seneca hatte Recht, die Vorstellung vom Tod ist tausendfach übler als der Tod selbst. Sie ist der reinste Limbus. Ein verborgener Ort tief in ihrem Inneren, dem sie nur entkom-

men kann, indem sie es nicht zulässt, dass ihr die Krankheit auch noch Geist und Seele nimmt. Am Schlimmsten ist es, wenn sie da liegt und erduldet, wie die Türkin von gegenüber sie saubermacht und eincremt, wo die dünne Haut wie Wachspapier über spitze Knochen spannt. Dann fühlt es sich an, als hätte sie den Kampf bereits verloren.

Konrad spricht von der Muselmanin, als sei sie eine Heilige. „Die Frau, Maria, schickt uns der Himmel", wiederholt er ad nauseam. „Fatma hat dir Tee gekocht. Fatma sagt, du brauchst mehr Schlaf. Frau Ünal kommt heute Abend noch einmal vorbei. Wenn du etwas brauchst, frag Fatma." Fatma hier und Fatma da. Fast könnte man meinen, er habe sich in die emsige kleine Ausländerin verliebt. Andererseits, und dafür ist Maria dankbar, nimmt ihm die Nachbarin viel ab. Der Freund sieht müde aus und abgekämpft, seine Tränensäcke hängen tief wie bei einer alten Dogge, er wirkt ungepflegt und deprimiert. Abends schaut er regelmäßig noch vorbei, und wenn die Ünal zur Frühschicht ins Krankenhaus muss, kommt er schon frühmorgens, um das Palliativteam zu empfangen. Konrad liest ihr vor, wenn sie vor Ruhelosigkeit nicht schlafen kann, und wenn er geht, vergisst er nie die Pendeluhr aufzuziehen, weil er weiß, dass der stete Schlag des Metrums sie beruhigt. Er würde noch mehr für sie tun, wenn er könnte. Nur, Konrad mag ja viele Qualitäten und Talente haben, aber er ist kein Pfleger und bestimmt kein Arzt. Vor allem aber ist er verheiratet. Und so weltmännisch er in der Öffentlichkeit auch auftreten, so charmant und charismatisch er in Gesellschaft auch erscheinen mag, ist er doch ein Weichling und Pantoffelheld, wenn es um seine Hilde geht. Die Eiskönigin, die ihn seit achtunddreißig Jahren nach ihrer Pfeife tanzen lässt. Der kein Trick zu schmutzig ist, kein Mittel zu infam, um ihn am Gängelband zu halten. Bis auf die ehrenamtliche Tätigkeit vor Gericht und den Sitz im Gemeinderat hat Konrad alle Ämter für sie aufgegeben und seine gesellschaftlichen Aktivitäten auf ein Minimum reduziert.

Was ihrer beider Freundschaft angeht, so vermutet Maria, dass es Hilde nie gewagt hat, ihren Gatten vor die Wahl zu stellen. Sei es, weil sie insgeheim um deren Wert für die eigene Beziehung weiß, sei es aus Angst, den Kürzeren zu ziehen im Falle eines Ultimatums. Eine unbegründete Angst, denn Konrad hat nie eine andere geliebt. Und er hat sich nie beklagt. Nicht in Worten jedenfalls, aber Maria kann er nichts vormachen. Dazu kennt sie ihn zu lange. Sie kennt jeden Blick des Freundes, kann jede Geste, seine Körpersprache deuten. Hört es in der Modulation seiner Stimme, wenn ihn etwas bedrückt, worüber er nicht sprechen will. Und wenn dieser großgewachsene, attraktive alte Kerl, wenn dieser kluge, humorvolle Mensch, dem mit seinen zweiundsiebzig Jahren immer noch der Schelm des einstigen Studenten aus den Augen blitzt, wenn dieser wunderbare Mann in ihre Wohnung kommt wie ein geschlagener Hund, dann kann es nur einen Grund dafür geben: Hilde ist wieder einmal krank.

Nur ein einziges Mal hatte Maria es gewagt, das Problem anzusprechen. Um seinetwillen, um ihrer selbst willen, vor allem aber um der Freundschaft willen, die seit jeher auf dem Gleichgewicht von Stärke, Humor und Intelligenz beruht, hatte Maria klipp und klar ausgesprochen, was ihm jeder ernstzunehmende und halbwegs fähige Arzt oder Psychiater längst hätte sagen müssen.

„Deine Frau ist in höchstem Grade psychotisch, Konrad. Da helfen keine Kardiologen und Internisten. Was deine Hilde braucht, ist eine stationäre Therapie."

Lange genug hatte sie mit ansehen müssen, wie Konrad an dieser krankhaften, auf einer beiderseitig ungesunden Abhängigkeit beruhenden, Beziehung immer mehr zerbrach und nichts dagegen unternahm. Wann immer Hilde ihre Episoden hatte, war er auf dem schnellsten Weg zu ihr gekommen. Nicht, um mit ihr ins Bett zu gehen. Sondern, um sich zu holen, was ihm die Liebe seines Lebens in all den Jahren vorenthalten hat: Geborgenheit, ein offenes Ohr für seine Zweifel, den intellektuellen Gegenpart. Das Gefühl, nicht immer nur bestehen zu müssen, sondern einfach zu genügen. Als Mann. Als Mensch. Als Seelenverwandter. Sie war ihm eine zweite Frau gewesen, nicht die Maitresse. Hatte sich damit zufrieden gegeben, die Rolle einzunehmen, in der Hilde kläglich versagt hatte.

„Sei verdammt nochmal ein Mann und lass dich nicht für dumm verkaufen. Und nimm der Frau um Gottes willen die Kellerschlüssel weg. Wer keine Aufgaben und Ziele hat und den ganzen Tag Prosecco kippt, muss ja irgendwann meschugge werden." Freilich ..., hatte sich Maria später oft gedacht, ... freilich hätte sie nicht ganz so direkt werden müssen, aber die Wahrheit tut immer weh, besonders wenn ein Freund sie ausspricht.

Ihr Verhältnis war seit jenem Abend nie wieder dasselbe gewesen. Nach der Predigt hatte sie ein paar Wochen lang nichts von ihm gehört. Dann rief er an, um sie ins Theater einzuladen. Viel hatten sie von dem Stück nicht mitbekommen, beide waren sie zu sehr darauf konzentriert, die Spannung zu ignorieren, die hinter ihnen durch die Logentür geschlüpft war und ungeladen auf der Polsterritze Platz genommen hatte. Das Vertrauen, das sie stets als selbstverständlich angesehen hatten, war wieder gekommen mit der Zeit. Auch die Unbeschwertheit, die sie nach dem Intermezzo in stillem Einvernehmen pflegen, indem Konrad seine Frau nicht mehr erwähnt und Maria nicht mehr in ihn dringt, wenn er wieder angeschlichen kommt wie eine alte Dogge, wortkarg und bedrückt.

Nur wenn er einen derart erbärmlichen Anblick bietet, wie in den vergangenen Wochen, ist es schwer, sich daran zu halten. Dann ist es, als säße Hilde mit auf der Bettkante in ihrem Schlafzimmer. Sogar die Katzen scheinen es zu spüren, wenn Konrad seinen unsichtbaren Satyr mit sich auf dem Buckel in die Wohnung schleppt.

So gerne hätte sie Gelegenheit, dem Freund seine Dienste noch zu vergelten. Die Zeit reicht nicht mehr, aber solange sie klar den-

ken kann, wird sie alles tun, um ihn bei den wichtigsten Entscheidungen zu unterstützen.
Ihre größte Sorge gilt den vier Lieblingen. Wenn sie keinen neuen Platz haben, bis sie aus der Welt geht, werden sie wohl im Tierheim landen. Der Gedanke daran bricht ihr fast das Herz. Nimmt sie mehr mit als die Sache mit dem Geld. Ihr Vermögen, für das es keine Erben gibt. Betreffend der Bestattungsfeier hat sie Konrad klare Anweisungen gegeben. Maria will auf keinen Fall, dass die ganze Schule aufmarschiert, wenn sie unter die Erde kommt. Kein Parte-Bildchen in der Zeitung, keine Sträuße, Kränze, Marmorengel oder andere Geschmacklosigkeiten. Ein Stein mit ihrem Namen drauf, Geburts- und Sterbedatum – mehr braucht sie nicht. Auf der Gästeliste stehen Alfred Böck, Matthias Sommer, der Hausarzt und natürlich Konrad selbst, dem das Begräbnisthema am meisten an die Nieren geht, da er sich, anders als in Geld- und Paragraphendingen, dabei nicht in seinen professionellen Ehrgeiz flüchten kann. Aber so ungerecht es ist, er wird den Schmerz alleine tragen müssen.
Nur eine Sache gibt es noch, die sie für ihn tun kann. Der Gedanke war ihr zwischen Schlaf und Orientierungslosigkeit entwischt, aber auf einmal ist er wieder da. Es grenzt schon an ein Wunder, dass ihre Synapsen und Neutronen überhaupt noch funktionieren, während der Rest des Körpers auf ein Gurgeln, Brabbeln und Pfeifen reduziert ist. Er ist einfach, ihr Plan und zugleich genial. Konrad dafür zu gewinnen, dürfte nicht allzu schwierig sein. Denn wenn er auch seit mehr als zwanzig Jahren nur noch ehrenamtlich tätig ist, so weiß der Freund eine juristische Herausforderung immer noch zu schätzen. Und sie weiß, dass es gerade die außergewöhnlichen Fälle sind, die ihn wieder brennen lassen mit der Leidenschaft des Mannes, der er einst gewesen ist. Zu dem sie sich hingezogen fühlte, wegen seines unerschütterlichen Sinnes für Gerechtigkeit, seiner jugendlichen Begeisterung und Kampfbereitschaft, ungeachtet jeden Risikos oder Aussicht auf Erfolg. Wenn sie ihm begreiflich machen kann, dass

es in erster Linie ihr ideelles Erbe ist, das es zu verteidigen gilt, dann wird er kämpfen wie ein Löwe. Kämpfende Löwen haben keine Zeit zu trauern. Und das ist vielleicht das Beste an dem Schlachtplan. Einem Manöver, das noch große Kreise ziehen wird.

Als Maria die Uhr zur vollen Stunde schlagen hört, ist es bereits früher Morgen. Der Regen fällt jetzt wieder dichter und trommelt an die Fenster, als würden tausend kleine Fingerknöchel um die Wette an die Scheiben pochen. Normalerweise gleitet sie um diese Zeit noch einmal in den Schlaf hinüber, und wacht erst auf, wenn das Palliativteam anrückt. Oder Konrad. Oder einer der Ärzte, die sie nicht mehr auseinanderhalten kann. Gott weiß, seit ein paar Wochen herrscht in ihrer Wohnung mehr Verkehr als zur Stoßzeit in der Stadt. Heute Morgen aber hat sie all ihre Kraft zusammengenommen, um wach zu bleiben. Um festzuhalten, woran sie sich unbedingt erinnern muss, bis Konrad endlich auftaucht. Erleichtert stellt sie fest, dass sie sich nicht wieder eingenässt hat. Manchmal ist sie im Schlaf so unruhig, dass der Kathederstöpsel aus der Flasche springt. Bisher hat die Türkin die Schweinerei vor Konrads Ankunft immer schnell beseitigt, und natürlich hat er den Geruch nach Ammoniak und Scheiße längst bemerkt, der überall im Haus hängt. Aber ihn in nassen Laken zu empfangen – das nähme ihr die letzte Würde.

Sie hört das Brummen der Gegensprechanlage. Rasche Schritte, die vom Salon zum Flur und dann an ihrer Zimmertür vorübereilen. Surren. Schlüsselklimpern. Jemand macht sich zu schaffen an der Kette vor der Wohnungstür. Der hastige Austausch geflüsterter Worte, die im Regentrommeln untergehen. Dann wieder im Gang – das Poltern schwerer Schuhe. Ein Regenschirm, der vom Garderobenhaken fällt. Verhaltene Entschuldigungen. Ein zaghaftes Pochen an der angelehnten Tür. Sein Gesicht, unrasiert, zerknittert. Sorgenvoll. Konrad tritt ans Fußende des Bettes. Ihm dicht auf den Fersen, Nero. Wie ein Wachhund – die feline, wenn auch etwas mollige Version des Cerberus persönlich.

Maria ist so müde, dass sie den Blick nicht von der Zimmerdecke wenden kann. Egal. Sie muss jetzt ihre Kräfte bündeln. Das Reden ist anstrengend. Verlangt ihr alles ab. Aber Konrad hört zu. Unterbricht sie nicht, bis sie geendet hat. Als ihre Augen die seinen finden, weiß Maria, dass sie ein wenig ausruhen kann. Der junge Löwe ist zurück.

Der Mann der Stunde

Entgegen schlimmster Befürchtungen und Panikmache, sind es nicht viele Keller in Bad Hoffning, die der prophezeiten Jahrhundertflut zum Opfer gefallen sind, weshalb die Medien von dieser bald nur noch als *die durch ungewöhnlich starke Frühsommerniederschläge bedingte Hochwasserrisikosituation* berichten werden. Die Entwarnung auf der Titelseite der Montagszeitung liest sich nach den Schlagzeilen der vergangenen Tage wenig sensationell, aber im Allgemeinen ist man in der Bevölkerung erleichtert darüber, dass die ganz große Katastrophe ausgeblieben ist. Gewinner der medialen Irreführung sind vor allem die Baumärkte der Region, die mit dem Verkauf von Pumpen, Trockengeräten und Wassersaugkissen einen Jahresumsatz erzielen werden, der alle Rekorde schlägt. Aber auch die eifrigen Käufer sind zufrieden. Mit dem Wissen um die rapiden Folgen des Klimawandels sind die Menschen zuversichtlich, die teuer erworbene Gerätschaft in absehbarer Zukunft doch noch zum Einsatz zu bringen. Wenn es wieder heißt *Land unter*, ist man also bestens gerüstet in Bad Hoffning.

Noch einer, der der Situation etwas Positives abgewinnen kann, ja sogar mächtig profitiert hat von den Unwettern, ist Bürgermeisterkandidat Albert Prinz, der in Abwesenheit des noch in Urlaub auf den Balearen verweilenden Stadtoberhauptes Josephus Stix zum Mann der Stunde avanciert. Bei der Pressekonferenz in der Empfangshalle des Rathauses, und auch via Facebook und Twitter hat er sich wiederholt bei den Bürgern für ihr vorbildliches Verhalten während der Krisensituation bedankt und jenen, die tatsächlich Schäden an Grund und Eigentum zu beklagen haben, finanzielle Unterstützung zugesagt. Nach einem weiteren Termin mit den Journaillen in der Feuerwehrzentrale hat er seinen alten Spezi Mike getroffen, der ihm als erfolgreicher Kolumnenschreiber für die Stadtzeitung bei seiner ersten offiziellen Stellungnahme eine große Hilfe war.

Kurzum, für Albert Prinz könnte es nicht besser laufen. In Zeiten von Bedrohung und Unsicherheit kann er sich endlich als der Mann beweisen, der für Schutz, Vertrauen und schnelles Handeln steht. Und das Beste an der Sache – die Opposition ist machtlos. Für seine Äußerungen zu heiklen Themen haben sie ihn jahrelang ins rechte Eck gedrängt. Ausländerfeindlichkeit hatte man ihm vorgeworfen und Opportunismus, als er sich die Syrer-Brüder ins Haus geholt hat. Populismus – das Lieblingsschlagwort überhaupt all jener, die dem Mythos Integration immer noch verfallen sind. Als die Gutmenschen, die sie alle sind, gehen sie mangels eigener Ideen auf jeden los, der den Schneid hat, die Wahrheit auszusprechen. Aber diesmal kann ihm keiner was. Mit unerwarteter Hilfe der Natur hat Albert Prinz plötzlich fantastische Karten in der Hand. Kein Zweifel – er ist der richtige Mann am richtigen Ort. Und auch wenn es kaum noch etwas gibt, das seinem Wahlsieg im Herbst im Wege steht, so wird er die Gunst der Stunde nutzen, um auch noch die Stimmen der Wechselwähler zu gewinnen. Nur gut, dass er immer ein paar alte Kumpels an der Angel hat, die ihm für eine kleine Gegenleistung allzu gerne weiterhelfen. Im Fall von Mike Muhrer, der sich seit der gemeinsamen Maturareise auf Rhodos vom Komasäufer zum Quartal- und mittlerweile Spiegeltrinker entwickelt hat, stellt besagte Gegenleistung kein allzu großes Opfer dar, zumal der Journalist nach Verfassen eines brillanten Artikels mit dem verbalen Auflebenlassen von Jugendanekdoten bei ein paar Mischungen leicht zufriedenzustellen war.

Als er gegen halb sieben nach Hause kommt, freut sich Albert auf einen entspannten Fernsehabend, und danach, wer weiß, … wenn seiner Dani danach ist, vielleicht ein bisschen Kuscheln und das andere, wofür so wenig Zeit war in den letzten Wochen. Nur, bereits als er durch die Haustür kommt, beschleicht ihn der Eindruck, dass etwas anders ist als sonst. Albert schiebt das seltsame

Gefühl auf den leichten Damenspitz, den er dem Muhrer zu verdanken hat. „Bin wieder da!", trällert er fröhlich in die Eingangshalle, schlüpft aus seinen Schuhen und legt den Autoschlüssel zu den anderen in die Messingschale. Keine Antwort. Nur der Nachhall seiner Stimme und das Rauschen des Deckenventilators. Auch als er das Wohnzimmer betritt und etwas lauter ruft, empfängt ihn eine sirrende Stille. Das permanente Geräusch macht ihn unrund und nervös, wird intensiver, als er die Schiebetür zur Küche öffnet, und auch diese verlassen vorfindet. Auf der Anrichte steht eine Pfanne mit Olivenöl, daneben ein Schneidbrett mit Paprika, Tomaten, einer halben Zwiebel, und eine Plastikschale mit gewürfelten Zucchini. Danis Schürze hängt scheinbar achtlos hingeworfen über einem der Barhocker am Frühstückstresen. Weil ihm nichts Besseres einfällt, um die Unruhe zu vertreiben, nimmt sich Albert ein Flasche Weißbier aus dem Kühlschank und geht zurück durchs Wohnzimmer hinaus auf die Terrasse. Vielleicht ist Dani ja im Garten und holt sich ein paar Kräuter aus dem Hochbeet? Er hat es letzten Herbst von den Asylanten bauen lassen, weil er weiß, wie sehr sie auf Basilikum und Rosmarin und das ganze mediterrane Grünzeug abfährt. Seine syrischen Kellerasseln haben zwar wenig Ahnung vom Zimmerhandwerk (wie auch am schiefen Dach der Pergola nur unschwer zu erkennen ist), dafür hatte ihm die Aktion über tausend Likes auf Facebook eingebracht. Spätestens im nächsten Winter will Albert die Brüder wieder aus dem Haus haben. Dafür treibt er sie täglich zum Deutschunterricht und in den Lehrlingsvorbereitungskurs. Dass sich die Lehre für Asylwerber bald erledigt haben wird, ist dann nicht mehr sein Problem.

Bei Salih, dem Jüngeren der beiden, kann man davon ausgehen, dass er bald Arbeit finden wird. Er weiß sich zu benehmen, ist fleißig und nicht auf den Kopf gefallen. Djamal hingegen ist ein verdammt stolzer Kerl. Was ihm an Grips und Ehrgeiz fehlt, macht er durch sein Aussehen wett. Mit seinem dichten dunklen Haar und den großen braunen Kulleraugen, in sich gekehrt und schweigsam, entspricht er genau dem Typ, bei dessen Anblick den vertrockneten Ehefrauen von Caritas und Hilfswerk die Höschen feucht werden. Erst letzten Monat ist er wieder aus einem Hilfsarbeiterjob geflogen, weil er sich geweigert hatte, von seinem türkischstämmigen Vorarbeiter Befehle zu empfangen. Als Küchenhilfe ist er nutzlos, wegen des scheiß Schweinefleischverbotes. *Nix Fleisch von Sau.* Genau! Aber mit dem Trinken hat er kein Problem, der Heuchler. Unten im Hobbyraum stapeln sich die leeren Bierdosen. Eine Billigmarke vom Diskonter. Logisch! Als hätte die Gemeinde nicht genug Geld klar gemacht, um den neuen Mitbürgern einen Lebensstandard zu ermöglichen, von dem eine Inländerfamilie im Sozialbau nur träumen kann.

Als er Dani nicht am Hochbeet findet und nicht drüben im Rosengarten, kehrt er in Gedanken zurück in die verlassene Küche. Sieht das liegengelassene Messer und die Schürze. Sieht Dani in den Keller eilen, weil ihr die Zwiebeln ausgegangen sind, und verschluckt sich fast an seinem Bier. Scheiße, sie soll doch nicht alleine da hinunter gehen, wenn er nicht zu Hause ist! Albert stürmt zur Treppe und bemerkt gleich, dass die Kellertür tatsächlich unverschlossen ist. Sofort schießen ihm die schlimmsten Bilder durch den Kopf: Djamal, der seiner Dani den Schlüpfer von den Beinen reißt. Djamal, wie er mit wilden Stößen in sie dringt. Stumme Schreie, animalische Laute. Ein Messer. Blutgetränkte Laken, als der Syrer seinen Lustrausch steigert, indem er Dani schächtet wie eine syrische Bergziege zum Schawwàl.

Im Keller angekommen, fällt ihm ein, dass er unbewaffnet ist. In Panik reißt er den Feuerlöscher aus der Halterung über dem Geländer und stolpert damit weiter bis zum Hobbyraum. Holt aus in vollem Lauf, um das schwere Ding gegen die Tür zu rammen, und wird vom eigenen Schwung fast umgerissen, als er abrupt stehen bleibt, weil diese einen Spalt breit offen steht. Keine Hilfeschreie, nicht die geringsten Anzeichen eines Verbrechens. Ein Teil von ihm ist erleichtert, trotzdem wagt er es kaum zu atmen, als er die Arme sinken lässt und vorsichtig ins Zimmer tritt.

Obwohl Albert mit allem rechnet, trifft ihn der Anblick völlig unerwartet. Djamal sitzt alleine im diffusen Licht des Fensterschachtes auf dem durchgelegenen Doppelbett. Mit seinem neuen Smartphone in der Hand hockt das Syrer-Bürscherl einfach da und starrt auf den Bildschirm. Keine Dani weit und breit. Weder Messer noch Blutspritzer oder sonstige Hinweise auf Vergewaltigung und Lustmord irgendwo im Zimmer. Gerade will er sich davonschleichen, um seinen beschämenden Auftritt ungeschehen zu machen, als Djamal den Blick hebt. Seine Augen sind gerötet, Bart und Wangen nass von Tränen. Als er versucht zu lächeln, entfährt ihm ein ersticktes Schluchzen. Trotzdem sieht der Kerl in seinem Elend verdammt gut aus, denkt Albert und bedauert nicht zum ersten Mal, dass er von den Genen seines Urgroßvaters, einem der ersten neapolitanischen Gastarbeiter hierzulande, so gar nichts mitbekommen hat. Freilich, er ist eine angenehme Erscheinung, wie man so schön sagt. In Sachen Kleidung und Frisur verlässt er sich auf Dani, die als ehemaliges Model ein gutes Händchen hat für so etwas. Aber ihm ist auch klar, dass er nicht unbedingt der Typ ist, auf den die Frauen fliegen. Für sein Gewicht recht klein geraten, rotblond mit quasi schon bei Schuleintritt zurückweichendem Haaransatz und einem leichten Unterbiss, war die Zeit als Teenager kein Spaß gewesen. Heute ist es vor allem sein Charisma, dem er die weiblichen Wählerstimmen verdankt. Warum sich Dani in ihn verliebt hat, ist ihm ein Rätsel. Er hat sie nie danach gefragt. Ihm genügt es, dass er sie liebt. Weil sie schön ist und fürsorglich und klug auf ihre Art. Und weil sie ihn mit ihrer ungehemmten Leidenschaft nach all den Jahren immer noch zum Lodern bringt.

Mit einer Geste, die weder Scham noch Ärger ausdrückt, wischt sich der Syrer über den dichten Stoppelbart, steht langsam auf und hält Albert das Handy vor die Nase. Aus seinem Blick ist aller Stolz verschwunden. „Mein Frau", sagt er mit tonloser Stimme, „und Tochter. Asyl in Deutschland."

Albert weiß nicht, was er sagen soll. Weinende Männer irritieren

ihn. Unbehaglich tritt er von einem Fuß auf den anderen, bis er es nicht mehr aushält und das beklommene Schweigen mit einem Räuspern unterbricht. „Gut", hört er sich verlegen krächzen. „Das ist doch gut, Djamal. Frau und Tochter in Sicherheit." Er meint es ehrlich, trotzdem betet er im Stillen, die Szene möge bald ein Ende haben. Aber sein Gott scheint gerade anderweit beschäftigt. Es ist eindeutig Allah, der in diesem Skript die Feder führt.
„Gut, ja. Deutschland gut. Sehr gut. Nesrin und Mira immer hier", nickt Djamal und legt die Hand auf seine Brust. „Aber ich da. Österreich gut. Auch gut. Aber Deutschland ... Österreich ... ist weit. Viel weit weg. Für Familie gar nix gut."
„Nein, das ist gar nicht gut", murmelt Albert, den Blick nun auf den Boden gerichtet, und meint damit in Wahrheit die widersprüchlichen Gefühle, die der andere in ihm auslöst. Seit über einem Jahr lebt der Mann jetzt unter seinem Dach und er hatte keine Ahnung, dass er Frau und Tochter hat. Dass ihn das beschämt, passt ganz und gar nicht in sein Denken, weshalb er das unbehagliche Gespräch kurzerhand beendet, indem er dem Syrer mit einem aufmunternden, „wird schon wieder", auf die Schulter klopft und sich so rasch wie möglich auf den Weg nach oben begibt.

Als er schnaufend den Flur erreicht, fällt ihm auf, dass er immer noch den Feuerlöscher in der Hand hält. Gerade will er das Ding neben den Kellerabgang stellen, da lässt ihn ein Poltern aus dem ersten Stock in der Bewegung innehalten. Es folgt leises Kichern, dann erneut ein Rumpeln. Danis Stimme. Ihr glockenhelles Lachen, das ihn so anmacht, wenn sie ... Zum Teufel! Albert steigt es plötzlich siedend heiß die Kehle hoch. Noch ehe er das Undenkbare zu Ende denken kann, legt sich ein roter Vorhang über seine Augen. Das Rot der Rage, das jenem, des sich immer noch in seiner Hand befindlichen Feuerlöschers, nicht unähnlich ist. Er stürmt die Wendeltreppe hoch. Stützt sich am Geländer ab, um einen heftigen Würgereiz zu unterdrücken, als sich sein Verdacht bestätigt. Der Geruch von Lust und Sex hier oben ist überwältigend. Schwer atmend taumelt Albert zum Ende des Flurs und wirft sich mit dem Brüllen eines schwer verletzten Bullen gegen die Schlafzimmertür.

Der überraschte Aufschrei aus dem Mund Salihs, als ihn dieser mit über dem Kopf erhobenen Feuerlöscher ins Schlafzimmer krachen sieht, ist das letzte, woran sich Albert erinnern wird, nachdem alles vorüber ist. An diesen Schrei und Danis nackten Hintern, während sie dem Höhepunkt entgegen reitet.

Über den Zwischenfall im Hause des Gemeinderates wird später im Polizeibericht zu lesen sein, worauf sich das Ehepaar Prinz in aller Eile geeinigt hat, während die von Daniela Prinz gerufenen Beamten noch damit beschäftigt waren, dem tobenden Djamal Hadami Handschellen anzulegen.

Durch die Schreie des Bruders alarmiert, stürmt Djamal aus dem Hobbyraum nach oben in den Wohnbereich. Sie haben da nichts verloren, weil es gegen die Regeln des Hausherrn ist. Salih hält von Regeln nichts. Die fremde Umgebung hat den kleinen Bruder verändert. Seine Religion, die Sitten aus der Heimat sind ihm nicht mehr wichtig. Er war seit Wochen nicht mehr bei den Treffen drüben im Heim. Beten tut er nur noch, wenn Djamal ihn daran erinnert. Salih hat sich blenden lassen vom Luxus und den Versuchungen dieses Landes. Von all den Dingen, die den Menschen hier das große Glück versprechen und doch nur leere Dinge sind. Genau wie die Weiber hier. Bei weitem nicht so schön wie die Frauen zu Hause, haben sie etwas an sich, das dem schwachen Mann gefährlich werden kann. Sie sind wie die großen, sauberen Parks, glänzenden Autos und Gebäude. Auch die Frauen hier glänzen, um zu blenden. Es ist ihre Art, sich den Manne untertan zu machen, sodass er weich und weibisch wird in ihren Händen. Als Djamal bemerkt hat, was zwischen Salih und der Frau des Hauses läuft, hatte er ihn zur Rede gestellt. Hatte ihn erinnert an die Werte der Familie, ihre Wurzeln. An alles, was ihm heilig war, bevor sie fliehen mussten. Aber es war zwecklos. Mit dem dummen Grinsen eines Hurenbocks im Gesicht hatte ihn der Bruder einfach stehenlassen und sich eine neue Dose Bier geöffnet.

Salih grinst nicht mehr, als er mit eingeschlagenem Schädel und seinem schlaffen Schwanz zwischen den Beinen auf dem Boden liegt. Sein starrer Blick ist gegen die Zimmerdecke gerichtet, aus seinem Mund quillt roter Schaum. Djamal denkt, er kommt zu spät. Sieht hoch. Sieht mitten in die Augen des wichtigen Mannes, dem er gerade erst die Sorgen um Frau und Tochter anvertraut hat. Aber der Mann sieht nicht mehr wichtig aus. Wie ein Zwerg steht er neben seiner nackten Frau. Ein hässlicher, blasser Zwerg der sich an einen Feuerlöscher klammert. Ängstlich schweift der Blick der Hure zwischen ihm und dem leblosen Körper seines Bruders hin und her, während der Zwerg sich auf den weißen Teppich übergibt.

Das alles erlebt Djamal, als würde es nicht in Wirklichkeit passieren. Er versteht nur, dass Salih für seine Überheblichkeit bestraft worden ist. Versteht, was das auch für ihn bedeutet und wird von einer blinden Verzweiflung übermannt. Als die Hure zu schreien anfängt, weiß Djamal, was er zu tun hat. Etwas in seiner Haltung muss ihn verraten haben, denn als er auf den Zwerg zuspringt, reißt der den Feuerlöscher hoch und stürzt sich ihm entgegen. Durch den Schwung verliert der andere für einen Augenblick das Gleichgewicht und Djamal lässt seine Faust nach vorne schnellen. Der erste Schlag streift nur den Kiefer, beim zweiten Ausholen zielt er höher. Dem Knacken, als seine Knöchel das Nasenbein des Gegners treffen, folgt der dumpfe Laut des Feierlöschers beim Aufprall auf den Boden. Djamal weiß, er könnte es hier beenden, aber als er sieht, wie dem Zwerg das Blut aus Mund und Nase schießt, legt sich ein Schalter um in seinem Kopf. Er schlägt noch einmal zu, und wieder. Und wieder. Bis die Hure ihm von hinten in die Eier tritt. Im Schmerz klammert er sich an den Mörder und reißt ihn mit zu Boden. Schläge, Tritte, noch mehr Schläge, ein unvorstellbarer Tumult bricht los, und dann plötzlich irgendwo aus der Richtung, wo der kleine Bruder liegt – leises Stöhnen. Erleichterung, Verzweiflung. Wut. Alle Gefühle auf einmal legt Djamal in diesen Kampf, bis er nach scheinbar endlos langer Zeit das Poltern schwerer Schuhe auf der Treppe hört.

Das Gebrüll von unverständlichen Befehlen, der taube Schmerz in seinen Schulten, als sie ihn herunterzerren von dem Zwerg, ist nur noch eine dumpfe Erinnerung. Was seinem Bruder vorgeworfen wird, hat Djamal verstanden. Wenn sich Salih von den schweren Kopfverletzungen erholen sollte, werden sie ihn verurteilen wegen versuchter Vergewaltigung. Was mit ihm selbst passiert, ist Djamal egal. Nach über vierzig Stunden im Verhör, weiß er, dass er Nesrin und Mira nie wiedersehen wird, denn es ist nicht der Angriff auf den wichtigen Mann, für den er angeklagt werden soll. Sie wollen ihn wegen versuchten Totschlags an seinem eigenen Bruder drankriegen.

Von einem verlockenden Angebot

„Der Herr Haberfellner mag ja seine ... ähm ... seine Qualitäten haben, aber auf Dauer ist dem Mann eine derartige Verantwortung wohl kaum zuzumuten. Sie würden auf Honorarbasis bezahlt werden und natürlich weiterhin Ihr Lehrergehalt beziehen. Diese Lösung ist zwar, ... nun ja, sagen wir einmal, etwas unorthodox, aber es wäre ja nur vorübergehend."
Den letzten Satz beendet Alfred Böck mit dem ihm so eigenen Ductus, der Matthias stets an die mit Denkblasen umwölkten Fragezeichen aus den Comicheften seiner Kindheit erinnert. Auch jetzt kann er sie sehen, die Comicwolke, wie sie zwischen dem Chef und ihm ganz knapp über dem Schreibtisch schwebt. Die bis zum oberen Rand reichende Krümmung des Satzzeichens pulsierend, als bäte es in Demut um Bejahung einer aus Unsicherheit nicht ausformulierten Frage.
Matthias hatte kaum Gelegenheit gehabt, sich auf das sogenannte Mitarbeitergespräch vorzubereiten. In der großen Pause hatte ihn der Böck in die Kanzlei bestellt, ohne die kleinste Andeutung, was er von ihm will. Allerhand ist ihm inzwischen durch den Kopf gegangen. Bis auf ein paar scherzhafte Äußerungen bezüglich des neuen Notenschlüssels hat er sich in letzter Zeit nichts zu Schulden kommen lassen. Zwar kriegt der Böck kaum etwas mit vom Gequatsche in der Kaffeeküche, aber Arschkriecher, die dem Chef nur allzu gerne zutragen, was geredet wird, gibt es schließlich überall. Gewisse Leute schrecken nicht davor zurück, andere schlecht zu machen, nur um selbst ein wenig besser dazustehen. Wo Lob und Wertschätzung für die Knochenarbeit fehlen, wird mangelnde Anerkennung gerne durch Spionagetätigkeiten kompensiert. In seinem Fall ist es weniger der Chef, vor dem er Angst haben muss. Erna Habicher ist es durchaus zuzutrauen, dass sie in ihrem Machtrausch verstärkte Jagd auf Nestbeschmutzer macht.

Angesichts des Angebots, das ihm gerade unterbreitet wird, schiebt Matthias seinen Argwohn gegen die Kollegin Habicher kurz beiseite, um zu überlegen, was die neue Situation an Möglichkeiten für ihn bringen könnte. Inzwischen verfällt der Böck in eine Haltung, die als *Bär im Koma* in die Yogalehre eingehen könnte. Das Einzige, was auf eine gewisse Angespanntheit hindeutet, ist ein Tröpfchen Schweiß, das sich aus der Lichtung seines hohen Haaransatzes löst, um nach einer unendlichen langsamen Reise über Schläfe und Backe in einer Kinnfalte zu verschwinden.

Die Vorstellung, den ganzen Sommer in der Schule zu verbringen, hat etwas Alptraumhaftes. Andererseits, was würde sich für ihn groß ändern? Er wohnt ja schon hier. Und er hätte Zeit. Endlich Zeit! Könnte sich tagsüber körperlich betätigen und am Abend schreiben. Wäre sein eigener Boss. Würde sich die Arbeit mehr oder weniger frei einteilen können. Und Arbeit gibt es genug. Der Sturm vom Wochenende hat einige Dachziegel beschädigt und das Wellblech vom Fahrradunterstand gerissen. Um den Turnsaal steht es noch viel schlimmer. Das aufgequollene Parkett erinnert an eine Landschaft Salvador Dalis und auf den Betonplatten im Schulhof steht zentimeterhoch das Wasser. An der Grenze zu den brachliegenden Feldern hinter der Schulwiese hat sich die Erde abgesenkt. Das alles muss sich Matthias erst genauer ansehen, aber alleine wird er nicht viel ausrichten können.

„Und der Haberfellner tät mir bleiben?", fragt er in ein langes Schweigen hinein.

„Sehr wohl. Der Herr Haberfellner wurde Ihnen fix als Unterstützung zugesagt", bestätigt Alfred Böck unter geringstmöglichem Einsatz seiner Kiefermuskulatur (wie die Puppe eines schlechten Bauchredners mit Handgelenksfraktur, notiert Matthias in Gedanken).

„Es sei denn, Sie sind nicht mit ihm zufrieden." Wieder erscheint mit lautem Comic-Plopp das wabernde Fragezeichen über dem Kopf des Chefs.

„Der Mann wächst mit seinen Aufgaben", versichert er ihm rasch, und meint es auch so. Entgegen der anfänglich zur Schau getragenen Unbeholfenheit scheint der Ernstl ein recht geschickter Handwerker zu sein. Es fehlt ihm nur ein wenig an Selbstvertrauen.

Wenn es nach seinem Bauchgefühl geht, würde er am liebsten sofort zusagen. Für einen Urlaub fehlt ihm ohnehin das Geld, aber gemeinsam mit dem Ersparten aus seiner halblegal-subterranen Wohnsituation kann er sich von dem Extra-Cash im Herbst vielleicht schon eine Garconniere mieten. Manu muss ja nichts wissen von der Kohle. Wenn er Glück hat, ist mit den Unterhaltsansprüchen ohnehin bald Schluss. Von einer gemeinsamen Bekannten weiß er, dass sie und ihr Professor derzeit auf Pilgerpfaden wandeln. Davon hat man schon gehört – der Jakobsweg als ultimativ-spirituelle Gewissensprüfung für jene, die sich ewig binden wollen. Er wünscht dem jungen Glück viel Spaß bei der selbstauferlegten Schinderei. Viel Spaß, und vor allem viele Blasen. Sollte er sich jemals prüfen wollen, würde er den Aufenthalt in einem Schweigekloster vorziehen. Auch ist ja seine Bunkerexistenz mit dem bescheidenen Dasein in den vier Wänden einer Mönchszelle durchaus vergleichbar.

Gerade versucht sich Matthias vorzustellen, wie Manu in eng anliegenden Trekkingshorts und offenem Pilgermantel überm Sport-BH ihren senilen Loverboy bei vierzig Grad über die Pyrenäen treibt, als ihm der Böck die schöne Fantasie zerstört.

„Nun, Herr Kollege Sommer, … es steht Ihnen natürlich frei, sich Bedenkzeit zu nehmen, aber ich muss Ihnen sagen, dass wir, … dass ich…, dass diese Schule, und im weitesten Sinne auch die Gemeinde, auf Ihre Entscheidung angewiesen ist. Für einen Mann mit den ähm ‚… Kompetenzen von Franz Uhl ist es nicht leicht, passenden Ersatz zu finden. Und der, also … der Herr Uhl, wird ja allerfrühestens im Herbst erst wieder einsatzfähig sein. Soll heißen, Sie müssten sich sehr bald entschließen."

Obwohl er sich geschworen hat, in Zukunft vorsichtiger zu sein, wenn ihm der Onkel Böck das offene Zuckerlsackerl hinhält, fühlt

sich Matthias gebauchpinselt durch den Vertrauensvorschuss von höchster Ebene. Und weil ihm in der letzten Zeit selten jemand den Bauch gepinselt hat, und er das Geld ja wirklich gut gebrauchen kann, steht er kurz entschlossen auf und streckt dem Böck die Hand entgegen. „Deal, Chef!"
„Das heißt, ... nehme ich an, Sie nehmen an ...?"
„Ich nehme an, unter der Bedingung, dass ich bis Ende des Schuljahres vom Unterricht freigestellt bin."
Der Satz kommt selbst für ihn ein wenig überraschend, aber warum sich unterm eigenen Wert verkaufen? Wenn sie ihn so dringend wollen für den Job, dann kann er ruhig verhandeln. Die letzten Wochen werden die Teamkollegen wohl auch ohne ihn auskommen. Der Graber Rosi könnte man alleine die Leitung eines Boot-Camps anvertrauen, die anderen werden ihr Schulschluss-Spaßprogramm in diesem Jahr eben ein wenig kürzen müssen.
„Bedingung gewährt." Alfred Böck erhebt sich mit einem Ausdruck im Gesicht, der mit ein wenig Fantasie als Lächeln durchgehen könnte, umrundet den Schreibtisch und überrascht Matthias, indem er ihm unbeholfen auf die linke Schulter tätschelt.
„Aber zur Dienstbesprechung heute Nachmittag kommen Sie mir schon noch, gell?"
Scheiße, die Dienstbesprechung, schießt es Matthias durch den Kopf. Die hat er total vergessen, dabei hängt der Anschlag seit über einer Woche an der Info-Wand. Eigentlich hatte er vorgehabt, sich mit dem Mannschaftstraining herauszureden, aber der große Regen hat auch den städtischen Sportplatzrasen in ein Schlammfeld verwandelt. Weil sich keine Ersatzlocation finden konnte, hat die Turnierleitung beschlossen, sämtliche Spiele bis auf Weiteres auszusetzen. Dafür hätte er heute beim Franz im Spital vorbeischauen können. Nur jetzt, da ihn der Chef so direkt auf den Termin anspricht, kann er den Alten ja schlecht anlügen. Matthias beschließt, den Besuch im Krankenhaus auf morgen zu

verschieben. So bleibt ihm wenigstens noch Zeit, sich um den Spind zu kümmern, mit dem ihn der Schulwart seit Tagen auf den Sack geht.

Er hat das Ding im hinteren Bunkerraum zwischen der Wand und einem Haufen alter Kisten mit der Aufschrift *Lehrmittel, Biologie und Umweltkunde* gefunden. Beim Anblick der in Ethanol schwimmenden Schnecken, Frösche, Nattern und Echsen wäre ihm fast der Gurkensalat hochgekommen, den ihm die Mutter aufgezwungen hat. Ein absolutes Highlight aus dem Bio-Gruselkabinett waren die ausgestopften Nager. Als Vegetarier hat Matthias mit der Taxidermie ohnehin seine Probleme, aber wenn so ein präpariertes Eichhörnchen bei der ersten Erschütterung sein Fell verliert und dich nackt aus seinen Glasaugen anstarrt, dann ist das schon mehr als grenzwertig. Fast ein Stephen-King-Moment, hatte er gedacht und ein wenig grinsen müssen, auch wenn die Sache mit dem Spind dann wieder weniger zum Lachen war. Aus irgendeinem Grund hat man die Türen offenbar vor Jahren mit einer Stahlplatte verschweißt. Keine Chance ohne Trennschleifer oder Bohrer. Beim Versuch, den Kasten umzudrehen, hätte er sich fast die Schultern ausgerenkt. Das Ding hat keinen Millimeter nachgegeben, als wäre es in die Bunkerwand gemauert. Er wird es mit Gewalt versuchen, der Vater hat im Schuppen irgendwo noch eine Flex herumliegen. Die geht durch den Stahl, wie durch eine Scheibe Butter.

Was es auch immer ist, das Franz Uhl in dem verfluchten Schrank zu finden glaubt, Matthias hofft, es ist den Aufwand wert. Der Schulwart soll übermorgen schon aus der Klinik kommen, dann auf Therapie und Reha. Dass er in der Zwischenzeit bei seiner Schwester unterkommmt, kann Matthias nur recht sein. Er verspürt nämlich nicht die geringste Lust, dem Franz auch noch den Krankenpfleger zu machen.

Ein erwartungsvolles Schnaufen aus der Böckschen Brust signalisiert ihm, dass er nicht ganz bei der Sache ist. „Selbstverständlich. Dienstbesprechung heute Nachmittag. Ist notiert", versichert er dem Chef mit seinem überzeugendsten Strahlen. „Wir sehen uns dann um ... äh ..."

„Um zwei, Herr Sommer. Um zwei Uhr. Und pünktlich, wenn ich bitten darf."

„Klar. Um zwei." Matthias kann es plötzlich kaum erwarten, aus dem Büro zu kommen. Für einen kurzen Moment sieht es so aus, als ob der Chef noch etwas loswerden wollte, aber dann dreht er sich um und schlurft zurück zu seinem Stuhl hinter dem Schreibtisch, wo er fast augenblicklich wieder in die Bären-Yoga Position verfällt. Damit ist das Mitarbeitergespräch beendet und Matthias Sommer in seinen neuen Job entlassen.

Als er endlich alleine ist, lehnt sich Alfred Böck in seinen Chefsessel zurück und holt ein paarmal tief Luft. Er ist entnervt und ausgelaugt, dabei ist das Gespräch mit Matthias Sommer besser verlaufen, als gedacht. Er mag den Jungen. Er ist unkompliziert und weniger mühsam als die meisten Kollegen. Vor allem aber ist er der Einzige, der für den Schulwart-Job wirklich in Frage kommt. Er kennt das Gebäude, weiß, wo er anzupacken hat und kann als Turner gut organisieren. In Zeiten der Einsparungen bestimmt der bestmögliche Ersatz für den lädierten Franz Uhl. Selbst Erna hatte einsehen müssen, dass der Haberfellner mit der Aufgabe überfordert ist. Alfred steht es fern, seine Administratorin anzuzweifeln, aber ihre Urteilskraft hat in den letzten Wochen nachgelassen. Auch er hat im Laufe der Jahre die eine oder andere personelle Fehlentscheidung getroffen. Als Chef gibt es Erfahrungen, auf die dich keiner vorbereiten kann. Kein Seminar und auch kein Kurs in Menschenführung. Auch die gut aufgestellte Kollegin wird solche Erfahrungen noch machen müssen, ehe sie sich seinen Stuhl verdient hat.

Erna ist noch relativ jung gewesen, als er die Leitung übernommen hat, aber es war damals schon vorherzusehen, dass sie hoch hinaus will. Mit einer Konsequenz, die beinahe schon an Selbstzerfleischung grenzt, hat sie ihr Ziel verfolgt. Hat kein Amt ausgelassen, war immer Klassenvorstand, bei jedem Projekt federführend und ist bis heute engagiert in Mentoring und Lerndesign. Und all die Jahre über war sie seine rechte Hand. Oder beide Hände, wenn er ganz ehrlich mit sich ist, denn ohne Erna hätte er längst den Hut genommen. Bei all den Reformen kennt er sich weder mit Stundenverteilung noch mit Dienstrecht aus. Die Arbeit am Computer war ihm immer schon verhasst, aber seit Budgetabrechnungen und Schülerdaten ebenfalls digital einzugeben sind, wäre er ohne ihre Hilfe aufgeschmissen. Die Gute weiß natürlich, dass der Laden ohne sie längst zusperren könnte und nutzt seine Unbeholfenheit für ihre eigenen Ziele. Aber das ist in Ordnung. Sie hat nie an seinem Stuhl gesägt. Das alte Ding wird ohnehin bald auf dem Sperrmüll landen, wenn in ein paar Wochen der Kampf um den vakanten Thron des Eberhardt Wolf losbricht. Alfred selbst wird dann in seiner Gartenlaube sitzen und darüber nachdenken, ob er am nächsten Tag die Rosen schneiden oder lieber Angeln gehen soll. Große Sprünge wird er nicht machen können bei den Abschlägen, aber er hat einiges gespart und wird mit Sicherheit nicht hungern müssen. Es ist der richtige Zeitpunkt abzutreten. Seine rechte Hand weiß hoffentlich, was sie tut, denn wenn erst die Fusionsgeschichte amtlich wird, steht ihr noch allerhand bevor. Der gute Eberhardt war bestimmt nicht nur beliebt bei den Kollegen, aber durchaus respektiert für den guten Ruf, den sich seine Schule unter dem totalitären Regime erworben hat. Als weibliche Führungskraft, die nicht aus den eigenen Reihen kommt, wird es Erna im neu zusammengewürfelten Lehrkörper mit Sicherheit nicht einfach haben. Schon bei den jetzigen Kollegen eckt sie mit ihrem herrischen Gehabe an. Bei dem Tempo, das sie manchmal vorlegt, können nur die wenigsten mithalten, trotzdem wagt es keiner, sich ihr zu widersetzen.

Nur eine Kollegin hatte sich Erna gegenüber niemals ein Blatt vor den Mund genommen. Und auch ihm gegenüber nicht. Alfred muss lächeln, als er an seinen letzten Besuch bei Maria denkt. Obwohl kaum noch bei Kräften, hatte sie ihn gefragt, wann er endlich gedenkt, als Zeremonienmeister in Pension zu gehen. Dabei hat die Freundin nie vergessen, dass es ausgerechnet dieser Zeremonienmeister war, der dereinst Kopf und Kragen riskierte, als er über eine Diskrepanz in ihrem Lebenslauf hinwegsah, um ihr aus einer schweren Sinn- und Alterskrise zu helfen. Die Sache hat sie seitdem stets verbunden wie ein unsichtbares Band. Nun wird sie die Erste sein von ihnen beiden, die das Geheimnis mit ins Grab nimmt.

Als es an der Kanzleitür klopft, ist es kurz vor Mittag und Alfred Böck tief in seinem Stuhl versunken. „Ja. Bitte?" Er versucht, nicht genervt zu klingen, denn eigentlich sind sie erst für eins verabredet, aber wie immer ist sie überpünktlich. Hat mit Sicherheit schon alles vorbereitet für die Dienstbesprechung und kann es kaum erwarten, ihn zu *briefen*, wie das auf Neudeutsch so schön heißt. In solchen Dingen ist sie immer sehr korrekt. Verlässlich. Kann er auf sie zählen. Muss er immer mit ihr rechnen. Womit Alfred allerdings nicht gerechnet hat, ist Ernas Anblick, als sie sein Büro betritt. Trotz der ersten Sommerbräune wirkt sie blass und abgekämpft. Zwei Ringe, groß wie Tellerränder, unter den ungeschminkten Augen erzählen von einer Nacht vor dem Computer. Das normalerweise stets zur Perfektion gekämmte Haar klebt ihr wie ein nasser Bartwisch um den Kopf. Trotz der eigenen Müdigkeit, die ihn um diese Tageszeit stets überkommt, zwingt sich Alfred aufzustehen. Er macht sich ernsthaft Sorgen. Als sie eintritt, scheint es fast, als würde sie wanken.

„Bitte Erna, setz dich. Dir geht's doch gut? Kann ich dir etwas zu trinken anbieten? Ein Mineralwasser vielleicht ..." Schon ist er unterwegs zum kleinen grünen Kühlschrank, den ihm noch seine Erika geschenkt hat, aber Erna Habicher winkt ab.
„Nur ein bisschen viel zu tun. Alles bestens. Geht mir gut. Wirklich." Mit hektischen Händen zieht sie sich den Stuhl heran und klappt ihren Laptop auf. „Wenn wir dann könnten ... Ich habe noch einiges zu tun."

Alfred findet zwar immer noch, dass sie alles andere als gut aussieht, aber bei so viel Arbeitseifer traut er sich nicht, zu widersprechen. Außerdem kann er es kaum erwarten, die ermüdende Angelegenheit hinter sich zu bringen. Dabei hat er nichts zu tun, als auf den Bildschirm zu starren und Interesse vorzutäuschen, indem er Ernas Vortrag hin und wieder unterbricht durch Zwischenfragen, die ihm mehr oder weniger angebracht erscheinen. Auch das ist anstrengend, aber irgendetwas muss einem schon recht sein, wenn man den Erwartungen der Umwelt gerecht werden will. In dieser Hinsicht ist ihm Erna immer eine gute Übungsleiterin gewesen.
Auch jetzt erfüllt er die an ihn gestellten Erwartungen. Fragt nach, stimmt zu, unterdrückt mehrmals ein Gähnen, während die unersetzliche Administratorin eine Powerpoint-Präsentation über den Bildschirm jagt, bei der den Kollegen die Luft wegbleiben wird. Später erst wird er sich Gedanken darüber machen, wie er das heiße Tagesthema in der Dienstbesprechung etabliert, ohne sich selbst ins Schussfeld zu manövrieren. Ansonsten bleibt ihm nur zu sagen, was man von ihm als Zeremonienmeister dieser Anstalt erwartet. „Das ist es im Groben, was uns heute Nachmittag erwartet. Ich darf das Wort jetzt weitergeben an die geschätzte Frau Kollegin Habicher …"

Morgendliche Kontemplation unter schonungsloser Betrachtung kleiner Widrigkeiten und widerlicher Kleinigkeiten

Im Gegensatz zu den umliegenden Gemeinden kann sich die ehemalige Marktgemeinde Hoffach einer stetig prosperierenden Entwicklung erfreuen. Bevor er dazu überging, sich aus Altersgründen mehr auf die Ratschläge der aufstrebenden Jungpolitiker aus den eigenen Reihen zu verlassen, hatte Bürgermeister Josephus Stix ein ausgezeichnetes Näschen für Investitionen in Industrie- und Wirtschaftsprojekte bewiesen. Hatte dabei auf Regionalität und Nachhaltigkeit gesetzt, noch lange bevor die Begriffe Einzug in den gemeinen Sprachgebrauch fanden. Der Markenname der Brauerei, deren landesweit einziger Standort in Bad Hoffning liegt, ist heute weit über die Grenzen Europas hinaus bekannt, ebenso wie das Logistik-Unternehmen, dessen Namen jedem Eingeborenen einen Anflug von patriotischem Stolz beschert, wenn er auf der Autobahn zwischen Neapel und Oslo einem LKW hinterherschleicht, der das Logo aus der Heimat trägt. Anders als in den meisten Städten, gibt es kaum leerstehende Läden im Ort, keine heruntergekommene Passagen, in denen 80 Cent- und Outlet-Shops ihre schundig aufgemachten Auslagen verbergen, und nur zwei halblegale Wettlokale. Auch Gassen, in denen es nach Armut stinkt, gibt es im Ortskern nicht. Bad Hoffning ist sauber. Ist eine expandierende, selbstbewusste Gemeinde, der die Zufriedenheit ihrer Bürger mindestens so wichtig ist, wie die jährliche Auszeichnung als *Lebenswerte Stadt Europas*. Damit wirbt man, dafür steht man, dafür kann man mit stolzgeschwellter Brust behaupten *Ich bin ein waschechter Bad Hoffninger*. Wo andere abwandern, kann man sich hier einer Zuzugsstatistik erfreuen, wie sie in Relation nur die Landeshauptstadt zu verzeichnen hat. Die jungen Leute kommen wegen der guten Luft, wegen der wunderbaren Wanderwege, und weil sie ihre Kinder unbeschwert aufwachsen sehen wollen. Integriert ist man hier schnell, wenn man es möchte. Als engagiertes Mitglied der Pfarrgemeinschaft, in Sport- und Kulturverein, im Elternausschuss oder bei der Feuerwehr, dauert es nicht lange, bis man vom *Zuagrasten* zum vollakzeptierten Gemeindemitglied wird. Das funktioniert so gut, dass der Auswärtige vom echten Bad Hoffninger oft nach einem halben Jahr schon kaum zu unterscheiden ist. Auch der durch Geburtsgnaden als original zu bezeichnende Bad Hoffninger fühlt sich wohl in seiner Stadt. Er hat sie wachsen sehen, kennt ihre Gesichter und Namen. Kennt ihre Geschichte und Geschichten, weil er sie aufgesogen hat mit der Muttermilch und selbst ein Teil davon geworden ist. So trägt er die Heimat in sich bis zum letzten Atemzug, wie seine unverwechselbare DNA.

Bei aller Verklärung jedoch, und weil die Menschen nun einmal nicht über einen Kamm zu scheren sind, ist es schwer zu sagen, wie sehr sich der Einzelne für die politischen und gesellschaftlichen Veränderungen in seiner Heimat interessiert. Wohl aber kann man davon ausgehen, dass es die meisten Bürger zumindest nicht ganz unberührt lässt, wenn sie die Idylle ihrer zertifiziert lebens- und liebenswerten Stadt als bedroht erachten. Die Schlagzeile jedenfalls, die den Bad Hoffningern an einem Donnerstagmorgen im Juni vom Titelblatt der Stadtzeitung entgegenspringt, spricht ein breites Spektrum an Gefühlen an. Von Schadenfreude über Empörung bis hin zu der Befürchtung, die Tat könne nur die erste sein in einer ganzen Serie von Gewalt, bedient der darunter stehende Artikel sämtliche Emotionalitäten, derer sich der eine oder andere Leser in diesem Augenblick vielleicht gerade erst bewusst wird.

Auch Erna Habicher hat den Artikel gelesen. Mehrmals sogar. Welches ihrer Gefühle davon am meisten angesprochen wird, lässt sich allerdings schwer sagen. Wenn einen der eigene Körper schon am frühen Morgen mit massiven Reaktionen wie Schweißausbrüchen und Hungerattacken konfrontiert, kann es schon sein, dass auf das ansonsten recht ausgeprägte Bauchgefühl kein Verlass mehr ist. Und tatsächlich ist es auch ihr Bauch, der Erna wieder einmal am meisten Sorgen macht, denn obwohl sie seit dem Nachtmahl nichts gegessen, und sich die Tage zuvor wirklich eisern gehalten hat, fühlt es sich schon wieder an, als stecke sie in einem Speckkorsett. Dabei trägt sie noch die ausgeleierte Pyjamahose und war seit gestern Abend fünfmal auf dem Klo. Zum letzten Mal gegen halb vier. Seitdem ist sie auf, seitdem schüttet sie sich eine Tasse Tee nach der anderen hinunter, knabbert herum an Möhren- und Apfelspalten und verflucht ihr Östrogen. Hadert im Stillen mit ihrer Weiblichkeit, was sie natürlich niemandem gegenüber zugeben würde, weil es ein klarer Verstoß ist gegen das neue Frauenbewusstsein, das mit geradezu doktrinärer Hartnäckigkeit seit einigen Jahren in der Gesellschaft umgeht, ja mittlerweile auch im Seminarwesen seine fixe Nische hat.

Erna hat so einen Kurs schon mitgemacht. Als die Therapeutin damals meinte, Kathis Kampf gegen den eigenen Körper könne von einer falsch vorgelebten Frauenrolle herrühren, war sie fest entschlossen, an dem Problem zu arbeiten. Wenn sie etwas dagegen unternehmen konnte, dass sich ihre Tochter nur noch von Diätsäften und einem Blatt Salat am Tag ernährt, wollte sie das selbstverständlich tun. Mona, die hagere Leiterin des Kurses *Ich bin Frau* hatte es sich zur Aufgabe gemacht, die *Urmutter* aus den zwölf Teilnehmerinnen herauszulocken. Ein Semester lang hatte Erna Bäume, fremde Frauen und sich selbst umarmt, war auf Fantasiereisen in den Uterus der eigenen Mutter zurückgekehrt, um sich rückwirkend vorzubereiten auf das Trauma der Geburt, durch die sie als Mädchen ungefragt in eine patriarchale Gesellschaft gepresst wurde, um als erstarkte Frau erneut zur Welt zu kommen. Als Frau ohne Minderwertigkeitskomplexe und das Joch der Unterdrückung durch Rollendenken, Schönheitsideale und Sexismus. Kurz vor dem *Muschi-Bilder-Abend* hat sie dann W.O. gegeben. Wer sich die Vagina mit Wasserfarben bepinselt, um seine Weiblichkeit auf DIN A4 Papier zu stempeln, der hat ganz andere Probleme, als eine unerfüllte Frauenrolle. Wie sich mit der Zeit herausgestellte, hat sich Kathi dann auch selbst ganz gut geholfen. Die Krankheit hatte sie ein paar Jahre lang begleitet. Sie hatte Therapien gemacht, sie abgebrochen, mit neuen begonnen. War ausgezogen und wieder eingezogen, hatte studiert, eine Lehre angefangen, und wieder inskribiert. War letztendlich dort gelandet, wo sie sich am besten auskennt – im Bereich der Psychotherapie. Erna ist es egal, was Kathi macht, wenn sie nur glücklich dabei ist.

Was ihren eigenen Seelenhaushalt angeht, so war sie bisher der Meinung, sie könne darin selbst ganz gut für Ordnung sorgen. Allerdings ist in diesem Haushalt einiges zusammengekommen in den letzten Jahren. Die Angst vorm Älterwerden ist ihr ständiger Begleiter. Ebenso wie die Sorge, sie könne an Demenz erkranken wie der Vater. Oder an Brustkrebs wie die Mutter und zwei Tanten.

Ihre Ehe gleicht dem Leben in einer Wohngemeinschaft. Die Arbeit rund um das viel zu große Haus nimmt immer mehr Zeit in Anspruch. Und das alles wäre auch irgendwie zu schaffen, wenn man sich nur darauf verlassen könnte, dass die Sorgen und Probleme zumindest in gewohntem Rahmen bleiben, dass nicht immer mehr dazu kommt. An Kleinigkeiten. Widrigkeiten, die ausgerechnet immer dann auftreten, wenn man denkt, es passt schon wieder. So, wie es jetzt ist, ist es gut. Nicht großartig, nicht perfekt, aber damit kann ich umgehen. Das lässt sich schon bewältigen.

Auch dieser Artikel ist schon wieder so eine Widrigkeit, die einem alles durcheinanderbringen könnte. Eine Widerlichkeit eigentlich, überlegt Erna, als sie das Foto betrachtet, das Albert Prinz mit dicker Nase und einem zugeschwollenen Auge vor dem Teich in seinem Garten zeigt. Der Blick aus dem anderen Auge, direkt in die Kamera gerichtet, vermittelt mehr an Botschaft, als die Zeilen des stadtbekannten Wortedrechslers Mike Muhrer (inoffiziell auch das *Mietmaul des Prinzen* genannt):

Seht mich an. Schaut her, was mir passiert ist, scheint dieser einäugige Blick zu sagen. *Mir, der diese Männer aufgenommen, und sich darum bemüht hat, sie bestmöglich zu integrieren in unsere Gemeinde. Und dann überlegt euch, was das für Menschen sind, die ihren Wohltätern den Schädel einschlagen und ihre Frauen vergewaltigen. Seht mir ins Gesicht, und sagt mir, ob wir solche Leute bei uns haben wollen. Sagt mir, dass ihr keine Angst habt um eure Familien. Um unsere Kultur. Unsere Werte. Um alles, was unsere Vorfahren aufgebaut haben in diesem Land.*

Bei all der empfundenen Verachtung, die sich einstellt, je öfter sie Alberts zerschlagene Visage betrachtet, muss Erna zugeben, dass auch sie sich seiner nonverbalen Botschaft nur schwer zu entziehen vermag. Zusammen mit dem Geschmiere des Muhrer, das dem Bericht durch seine hoffnungslos verschachtelten Sätze die ihm so eigene Note gibt, ist der Artikel in seiner Aufmachung eine ziemlich gut platzierte Wahlwerbung. Seriös beinahe am Anfang, schon bald jedoch im gewohnt manipulativen Jargon mit Zuhilfenahme geschickt eingestreuter O-Töne und Überstrapazierung suggestiver Mutmaßungen daherkommend, schlägt er beim Leser genau die Saite an, die der Wählerschaft des Prinzen einen immer stärker werdenden Zuwachs beschert.

... ist gestern erst bekannt geworden, dass Gemeinderatsmitglied Albert Jonathan Prinz gemeinsam mit seiner Ehefrau Daniela Opfer einer unaussprechlichen Gewalttat wurde. Als der von seinem Einsatz nach den Unwettern (wir haben berichtet) zurückkehrende Bürgermeisterkandidat am Montagabend sein Haus betrat, platzte er mitten in eine Szene, wie sie wohl als Alptraum eines jeden Ehemannes bezeichnet werden muss.

Der seit etwa einem Jahr im Haushalt lebende Asylwerber S. Hadami hatte sich ins gemeinsame Schlafzimmer des Ehepaars geschlichen,

offenbar in der Absicht, die sich dort befindliche Dame des Hauses zu sexuellen Handlungen zu zwingen. Noch ehe diese reagieren konnte, soll er sich entblößt haben und über sie hergefallen sein. "Durch das mutige Einschreiten des Ehemannes", so ein Sprecher der Polizei, "konnte eine Vergewaltigung gerade noch verhindert werden". Als jedoch der eifersüchtige Bruder des Angreifers auftauchte (D. Hadami, ebenfalls wohnhaft im Hause), der sich dem Opfer seit längerer Zeit ebenfalls immer wieder auf unkorrekte Art genähert haben soll, ist die Situation eskaliert. Beim Versuch, den Mann zu überwältigen, der mit einem Feuerlöscher auf den am Boden liegenden Bruder immer wieder eingeschlagen haben soll, wurde Albert Prinz schwer, seine Frau Daniela leicht verletzt. Schlimmeres konnte durch einen Notruf der in erstaunlicher Geistesgegenwart handelnden Stadtratsgattin verhindert werden. Als die Polizei eintraf, brauchte es vier Beamte, um den tobenden Syrer unter Kontrolle zu bringen.
In einer offiziellen Stellungnahme zeigt sich das Ehepaar Prinz immer noch schockiert, vor allem aber menschlich zutiefst enttäuscht angesichts des Verrates an ihrer Gastfreundlichkeit. "Die Burschen haben seit ihrer Ankunft in Österreich mit uns im Haus gewohnt und sind inzwischen fast so etwas wie Familie geworden. Es ist unfassbar. Ich weiß nicht, ob ich wütend oder einfach nur traurig sein soll", verrät uns Albert Prinz. "Es geht mir den Umständen entsprechend, aber meine Frau ist natürlich nach wie vor schwer traumatisiert von dem brutalen Übergriff."
Über den genauen Gesundheitszustand des mutmaßlichen Vergewaltigers S. Hadami ist der Redaktion zurzeit noch nichts bekannt. Er wurde notoperiert und befindet sich seit Dienstagmorgen in der Intensivstation der Unfallklinik. Der Bruder, der sich zu dem Vorfall bis dato nicht geäußert hat, wartet in der Landesvollzugsanstalt in U-Haft auf seine Anklage. Angesichts der erdrückenden Beweislage, wie es von offizieller Stelle heißt, dürfte allerdings mit einem Prozess noch vor Herbstbeginn zu rechnen sein.
In einer E-Mail aus dem Urlaub an unsere Redaktion kommentiert Bürgermeister Josephus Stix den Vorfall als "bedauerliche Niederlage

für die städtische Integrationspolitik" und spricht über seinen Nachfolger in Spe als *"mutigen Mann mit Zivilcourage, dessen humanitäre Hilfsbereitschaft im wahrsten Sinne des Wortes mit Füßen getreten wurde."*

Er ist immer noch ein dummer Bub, ärgert sich Erna, als sie die Zeitung endlich weglegt. Ein dummer Bub, der glaubt, er kann sich alles erlauben, weil er immer damit durchgekommen ist. Natürlich ist es schlimm, was ihm da passiert ist. Die Sache gehört öffentlich gemacht, auch das ist keine Frage. Nur, dass man mit so etwas rechnen muss, wenn man sich irgendwelche Leute ins Haus holt, hätte er vorher wissen müssen. Dass Albert das Ganze jetzt auf diese Art und Weise ausschlachtet, ist wieder einmal ein Beweis dafür, dass er nie weiter denkt als bis zur letzten Wahlumfrage. Einerseits erfüllt der Artikel natürlich seinen Zweck und bestätigt den weniger denkenden Anhängern, dass ihr Prinz mit seiner Sicherheitsschiene absolut auf der richtigen Spur liegt. Andererseits aber, und das ist es, was Erna eigentlich Anlass zur Sorge gibt, könnten sich durch die Darstellung die kritischeren unter seinen Wählern durchaus verraten fühlen. Die indirekte Aussage, *ich war bereit, mich eines Besseren belehren zu lassen, und schaut's her, was es mir und meiner Frau gebracht hat,* könnte ihm nämlich auch als Schwäche ausgelegt werden. Als Ausrede dafür, dass er die Sache mit der Sicherheit längst nicht so im Griff hat, wie er alle glauben machen will. Abgesehen davon, könnten ihm die abgeschlagenen Sozis und die chancenlosen Alternativen jetzt doch noch einmal gefährlich werden. Mit dem Stoisser Sepp als einzigen Kandidaten, den man trotz seiner links-linken Ansichten niemals losgeworden ist, haben sich die Roten im Wahlkampf bisher dezent zurückgehalten. Einen alten Kommunisten in den eigenen Reihen zu tolerieren, ist eine Sache, ihn aber als Notfallkandidaten ins Feld zu schicken, eine ganz andere. Weil man sich schlecht die Blöße geben konnte, ganz ohne Gegner aufzutreten, wurde der Bock zum Gärtner gemacht, mit dem Wissen, dass er nicht die kleinste Chance hat gegen den hochfavorisierten und vom alten Stix gehypten Albert. Mit dieser passiven Haltung hat man den Gegner indirekt unterstützt. Viele Anhänger der Roten hatten sich dadurch ans Bein gepisst gefühlt und der eigenen Partei Verrat der sozialdemokratischen Werte vorgeworfen, bis diese endlich reagiert hat mit dem Versprechen, sich im Falle einer Niederlage gegen eine Koalition mit dem Prinzen zu stellen, sofern dieser nicht bereit sei, seine Pläne in Sachen Asylpolitik genau zu deklarieren und seine Linie allgemein in Richtung Mitte zu korrigieren. Daraufhin hatte wiederum Albert reagiert und die Asylanten-Brüder bei sich aufgenommen. Bis auf den verratenen Stoisser Sepp, der damit als Kandidat noch mehr zur lächerlichen Randfigur geworden war, und die Alternativen, die hinter der Syrer-Adoption einen Riesenbluff vermuteten, hatte man sich mit der Geste zufrieden gegeben. Seitdem ist langsam endlich wieder Ruhe eingekehrt im Ort. Die Wogen haben sich geglättet, jeder weiß, in welches Lager er gehört. Wenn jetzt allerdings der Albert wieder in die gleiche Kerbe schlägt wie früher, könnten sich die Sozis abermals gezwungen sehen, zu handeln, und dem Prinzen die Wahlsuppe noch ordentlich versalzen. Der war zwar in den letzten Umfragen noch haushoch überlegen, aber ein Fehltritt in die falsche Richtung, ein unüberlegtes Wort nur in den Medien, und die Leute ändern ihre Meinung. Der Durchschnittsbürger empfindet die Demokratie als instabil und unberechenbar. Dementsprechend schwer vorherzusagen sind auch die Wählerreaktionen auf Skandale. So gesehen hat jetzt wohl auch der Albert ein Problem mit seiner Immigranten-Finte.

Ihr persönlich kann es herzlich egal sein, wenn sich der Lausbub demontiert. Das Dumme ist nur, dass er mit seiner Blödheit auch ihr eigenes Ziel gefährdet. Das Einzige, was sie jetzt tun kann, ist die Fusion so schnell wie möglich durchzudrücken, denn was vor der Sommerpause im Gemeinderat beschlossen wird, hat auch im Herbst noch Gültigkeit. Mit oder ohne Albert Prinz als

Bürgermeister. Eine Sache nämlich, die sehr wohl in Ernas Händen liegt, ist ihre eigene Karriere. Und damit sieht es verdammt gut aus. Ihr einziger Mitstreiter bei der Bewerbung um das Erzherzog-Johann ist zwar noch im Rennen, aber auch als Schulinterner ist Herbert Thaler keine Konkurrenz. Im Landesschulrat sucht man nach Leuten mit Visionen. Jemandem, der bereit ist, die Bildungslandschaft nachhaltig zu verändern und das unflexible und völlig veraltete System durchlässig zu machen. Dass ausgerechnet der wortkarge Befehlsempfänger vom Wolf dieser Jemand sein könnte, wagt sie zu bezweifeln. Thalers einzige Qualifikation besteht darin, dass er als jahrelanger Administrator und Lakai etwas von Management versteht. Aber gut, das tut sie auch. Und der Eberhardt selbst war ja auch nicht gerade bekannt für einen zeitgemäßen Führungsstil. Mit einer arroganten Selbstverständlichkeit hat er sich von Anfang an über sämtliche Vorschriften hinweggesetzt und sein eigenes Imperium aufgebaut. Eine Vorzeigeschule, unter deren Absolventen ein namhafter Krimiautor, zwei Burgschauspieler und drei Spitzensportler ebenso vertreten sind, wie drei Landtagsabgeordnete und ein international bekannter Szenekoch. Und freilich, das ist schon was. Daran lässt sich gar nicht rütteln, aber einer wie der Wolf, der sein eigenes Süppchen kocht und seiner Schule auf diese Weise einen Sonderstatus einräumt, so einer kann dem Staat natürlich auch gefährlich werden, wenn er mit seinen Spitzenergebnissen das gesamte System infrage stellt. Und so etwas geht in Zeiten der Chancengleichheit einfach nicht! Eliteschulen sind Auslaufmodelle. Der neue Ansatz lautet: Bildung für die breite Masse unter den bestmöglichen pädagogischen und sozialen Voraussetzungen. Diese Voraussetzungen zu schaffen, verlangt Gefühl. Verlangt Neugierde. Toleranz und Transparenz. Mut und Fleiß. Einsatz bis zur Selbstaufgabe. Und ob jemand wie der Thaler Herbert, unscheinbares Schoßhündchen und zugleich kurzgehaltener Scherge des dominanten Eberhardt Wolf, ob so einer diese Qualitäten bei einem Assessment-Gespräch glaubwürdig vertreten kann, ist mehr als fraglich. Erna jedenfalls kann es. Sie ist bestens vorbereitet. Die Besprechung gestern ist gelaufen, wie geplant.

Immer noch bekommt sie Gänsehaut, wenn sie an den Augenblick denkt, in dem sie die Bombe hat platzen lassen. Sollte da noch etwas kommen, sollte es wirklich jemand wagen, sich beim Hearing querzustellen, hat sie immer noch ihre Geheimwaffe in petto. Das Problem ist nur, und auch das ist wieder eine dieser kleinen Widrigkeiten, wie sie immer aufzutauchen scheinen, gerade wenn sie denkt, es läuft ganz gut, das verdammte Problem ist nur, dass diese Geheimwaffe seit über einer Woche unauffindbar ist. Seit Beginn ihrer kleinen Hintergrundrecherche hatte sie den USB-Stick sorgfältig weggeschlossen. Immer in den Schultresor. Immer unbeobachtet. Man weiß ja, wie schnell es passieren kann, dass so ein Ding nach getaner Arbeit stecken bleibt, weil man mit dem Kopf schon wieder ganz woanders ist. Und jetzt ist es passiert. Das eine Mal nur letzte Woche war sie unvorsichtig gewesen und hatte den Datenträger mit nach Hause genommen, um das Dossier auf ihrem Laptop zu aktualisieren. Ja, es war ein anstrengender Tag gewesen, und ja, sie hatte es eilig gehabt wegen des Besuches, aber das ist keine Entschuldigung für ihren Leichtsinn. Datenschutzverletzung ist kein Kavaliersdelikt. Erpressung schon gar nicht. Und genau das ist es, was man ihr vorwerfen wird, wenn der Stick in falsche Hände gerät. Ihre Quellen sind legal, aber der Grat zwischen Interesse an den Mitarbeitern und rechtswidriger Überwachung am Arbeitsplatz ist ein verdammt schmaler. Bleibt nur zu hoffen, dass das kleine schwarze Ding nie wieder auftaucht und verrottet bis in alle Ewigkeit.

Beim Gedanken ans Verrotten fällt Erna ein, dass sie endlich in die Gänge kommen sollte. Es ist schon halb sieben und wer rastet der rostet. Und wer rostet, der landet bekanntlich schnell beim alten Eisen, aber da gehört sie lange noch nicht hin. Nachdem sie Erich geweckt hat, zwängt sie sich in ihre Jeans, zwingt sich noch eine Tasse Tee hinunter und geht hungrig aus dem Haus.

Abendspaziergang

Einer, der sich an diesem Morgen ebenfalls früh seine Gedanken macht, obwohl er die Stadtzeitung nicht gelesen hat, ist Matthias Sommer, dessen Schlafmangel allmählich zur Gewohnheit wird. Wobei, sinniert Matthias, als er im Bubenklo sein Spiegelbild betrachtet, so frisch hat er sich lange nicht mehr gefühlt nach einer kurzen Nacht. Ihm ist klar, woran das liegt, aber fürs Erste beschließt Matthias, die Erinnerungen in seine Schatzkiste zu legen. Die aus seiner Kindheit, in der er all die besonderen Momente aufbewahrt, um sie zum passenden Zeitpunkt wieder hervorzuholen und sich an ihnen zu erfreuen. Man muss achtsam umgehen mit diesen Erinnerungspreziosen, zu oft dem grellen Licht der Gegenwart und ihrem Chaos ausgesetzt, können sie leicht verblassen oder in Unordnung geraten. Die andere Kiste in seinem Kopf, die hässliche aus Plastik mit der Aufschrift *Alltagsmüll/Probleme* hat er heute Nacht nicht angerührt. Obwohl sie wieder voll war bis zum Rand nach der heftigen Dienstbesprechung gestern Nachmittag. Die Habicher hatte ihnen die Hiobsbotschaft mit einer Trockenheit serviert, als ginge es um den Budgetbericht vom letzten Jahr.

„Es hat sich lange angekündigt, jetzt müssen wir den Tatsachen allmählich ins Auge sehen. Ich nehme an, euch ist klar, dass wir alle aufgerufen sind, das Beste aus der Angelegenheit zu machen. Die Schlagworte, die uns in den nächsten Monaten begleiten werden, sind *Mut zur Veränderung, Fleiß und Einsatz*. Vor allem aber *Zusammenarbeit*. Wenn wir uns ordentlich präsentieren wollen, müssen wir als Einheit auftreten." Erst hatte er gar nicht gewusst, wovon die Rede ist, aber als dann die Worte *Fusion* und *Schülerzahlenprognosen* fielen, unterlegt von einer Powerpoint-Version über sämtliche Mängel am Schulgebäude und einem vernichtenden Bericht des Ausschusses für Sanitäres und Gesundheit, ist Matthias ganz schnell klar geworden, wo die Reise hingeht.

Wäre unten vor dem Fenster nicht gerade der Haberfellner Ernstl mit dem Kärcher zugange gewesen, man hätte das Scheppern hören können, als auch bei den Kollegen nach und nach der Groschen fiel.

„Definitiv lässt sich zu diesem Zeitpunkt noch nichts sagen, aber die meisten von euch werden wohl keinen Grund zur Sorge haben, was ihre Arbeitsplatzsituation angeht. Wenn ich …, wenn die Entscheidung über die neue Leitung gefallen ist, werde ich natürlich dafür kämpfen, dass so viele wie möglich von euch am Erzherzog-Johann weiterverwendet werden können. Mit eurer Unterstützung beim Hearing im kommenden Jahr darf ich also hoffentlich rechnen." Die Rede war perfekt geplant und einstudiert. Der Schlusssatz so gewählt, dass es keine Gelegenheit für Fragen oder Widerworte gab. *Matter of factly* hatte Erna ihre Botschaft deutlich transportiert und damit auch das Ungesagte ausgesprochen. Selbst die Rosi, die sonst überall ihren Senf dazu gibt, hat diesmal ihren Mund gehalten. Viele hatten einfach vor sich hingestarrt. Das Gesicht der Niederwieser – grauer als die Wand. Der Schremsel Walter – nervös in seinem Vollbart wühlend, als könne er darin die Antwort auf die Frage finden, die sie sich in dem Moment wahrscheinlich alle stellten. *Was wird aus mir?*
Mit Ausnahme einer abwesend wirkenden Silvia Lenz und der chronisch karenzierten Primschitz waren die Reaktionen durchwegs ähnlich: Fassungslosigkeit, Unsicherheit. Sesselrutschen, Räuspern. Angst von der Art, wie sie keiner zugeben will, weil er denkt, er sei damit alleine. Schließlich ist es ein heftiger Schluchzer aus der Kehle der Monika Köck gewesen (ein unartikuliertes „Was wird aus meiner Küche?"), der den Bann gebrochen hat. Fast hätte man die Betroffenheit mit Händen greifen können. Matthias weiß noch, wie er denken musste, dass dieser üblen Sache, diesem widerwärtigen Verrat skurriler Weise auch etwas Schönes anhaftet. Noch nie hatte er das Gefühl gehabt, den Leuten im Raum so nahe zu sein, wie in diesen paar Minuten des kollegialen Entsetzens. Es war, als stünde die Sorge der Hauswirt-

schaftslehrerin symbolisch für die gemeinschaftliche Erkenntnis, dass sie alle etwas zu verlieren haben. Sogar Matthias selbst, der den Lehrberuf immer nur als Job gesehen hat, in den er mehr oder weniger hinein gestolpert ist, hat in dem Moment verstanden, was für ein Privileg es darstellt, überhaupt arbeiten zu dürfen. Vor allem aber hatte er zum ersten Mal begriffen, was es heißt, wenn man plötzlich Angst haben muss, dieses Privileg zu verlieren. Nach allem, was die Habicher gesagt, beziehungsweise nicht gesagt hat, steht nämlich außer Frage, dass sie sich bei dieser Fusionsgeschichte auch von einigen Leuten verabschieden wird.

Nachdem klar war, dass es diesmal keine Anschlussdiskussion geben würde, hatte sich die Versammlung rasch aufgelöst. Jeder schien es eilig zu haben, die Hiobsbotschaft heim zu tragen. Weil Matthias gewissermaßen schon zu Hause war, ist er als allerletzter zur Tür hinaus. Der Gang lag so leer und verlassen vor ihm, wie er sich gefühlt hat, und als er vom ersten Stock durch eins der Fenster Silvia Lenz aus dem Schultor kommen sah, ist er sich gleich noch ein wenig einsamer vorgekommen. Seit Tagen hatte sie sich im Konferenzzimmer kaum anschauen lassen, nicht mehr als ein scheues Lächeln für ihn übrig und allerhöchstens ein paar Floskeln, wie man sie dahinsagt, wenn man jemandem höflich zu verstehen gibt, dass man lieber für sich bleiben möchte. Während der Besprechung hatte sie teilnahmslos gewirkt, als würde sie nichts von dem Gesagten betreffen. Als würde es gar nicht zu ihr durchdringen. Wie schon oft hatte Matthias sich gefragt, ob es für Silvia Lenz jemanden gibt, zu dem sie heimgehen kann. Der auf sie wartet. Und gedacht, dass es lange her ist, seit er selbst so jemanden hatte.
Dabei entspricht das so nicht ganz der Wahrheit, denn freilich war da immer noch die hübsche Hundedame, die geduldig vier Meter unter der Erde auf seine Rückkehr wartete. Seit der Mittagspause hatte er keine Gelegenheit gehabt, Lady aus dem Bunker zu lassen. Deshalb hat er kurzerhand beschlossen, seinen straffen

Zeitplan abzuändern, um sich mit einem ausführlichen Spaziergang zu entschuldigen und gleichzeitig den Kopf ein wenig klar zu kriegen. Vom Park aus wollte er eigentlich auf den Rundweg abbiegen, der hinausführt auf den Panoramapfad und vorbei an seinem Elternhaus am Römergraben. Dort, so der Plan, würde er den väterlichen Werkzeugschuppen nach der Flex durchsuchen und mit Gerät und Hund im Bus zurückfahren, um sich gleich an den Spind zu machen. Jede Art von Ablenkung wäre ihm Recht gewesen, hätte er nur für kurze Zeit vergessen können, dass er nach Manu und der Wohnung nun vielleicht auch bald den Job los ist. Einen Job, von dem er bisher dachte, dass er ihn nicht einmal besonders mag. Noch ist nichts entschieden. Wenn die Fusion durchgeht und sich die Habicher im Hearing behaupten kann, bleibt ihm immer noch genügend Zeit, zu überlegen, wie es weitergehen soll. Die Interimsherrschaft der Eisernen Lady wird er irgendwie überstehen. Was danach kommt, bleibt ein großes Fragezeichen.

Die durch den Spaziergang erhoffte Ablenkung hatte er gefunden. Allerdings in einer Form, mit der er niemals gerechnet hätte. Als er nämlich an der südlichen Einfahrt der Bruckner Siedlung das Ortsende-Schild passierte, ist sie ihm begegnet. Oder er ihr. Oder sie sich. Im Nachhinein lässt sich das so genau nicht sagen. Matthias weiß nur, dass er jeden Blick, den sie seitdem gewechselt haben, jedes Wort mit einer Genauigkeit aufschreiben könnte, mit einer Liebe fürs Detail, wie sie nicht einmal die besten Drehbuchautoren Hollywoods zu Papier brächten.

Hätte Lady nicht so stark gezogen nach einem halben Tag alleine im Bunker, und wäre er ihr nicht gefolgt, wie ein trauriger Hans Guck in die Luft auf Valium, sie hätten sich wahrscheinlich knapp verpasst. So wie man mehr oder weniger einschneidende Ereignisse verpasst im Leben, weil man etwa am Morgen eine halbe Minute später losfährt und dadurch einem Verkehrsunfall entgeht oder zehn Minuten früher, und nicht mehr zu Hause ist, wenn der Lieblingsnachbar mit einem Sackerl frisch gepflückter Eierschwammerln klingelt. Aber Matthias hat nichts verpasst.

Zum ersten Mal seit langem stimmt sein Timing ganz genau und alle Eierschwammerln dieser Welt würde er nicht tauschen wollen für das, was ihm das Schicksal an diesem frühsommerlichen Nachmittag vor die unachtsamen Füße treibt. Als er die Gestalt aus dem Schotterweg zwischen zwei Thujenhecken huschen sieht, kann er sich gerade noch mit einem Sprung vom Gehsteig retten. Allerdings hat Lady ein paar Hundertstelsekunden früher reagiert. Die Leine wird zum Stolperseil, ein unwirklich langer Moment im Schwebezustand und er schlägt hart auf den Asphalt. Noch während Matthias realisiert, dass Lady seine Unachtsamkeit schon zum zweiten Mal beinahe das Leben gekostet hätte, manifestieren sich die Beine der Unfallverursacherin in seinem eingeschränkten Blickfeld. Ein Paar schlanke Fesseln, wie sie nur die Schuhe seiner Lieblingsmarke adeln können, kräftige Waden (gut definiert, aber nicht zu muskulös) und zauberhafte Knie (rund und fraulich mit kleinen Grübchen an den rechten Stellen). Die Schenkel – Café-Latte braun, mit einem Hauch von blondem Flaum bedeckt, kommen aus abgeschnittenen Jeans gewachsen, die genau die richtige Länge haben, um eine paar entzückend zarte Besenreiser nicht zu verdecken. Man müsste eigentlich ein Gedicht schreiben über diese Beine, geht es Matthias durch den Kopf. Aber erstens ist er kein Dichter, sondern Erzähler und zweitens wird ihm plötzlich klar, dass er starrt wie ein alter Lustmolch. Rasch sieht er weg und pfeift nach Lady. Was ihn ziemlich dumm aussehen lässt, denn die Hundedame ist nach dem Schreck zurückgekommen und sitzt munter hechelnd neben ihm. Definitiv nichts von einem Hecheln hat das Lachen, das da von der anderen Seite kommt. Es ist warm und kehlig. *Klingt nach Honig. Klingt nach der Vermählung eines Kunstwerks mit der schönsten Melodie der Welt*, flüstert der latente Lyriker in seinem Kopf. Sie hat die tiefstehende Abendsonne im Rücken, deshalb kann er zunächst nur ihre Umrisse ausmachen. Aber dann beugt sie sich zu ihm herunter und zieht sich die Kapuze eines schlabberigen Hoodie-Sweaters vom Kopf und er sieht ihr direkt in die Augen. Grüne Augen. Tiefgrün. Tiefgründig und geheimnisvoll mit einer Spur von Ironie dahinter. Sieht das aschblonde Haar mit einer ersten Ahnung von Grau darin, zurückgebunden zu einem mädchenhaften Zopf, der ihr um die linke Schulter fällt. Sieht die kleine, neckische Lücke zwischen den Schneidezähnen und ist so überrascht, dass es ihn wahrscheinlich umhauen würde, säße er nicht ohnehin schon mit dem Hintern am Asphalt. Silvia überspielt den kleinen Vorteil, indem sie ihm die Hand entgegenstreckt. Während er sich hochrappelt und den Staub vom Hosenboden klopft, denkt er an den Morgen, als sie sich zum ersten Mal berührt haben. Eine harmlose Berührung. Nicht mehr als eine Geste, aber er hat sie nicht vergessen.

Als sie sich gegenüberstehen, Matthias in seiner abgefuckten Jogginghose, sie in ihrer unprätentiösen Schönheit, würde er sie gerne fragen, ob da etwas zwischen ihnen ist. Oder war. Oder warum es nicht mehr ist, falls es jemals gewesen sein sollte. Vielleicht war es nie mehr für sie als Sympathie, und er hatte nur irgendetwas hineininterpretiert in ihre Blicke, ihr Lachen, die kurzen Gespräche und Shakerein während der Pausen. Als ihr vielleicht klar geworden ist, dass sie falsche Signale aussendet, ist sie auf Abstand gegangen. Das würde natürlich einiges erklären. Aber Matthias will nichts erklärt haben. Nicht am Ende eines Tages, an dem er innerhalb nur weniger Stunden einen neuen Job bekommen und den anderen so gut wie schon verloren hat. Überhaupt gibt es Dinge auf der Welt, die man besser nicht zerpflückt und auseinandernimmt, weil sie nicht erklärt werden möchten. Oder sich selbst den Zeitpunkt wählen, an dem sie sich dir offenbaren. Wenn du diese Dinge drängst, kann es gut sein, sie entziehen sich dir für immer. Manchmal aber – und das geschieht wirklich nur ganz selten, und nur dann, wenn irgendeine höhere Macht bestimmt, dass es so sein soll – manches Mal kommt dieser Zeitpunkt früher als erwartet.

Für Matthias war er völlig überraschend gekommen, mit einer derartigen Tiefe und Intensität dass …, wenn er heute Morgen daran zurückdenkt, mit dem Mund voll Schaum und dem Geruch von Urinal-Tabs in der Nase (Apfel-Limette), … dass er gar nicht anders kann, als den Deckel seiner Kiste der besonderen Momente nun doch ein klein wenig zu lüften, um sich die Ereignisse mit aller Vorsicht noch einmal in Erinnerung zu rufen. Und Matthias erinnert sich. Erinnert sich mit allen Sinnen. Spürt wieder die Abendsonne im Gesicht, hört den Gesang der Grillen, während sie ihm sagt, sie freut sich, ihn zu sehen. Riecht den Schweiß auf ihrer Haut (seifig, mit Sonnencreme vermischt), riecht seinen eigenen (ohne Creme und Seife, aber nicht ganz unangenehm, er hat schon schlechter gerochen). Spürt den Zug der Hundeleine an der Hand, hört Silvia lachen, als er ihr Tackling lobt, sieht sich unter seinem Bart erröten, als er fragt, ob sie ihn begleiten möchte.

Nach allem, was danach passiert, nachdem aus ein paar Schritten ein ganzer Kilometer wird, und dann zwei und eine Runde um den Römerwald, und dann noch eine, während die Sonne aus dem rosarot gefärbten Himmel in den kleinen Weiher taucht, ist das Einzige, was noch erklärt werden muss, eine gewaltige Verzögerung in seinem Zeitplan und ein immer noch verschlossener Spind. Denn natürlich ist Matthias nicht mehr bei den Eltern drüben gewesen, natürlich hat er nicht mehr an die Flex gedacht oder an den Franz oder die verdammte Dienstbesprechung. Denn selbstverständlich war ihm alles andere egal, als er zu begreifen anfing, dass Silvia ihm auch gerne zuhört, wenn er keine blöden Witze reißt. Dass man nicht immer reden muss oder lachen, um sich zu verstehen. Und auch, dass die Frau, mit der sich ganz besonders gut nicht lachen oder reden lässt, dass diese Frau an seiner Seite mehr mit ihm gemeinsam hat, als er bisher dachte. Beide sind sie sehr behutsam umgegangen mit den Worten. Beinahe so, als wären sie sich nicht sicher, was sie dem anderen an eigenen Wahrheiten zumuten können. Dennoch glaubt er, mehr über

Silvia erfahren zu haben als er über sonst jemanden weiß. Umgekehrt kann sich Matthias nicht daran erinnern, jemals einem Menschen so viel über sich selbst anvertraut zu haben, wie gestern Abend Silvia Lenz.

Es ist schon lange dunkel, als sie vor ihrem Gartentor zu stehen kommen. Aus Gründen, die er zu verstehen glaubt, bittet ihn Silvia nicht ins Haus. Auch nicht, als es später wird und die Nacht empfindlich kühl und keiner von ihnen beiden sich entschließen kann zu einem, *Ja dann, mach's gut* oder *Bis morgen dann!* Als ihn Lady mit herzzerreißenden Winsellauten in immer kürzeren Abständen daran erinnert, dass ein Dackel seinen Schlaf braucht (zumal, wenn dieser eine Wanderung hinter sich hat, bei der jeder Windhund längst W.O. gegeben hätte), als er schließlich sagt, er muss jetzt gehen, holt sich Silvia ihre Jacke und spaziert mit ihm zur Schule. Matthias trägt die auf seinen Armen bereits tief schlummernde Hündin nach unten in den Bunker und bringt Silvia heim. Und weil die Zeit auf dem Rückweg viel zu rasch verstreicht, drehen sie dann in ihrer Straße noch einmal um und halten vor dem Lehrerparkplatz, wo er darauf bestehen muss, sie abermals zurück nach Hause zu begleiten.

Wie oft sich das Ritual wiederholt hat, wie oft in dieser Nacht sie nebeneinander schlendernd den Lichtkegeln der Laternen ausgewichen und über Risse im Asphalt gestiegen sind, während sie gelacht, geredet oder einfach nur geschwiegen haben, Matthias weiß es nicht mehr. Er hat nicht mitgezählt. Zahlen haben nichts verloren in seiner Schatzkiste. Sie sind scharfkantig und spitz und sperrig, voluminös und bauchig und brauchen zu viel Platz. Als es leicht zu nieseln anfing und der Regen stellenweise dunkle Fleckenmuster auf Gehwege und Straßen sprühte, war ihnen beiden klar geworden, dass ihre Nacht zu Ende ging. „Das war schön", hatte sie ihm zugelächelt, „... ich denke, ich werde heute gut schlafen können", und war im Haus verschwunden, ohne sich noch einmal umzudrehen. Matthias war noch eine Weile stehengeblieben. Bevor er ging, konnte er sehen, wie hinter den Fenstern im ersten Stock ein paarmal noch die Lichter aus- und wieder angingen. Dann blieb es dunkel und er machte sich auf den Heimweg.

Als die Schulglocke ihren altmodischen Dreiklang durch die Gänge wirft, spuckt Matthias noch einmal ordentlich aus, kämmt sich mit nassen Fingern durch die widerspenstigen Locken und ist bereit fürs Tagewerk. Dass er vielleicht doch nicht ganz so ausgeschlafen ist, wie er sich selbst gerne einreden möchte, wird ihm klar, als er das Schultor aufschließt und mit seiner Trainigsraum-Freundin, der Nukic Babsi, kollidiert. Anstatt sein „Guten Morgen", zu erwidern, beäugt sie ihn von oben bis unten, klimpert mit den schwer geschminkten Augendeckeln und grinst so breit, dass ihr beinahe der Kaugummi aus dem Gesicht fällt. „Oida, wie cool, Herr Sommer!", schmettert sie ihm entgegen. Und zu ihrer Freundin gewandt: „Geil, oder?" Dann ziehen die beiden kichernd ab und gleichzeitig ihre Smartphones aus dem Stückchen Jeans-Stretch, das jede Menge Bauch- und Oberschenkelspeck zusammenhält.

Es dauert ein paar Augenblicke, bis Matthias kapiert. Dann sieht er mit einer bösen Vorahnung an sich hinunter und weiß, was heute an der Schule Tagesthema sein wird. Und morgen auch schon wieder vergessen, redet er sich ein. Er wünscht sich nur, er hätte die schwarzen Boxershorts angezogen, anstatt der alten Jockeys mit dem Clownsgesicht am Eingriff.

Die Mission

Nachdem Konrad Klingfurth den Mercedes umständlich zwischen zwei Parklücken manövriert hat, schließt er die Augen und holt tief Luft. Er weiß, wenn das hier funktionieren soll, muss er in absoluter Bestform sein. Nach der ungewohnt langen Fahrt auf der vom Sprühregen glitschigen Überlandstraße ans Ostende der Hauptstadt zittern ihm die Beine, die Fingerknöchel sind weiß von der krampfhaften Umklammerung des Steuers. Die Strecke, obwohl er jede einzelne der langgezogenen Kurven und Gefahrenstellen nach all den Jahren blind vorhersagen kann, hat ihm alles an Kräften abverlangt. Erst jetzt, da Anspannung und Konzentration langsam nachlassen, spürt er die Müdigkeit. Lässt sie kommen. Lässt sich für ein paar Momente von der Schwere der Erschöpfung tief in den ledernen Fahrersitz drücken und löst den Griff vom Lenkrad. Das unrhythmische Klopfen auf Autodach und Windschutzscheibe schleicht sich wie ein Wispern an sein Ohr. Hört sich an wie tausend kleine Stimmen. *Was machst du hier, du alter Trottel, was hast du hier zu suchen? Tropfen, Tropfen an die Fenster, klopfen, klopfen wie Gespenster.* Die Geister der Vergangenheit, Konrad hat sie unterschätzt, als er sich entschlossen hat, noch einmal den Ort aufzusuchen, von dem er dachte, er hätte ihn für immer hinter sich gelassen.

Durch die angelaufenen Scheiben und den Regenvorhang kann er die Umrisse der Neben- und Hauptgebäude vom Besucherparkplatz aus schemenhaft erkennen. Aquarelle, die sich nur durch ihre Dreidimensionalität unterscheiden von den verwaschenen Bildern, die er jahrelang mit sich herumgetragen hat, in der Hoffnung, sie würden eines Tages ganz verblassen. Sie sind noch da, die Mauern und Gebäude. Sind nicht einfach eingestürzt, niedergerissen oder vom Erdboden verschluckt worden, nur weil er beschlossen hat, ihnen den Rücken zu kehren. Sind im Gegenteil, sogar aus- und umgebaut, sicherer gemacht worden und moderner, um dem neuen Standard zu entsprechen. Was sich nicht geändert hat seit seinem Wirken hier, sich auch nicht ändern wird, trotz des frischen Anstrichs und Bemühens um erhöhten Lebensstandard auch für den Abschaum der Gesellschaft, ist der Zweck der Anstalt. Der Großteil der Männer, die hier einsitzen, aus welchem Grund auch immer, haben einen Punkt erreicht, an dem sich nichts mehr ungeschehen machen lässt. Nicht durch jahrzehntelange Haft, nicht durch Abschiebungsurteile oder Lebenslänglich. Auch nicht durch Einsicht oder Reue, in jenen Fällen, die der Staat als resozialisierbar einstuft. Diese Einsicht, aber auch das Wissen um das Leid der Täter selbst, ihre Motive, das Leben mit der Schuld und eine Zukunft ohne Perspektiven, ihr Elend und die akkumulierte Hoffnungslosigkeit, die in jeder Faser des Gebäudes auf Schritt und Tritt zu spüren sind, genau diese furchtbare Erkenntnis ist es gewesen, die ihn damals dazu brachte, den Beruf zu wechseln. Und es ist eine gute Entscheidung gewesen. Die einzig richtige, wie Konrad heute weiß.

Seit mehr als zwanzig Jahren hat er nur mit Urkunden, Schenkungen und Überschreibungen zu tun. Hatte er gedacht, er würde eines Tages guten Gewissens und mit sich im Frieden Abschied nehmen können von der Welt. Im besten Falle in den Armen seiner Frau. Im wahrscheinlichsten, im eigenen Büro mit seinem Montblanc zwischen den Fingern, über einen Stapel langweiliger Dokumente und Akten gebeugt. Es sind gute Jahre gewesen, ruhige Jahre. Konrad kann sich nicht beklagen. Er hatte gutes Geld gemacht und genügend Zeit für seine Hilde. Bevor sie richtig krank geworden ist, sind sie viel gereist. Als ihre Zustände sich häuften, hatte er die Villa draußen vor der Stadt gekauft. Wie auch das Anwesen, braucht Hilde viel Fürsorge und Aufmerksamkeit, was ihn nicht stört, aber immer mehr ermüdet. Auch die Arbeit in der eigenen Kanzlei, die er zunächst als willkommene Ablenkung empfand, war ihm mit den Jahren in ihrer Eintönigkeit immer sinnloser und lähmender erschienen. Als ihm dann ein alter Freund im Stadtrat von einem Hilfsprojekt erzählte, musste er nicht lange überlegen. Seitdem setzt er sich unentgeltlich für all jene ein, die vom rechten Wege abgekommen, von der Gesellschaft übervorteilt oder einfach vergessen worden sind, und seinen juristischen Ratschlag suchen. Als Strafverteidiger war er meist erst mit den Folgen gesellschaftlichen Versagens konfrontiert gewesen. Hier aber hat er die Möglichkeit zu helfen, noch bevor das Elend in vollem Ausmaß zuschlagen kann. Aus ein paar Beratungssitzungen waren wöchentliche Sprechstunden geworden, und wenn er auch manchmal damit hadert, dass die Gelegenheit so spät im Leben kam, so ist er dankbar, seine ursprüngliche Berufung auf diese Weise noch erfüllt zu sehen. Als ehrenamtlich bestellter Beistand hat er hauptsächlich mit straffällig gewordenen Jugendlichen zu tun, deren Fälle im Bezirksgericht verhandelt werden. Mit Kleinkriminellen aus sozial ärmlichen Verhältnissen. Misshandelte Frauen gehören ebenso zu Konrads Klientel wie geschiedene Ehemänner, die im aussichtslosen Kampf um das geteilte Sorgerecht am Rande der Verzweiflung stehen. Soweit es seine Zeit zulässt, berät er außerdem Flüchtlingsfamilien über ihr Bleiberecht und hilft jenen Bürgern, die durch Alter oder Krankheit nicht mehr fähig sind, sich alleine um ihre juristischen Angelegenheiten zu kümmern. Konrad liebt die Arbeit. Er mag die Menschen und sie mögen ihn. Sie vertrauen ihm. Selbst jene, die die Grenzen zur Illegalität überschritten haben, nehmen seine Dienste gerne in Anspruch. Alles was sie brauchen, ist der Glaube an sich selbst. Daran, dass ihr Weg nicht vorgezeichnet ist. Dabei gilt es besonders, sich den Jungen unter ihnen anzunehmen. Selbst Opfer ihres Umfeldes werden sie oft in frühen Jahren schon zu Tätern abgestempelt. Ihnen klar zu machen, dass sie sich aus beiden Rollen befreien müssen, wenn der Neuanfang gelingen soll, ist nicht immer einfach. So mancher Klient, von dem er sicher war, er hätte es geschafft, sitzt zum wiederholten Male zwischen den Mauern, die sich jetzt in schauderhafter Seelenlosigkeit vor ihm aus dem Dunst befreien. Vielen anderen hat er helfen können. Und nur das ist es, was zählt.

Trotz seiner Befangenheit und Ängste hofft Konrad, dass er auch dem jungen Mann wird helfen können, dem er gleich gegenübersitzt. Wenn der es zulässt, dann kann auch seine andere Mission gelingen.

Wenn er nur endlich aus dem gottverdammten Wagen kommt. Heute Morgen noch, war er so überzeugt von seinem Plan gewesen. Jetzt allerdings, da die Schatten der Erinnerung vor seinen Augen ihre schauderhaft-konkrete Form annehmen, würde er am liebsten umkehren und die ganze Sache einfach vergessen. Aber das geht nicht. Er hat Maria sein Versprechen gegeben und wenn es stimmt, was ihm der Meixner Georg gestern Abend in seinem Rausch verraten hat, dann muss er den Syrer-Burschen zum Reden bringen. Noch hat er keinerlei Gewissheit, ob sich sein Verdacht bestätigt. Da es nur einen Weg gibt, das herauszufinden, und weil Konrad Klingfurth seine Grübeleien durch das Nahen eines misstrauisch gewordenen Wächters just unterbrochen sieht, bleibt ihm nichts anderes übrig, als den Kragen hochzuschlagen, seinen Filzhut aufzusetzen und aus der Sicherheit des Autos in den Regen hinaus zu treten.

Es ist genau, wie in seiner Erinnerung. In Anbetracht der vorgenommen Umbauten sogar noch schlimmer. Die grauen Linoleumböden hat man herausgerissen und durch hellgrüne ersetzt. Die Putzmittel, die sie ausdünsten, zeugen vom vergeblichen Bemühen, den alles überlagernden Geruch von Schweiß, Testosteron und Kantinenessen zu bekämpfen. Unter dem künstlichen Licht der Deckenlampen sehen die beigefarbenen Plastikstühle aus wie Eierschalen. Sie sind an den Füßen mit Schrauben am Boden befestigt und berauben, ebenso wie die Kameras in allen Ecken, den Betrachter jeder Illusion von Freiheit. Die weiße Tür, durch die man ihn geführt hat mit der Aufforderung zu warten, ist keine Gittertür wie die anderen in diesem Teil des Traktes. Ihre Eigenart jedoch, die Tatsache, dass sie auf dieser Seite des Raumes keinen Griff hat, setzt ihm weitaus härter zu, als der Anblick der schweren Stahltore am Gang. Sie hat etwas Zynisches, etwas zutiefst Gemeines, diese Extravaganz, weil sie am Beispiel der Gefängnisplanung eine böse Parabel auf die Bewohner hier beschreibt. Denn die Tür, durch das Fehlen von Schloss und Henkel ihrer ursprünglichen Funktion als Tür entfremdet, steht als Spiegelbild für jeden Mann in dieser Anstalt. Als ständige Erinnerung, dass ja die Entfremdung auch an ihm vollzogen wird. Sich in ihm selbst vollzieht, in jeder einzelnen Minute seiner Isolierung. Seines bedeutungslosen Daseins, seiner nutzlos gewordenen und unerwünschten Existenz als Taugenichts und Abschaum, der es sich auf Staatskosten gutgehen lässt. Ein neues Leben anzufangen, gelingt in diesem Lande gerade einmal der Hälfte aller Straftäter. Was bei der derzeitigen Einsparung an Resozialisierungsgeldern immerhin schon an ein Wunder grenzt. Die Männer, die es nicht schaffen, werden früher oder später wiederkommen. Ihre Türen so lange nach innen aufgehen sehen, bis sie sich mit ihrem Schicksal abfinden oder aber daran zerbrechen. Gewalt und Hoffnungslosigkeit, Ausgrenzung und Depression. Das ist es, was den meisten blüht, die einmal hier gelandet sind.

Konrad ist nur froh, dass ihm Maria damals davon abgeraten hat, aus Frustration gleich alles hinzuschmeißen. Seit er die Kanzlei vom alten Kinski in Bad Hoffning samt Sekretärin übernommen hat, ruht die Zulassung als Anwalt. Ohne die Lizenz und seine immer noch ausgezeichneten Verbindungen zur Kammer würde er heute nicht hier sitzen, denn offiziell hat er mit dem Häftling nichts zu schaffen und als Privatperson ist ihm der Besuch in U-Haft nicht gestattet.

In welcher Funktion er genau hier ist, darüber wird sich Konrad später klar werden müssen, denn kurz nachdem er auf der anderen Seite der Tür das schwere Rasseln eines Schlüsselbundes hört, betritt vor dem Wärter eine kopfbetuchte, aber durchaus attraktive Frau mittleren Alters den Raum. „Alina Alsabaa, ich bin

die Übersetzerin", stellt sie sich beinahe akzentfrei vor. „Herr Hadami wird gleich hier sein. Wir warten auf den Anwalt."
Es liegt nicht allein am angenehmen Äußeren der Dolmetscherin, und auch nicht an der bulligen Erscheinung des Wärters, dass Konrad plötzlich Schwierigkeiten hat zu schlucken. Das Herz schlägt ihm bis zum Hals hinauf, die Handinnenflächen sind so feucht, dass er gezwungen ist, den Gegengruß auf ein höfliches Nicken zu reduzieren. In nur wenigen Minuten wird sich weisen, ob er seiner besten Freundin ihren letzten Wunsch erfüllen kann. Mit dem Versprechen, ihr Vermächtnis zu vollstrecken, ist etwas in ihm wach geworden, das er längst verloren glaubte. In dem Wissen, dass ihm bis zur Abstimmung im Stadtrat kaum noch Zeit bleibt, hatte er sich unter Hochdruck in die Arbeit gekniet. Den größten Teil der Erbschaftssumme in eine Schenkung umzuwandeln, scheint machbar. Mit Hilfe einiger Kontakte dürfte es kein Problem darstellen, die Mühlen der Bürokratie ein wenig anzukurbeln, um den mühseligen Prozess von Beglaubigung, Erweisungen und Klärung der Besitzansprüche auf elegante Weise abzukürzen. Dass es sich die Stadt leisten kann, die in Aussicht gestellte Schenkung wegen eines Zusatzpasses abzulehnen, kann er sich nicht vorstellen. Die kürzlich veröffentlichten Budgetauflistungen sind frisiert, im Stadtrat aber weiß man um die prekäre Situation, in die der Bürgermeister die Gemeinde manövriert hat. Josephus Stix, der zur Blütezeit dank Förderungen und EU-Zuschüsse aus dem Vollen schöpfen konnte, hat sich in den letzten Jahren mit mehreren Projekten übernommen. Mit der Errichtung des Wasserturms, eines zweiten Altstoffcenters und nicht zuletzt auch durch das mit Fremdwährungskrediten finanzierte Wohnprojekt auf den Raabtalgründen, steht Bad Hoffning tief in den roten Zahlen. Sein Nachfolger wird einiges zu tun haben, um das zu vertuschen. Und ganz nebenbei wird der junge Prinz natürlich Geld in seine eigenen Projekte pumpen, aber zumindest eines dieser Projekte darf auf keinen Fall zustande kommen.

Konrad atmet schneller, als er spürt, wie sich das Gewicht der

Gefängnismauern auf seine Schultern legt. Die Wände der Besucherzelle scheinen mit jedem Atemzug ein wenig näher zu rücken. So viel ist noch zu tun, muss er noch bedenken, wenn er das Gymnasium Kernstockgasse für Maria retten möchte. Und selbst wenn es ihm gelingen sollte, die Fusion abzuwenden, bleibt immer noch ein riesiges Problem. Er hat es mehrfach durchgerechnet, nach Renovierung und kompletter Modernisierung bliebe zwar genug Vermögen für einen Zubau und die Schaffung neuer Parkmöglichkeiten, was aber fehlt, ist der Platz. Die brachliegenden Gründe hinter der Schule hat letztes Jahr eine Supermarktkette erworben, auf der angrenzenden Fläche soll bis 2023 ein Möbelhaus errichtet werden.

Er beobachtet, wie sich die Dolmetscherin auf einen Stuhl an der Wand setzt und Block und Schreibgerät aus ihrer Tasche zieht. Die routinierten Bewegungen erinnern ihn daran, dass er selbst noch keinen Plan hat, wie er die ganze Sache angehen soll. Wenn Djamal Hadami reden sollte und bestätigt, was ihm der Meixner Schorsch am Vorabend anvertraut hat (mehr oder weniger im Vollbesitz seiner geistigen Kräfte), gibt es kein Zurück mehr. Konrad ist immer stolz darauf gewesen, dass er sich als Anwalt nie die Hände schmutzig machen musste an schwindeligen Deals und obskuren Vergleichen. Erpressung durch das Zurückhalten von Informationen lässt sich mit seinem Moralverständnis nicht vereinbaren. Wenn er heute allerdings erfolgreich sein will, wird er zum ersten Mal gegen den eigenen Ehrencodex verstoßen müssen.

Auch wenn er das genaugenommen längst getan hat. Die Attacke auf den Bürgermeisterkandidaten und dessen Frau war schon gestern Mittag Stadtgespräch gewesen. Obwohl er Tratsch und Gerüchten normalerweise keine Beachtung schenkt, schon gar nicht, wenn es um das Privatleben des jungen Albert geht, hatte ihm die Geschichte seither keine Ruhe gelassen. Als dann am späten Nachmittag Hilde mit Migräne nach oben ins Schlafzimmer getorkelt war, ist das Gefühl immer nagender geworden, bis er zum Hörer griff und die Nummer des örtlichen Gruppeninspektors Meixner wählte. Erst eine Stunde später, als er vor der dessen Haustür stand, mit seinem alten Diktiergerät in der Tasche und zwei Flaschen des besten Zinfandel unterm Arm, den er im Keller finden konnte, hatte ein Gedanke in seinem Kopf Gestalt angenommen. Bis kurz nach Mitternacht, bis beide Flaschen leer waren, und der Georg voll, wie man ihn normalerweise nur am dienstfreien Wochenende kennt, war aus der vagen Idee ein Plan gewachsen.

Wieder hört er, wie auf der anderen Seite des Besucherzimmers jemand einen Schlüssel in die Tür steckt. Wieder gilt sein Denken zunächst ausschließlich der Tür, und ob diese in Ermangelung einer Schnalle als solche überhaupt bezeichnet werden dürfte. Ob es für solche Türen vielleicht einen politisch korrekteren Ausdruck gibt. *Monoseitiges Portal* vielleicht. Oder *unilaterale Pforte*. *Einschnallig* klänge auf jeden Fall diskriminierend, und *eingriffig* erinnert zu sehr an den Ausdruck *untergriffig*, der ja ebenfalls sehr negativ besetzt ist. Als ein hünenhafter junger Mann den Raum betritt, bei dem es sich eindeutig nicht um Djamal Hadami handelt, sieht sich Konrad gezwungen, die Lösung für die Tür-Frage vorläufig hintanzustellen. Er muss sich zusammenreißen. Immer wenn er nervös ist, kommen ihm die unmöglichsten Einfälle. Assoziative Diarrhoe, Durchfall der Synapsen, pflegt Maria diese Momente zu benennen, in denen er sich zwanghaft in spontanen Begriffsverkettungen verliert. Der Junge wirkt sympathisch. Er ist fast so groß wie Konrad selbst, vielleicht sogar ein wenig größer (so genau lässt sich das nicht sagen, da er die leicht vorgebeugte Haltung eines Boxers hat). Nachdem er die Dolmetscherin begrüßt, stellt er sich Konrad mit einem festen Handschlag als Dr. Oliver Lilienthal vor und setzt sich ihm gegenüber an den Besuchertisch. Als er sieht, wie der Stuhl unter dem blonden Riesen verschwindet, zwingt sich Konrad, nicht an *Gulliver in Liliput* zu denken, was angesichts des Namengleichklangs eine gewaltige

Herausforderung darstellt. Mit einem Räuspern überspielt er den nervösen Drang zu kichern. Herrgott, was ist denn los mit ihm? Er hat das doch schon tausendmal gemacht!

„Also, Herr Kollege. Ich verstehe, Sie sind wegen meines Klienten hier? Was genau, wenn ich fragen darf, wollen Sie denn nun von Herrn Hadami?" Das Lächeln im Gesicht des Pflichtverteidigers bleibt authentisch, dennoch wirkt er angespannt. Konrad kennt sich aus mit Körpersprache. Jemand wie er, der lange genug mit Menschen zu tun hatte, für die das Lügen so natürlich ist wie Atmen oder Schlucken, kann aus dem kleinsten Muskelzucken ganze Lebensgeschichten lesen. Lilienthal hat beide Schultern leicht nach oben gezogen, der tadellos manikürte Zeigefinger unter dem akkurat getrimmten Kinnbart verrät neben männlicher Eitelkeit auch eine Spur von Argwohn. Natürlich muss der Knabe misstrauisch sein. Eine Besuchserlaubnis ohne schriftlichen Antrag ist nicht gerade üblich und wirft natürlich Fragen auf. Vor allem wenn es sich bei dem Besucher um einen ehemaligen Kollegen handelt und die Genehmigung vom obersten Staatsanwalt kommt. Dass es sich bei besagtem Staatsanwalt um Rudi Kreissler handelt, Konrads besten Freund aus Studienzeiten, den er häufig abschreiben ließ, muss er dem Mann nicht unter die Nase reiben.

„Sie haben nichts zu befürchten, Herr Doktor", hört er sich sagen. „Im Gegenteil, ich denke, ich kann Herrn Hadami helfen." Verengte Augenbrauen, überkreuzte Arme. Skepsis. Zweifel. Raum für Offensive. Zeit, einen Vorstoß zu wagen, geht es Konrad durch den Kopf. Er weiß nicht, wo er auf einmal die Gewissheit hernimmt, die ihm sagt, was er zu tun hat. Er hat das hier nicht geprobt, hat sich in keinster Weise darauf vorbereitet, aber das alles spielt jetzt plötzlich keine Rolle mehr. Mit derselben Entschlossenheit, mit der er gestern Nacht das Haus des Meixner Schorsch verlassen hat, mit demselben Mut, der ihn heute Mittag über die nasse, kurvenreiche Landstraße getragen und dann durch die Gänge der trostlosen Anstalt bis in diese Zelle hier begleitet hat, mit genau dieser naiven Beherztheit erhebt sich Konrad

Klingfurth nun und beginnt zu sprechen. Weder die Wände des beengten Raumes noch die Tür, nicht die Jugend des Kollegen machen ihm noch Sorgen. In einer sachlich vorgetragenen Rede, eloquent und routiniert, aber durchaus mit der nötigen Nuance von Emotionen, hält er das vielleicht beste Plädoyer seiner Karriere.

Als er sich wieder auf den Stuhl setzt und in die Augen seines Gegenübers blickt, weiß Konrad, dass er Lilienthals Vertrauen gewonnen hat. Der zur Seite geneigte Kopf verrät ihm, dass der junge Anwalt die Informationen erst verarbeiten muss. Das alles ist neu für ihn. Ein Geschenk, das er annehmen muss, auch wenn er nicht darum gebeten hat. Die Tatsache, dass die Bad Hoffninger Beamten unter Leitung von Inspektor Georg Meixner im Verhör von Djamal Hadami auf eine Rechtsbelehrung verzichtet haben, sowie das Unterlassen einer genauen Tatortanalyse hätten an sich genügt, um eine Anklage für nichtig zu erklären. Dass aber auch im Ermittlungsprotokoll wesentliche Details verschwiegen worden sind, wie etwa der Fund eines gebrauchten Diaphragmas am Bett des putativen Opfers oder das Fehlen eindeutiger Fingerabdrücke beider mutmaßlicher Täter am Feuerlöscher, ist schon skandalverdächtig. Aufgrund der Prominenz der Opfer einerseits und der Provenienz der beiden Beschuldigten andererseits, hatten sich die Beamten auf die Aussage Ersterer verlassen, ohne weiter zu urgieren. Oder wie der Meixner sich am Vorabend ausgedrückt hatte: „Ja, mein Gott! Ich mein, das war eine klare Sache. Wir hatten die Stellungnahme vom Albert und seiner Puppe. Der Syrer hat das Maul nicht aufgebracht, aber die Schuld stand ihm ins Gesicht geschrieben. Was hätten wir denn da noch groß ermitteln sollen?"

Konrad ist bewusst, dass er ab hier besonders geschickt vorgehen muss, denn ein Skandal ist genau das, was er nicht gebrauchen kann in seinem Plan. Er hat schon mit einigen Pflichtverteidigern zu tun gehabt. Die meisten sind (entgegen der öffentlichen

Meinung, die hauptsächlich durch amerikanische Anwaltsserien geprägt ist) fähige und engagierte Leute. Auch dieser Gulliver scheint ihm ein patenter Bursche. Seine erste Reaktion wirkt kleinlaut, fast entschuldigend.
„Das ist ... nun ja, das war mir nicht bekannt, Herr Kollege. Sie müssen wissen, dass ich erst seit kurzem mit dem Fall betraut bin. Und Herr Hadami zeigt sich nicht gerade kooperativ. Zwar beteuert er seine Unschuld, aber was den Tathergang selbst betrifft, so ist nichts aus ihm herauszukriegen." Wie um Suche nach Bestätigung blickt Lilienthal hinüber zur Dolmetscherin, die stoisch vor sich hin starrt, als habe sie im Leben schon sehr viel Zeit mit Warten zugebracht.
„Ich bin Ihnen selbstverständlich dankbar für diese Informationen, trotzdem weiß ich noch immer nicht, was Sie von mir wollen." Räuspern. Nach oben zeigende Handflächen. Na, wer sagt´s denn, denkt Konrad. Gulliver aus Liliput hat sich ihm gerade ergeben, ohne sich darüber klar zu sein.
„Meine Motive tun nichts zur Sache", gibt er bestimmt zur Antwort. „Ich vertrete hier gewissermaßen die Interessen Dritter, die mit dem Fall Hadami nur, ... na, sagen wir... nur peripher zu tun haben." Etwas umständlich zieht er das alte Diktiergerät mit der Aussage des Meixner Schorsch aus der Innentasche seines Mantels und legt es vor sich auf den Tisch.
„Hier ist alles drauf, was Sie für eine Nichtigkeitsbeschwerde brauchen. Das Band gehört Ihnen, wenn Sie mir dabei helfen, aus Ihrem Mandanten die Wahrheit herauszukriegen. Ich will seine lückenlose Aussage."
„Ich fürchte, ich begreife immer noch nicht ganz ...", entgegnet Lilienthal stockend. „Wofür brauchen wir Hadamis Aussage, wenn Sie offenbar Beweise dafür haben, dass bei den Ermittlungen gepfuscht wurde?" In seinem Unverständnis sieht er noch um einige Jahre jünger aus. Das Gespräch befindet sich in einer entscheidenden Phase. Jetzt nur keinen Fehler machen, mahnt sich Konrad. Ehe er antwortet, beugt er sich ein wenig über den Tisch

hinüber und Lilienthal tut es ihm unverzüglich gleich, sodass für ein paar Sekunden der Eindruck einer verschworenen Verbundenheit entsteht.

„Und sehen Sie, genau da liegt der Hase im Pfeffer. Ich muss in der Sache absolute Sicherheit haben. Gleichzeitig brauche ich Ihr Wort, dass Sie in dem Fall nicht weiter urgieren, sobald die Vorwürfe gegen Djamal Hadami und seinen Bruder wegen unterschlagener Beweismittel fallen gelassen werden. Kein Aufsehen, keine Bloßstellung der Gegenpartei und vor allem keine Presse." Nachdem er den Blickkontakt lange genug gehalten hat, lehnt er sich zurück und lässt die Spannung weichen. Erst jetzt spürt Konrad, wie viel ihm das hier körperlich tatsächlich abverlangt. Unter seinem Anzug ist er schweißgebadet, der Puls geht schneller, als in seinem Alter gut für ihn ist. Gleichzeitig hat er sich seit langer Zeit nicht mehr so großartig gefühlt.

„Verstehe", murmelt Lilienthal und fährt sich mit der rechten Hand durchs dichte Haar. „Quid pro quo. Das ist es doch, worauf sie anspielen?"

„Quid pro quo. Wir beide bekommen, was wir wollen", nickt Konrad. „Und darüber hinaus kann ich Ihnen versichern, dass ich alles in meiner Macht stehende tun werde, um Herrn Hadamis Ruf im Unschuldsfalle vollständig zu rehabilitieren, auch wenn es für die Interessen meiner eigenen Mandantin unerheblich ist." Als Lilienthal nicht sofort antwortet, beschließt Konrad noch eins draufzulegen. Nicht, dass er es notwendig hätte, den Knaben zu umgarnen, aber so wie der Strafverteidiger bisher aufgetreten ist, hält er ihn für einen Menschen, dem Wohl und Schicksal seiner Klienten durchaus nicht gleichgültig sind.

„Mit Verlaub, Herr Doktor, Sie scheinen mir ein intelligenter und feiner Kerl zu sein, und deshalb denke ich, dass Sie mein Angebot annehmen werden. Vielleicht hilft es auch, wenn ich Ihnen sage, dass es Herr Oberstaatsanwalt Kreissler ist, der mich in der Sache unterstützt hat. Ich weiß ja nicht, wo es Sie hintreibt, Herr Kollege, aber sagen wir einmal, dass eine Zusammenarbeit mit positi-

vem Ausgang Ihrer Karriere durchaus zuträglich sein könnte."
Konrad fällt auf, dass er in den typischen Anwaltsjargon verfallen ist. Vor langen Jahren war ihm diese Art der Kommunikation verhasst gewesen. Jetzt stellt er fest, dass er seinen Spaß daran hat. Wie süßer Nektar fließen ihm die Floskeln über die ausgetrockneten Lippen. Die Lippen des anderen sind feucht, nachdem er ein paar Male mit flinker Zunge darüber geleckt hat. Konrad füllt die Pause nicht. Sieht zu, wie der Junge mit sich ringt. Der lässt eine gute Minute unter mimikreichem Schweigen vergehen, ehe er die Ellenbogen vom Tisch nimmt und sich seinerseits im Plastikstuhl zurücklehnt.

„Also abgemacht, Herr Kollege Klingfurth." Kurze Handbewegung zum gepflegten Stoppelbart. Pause. Dann ein konspiratives Lächeln. „Wir könnten Glück haben. Ich weiß zwar nicht mit Sicherheit, ob es an der Sprechbereitschaft meines Mandanten etwas ändert, aber wie ich gerade erfahren habe, ist sein Bruder, Salih Hadami, vor wenigen Stunden aus dem Koma erwacht."

Begegnungen

Alice had got so much into the way of expecting nothing but out-of-the-way things to happen, that it seemed quite dull and stupid for life to go on in the common way.
Lewis Carroll, Alice's adventures in Wonderland

Matthias

Dafür, dass er heuer nicht in den Genuss der Autonomen Tage kommt, ist Matthias erstaunlich guter Dinge. Als Schulwart ist er immer autonom, die Einsamkeit im Schulgebäude wird ihm guttun. Kein Getümmel, kein Geschrei. Keiner, der was von ihm will. Er wird die Tage nützen, um das Grundstück auf Vordermann zu bringen. Bis zum Schulschlussfest im Juli sind es zwar noch ein paar Wochen, aber alles, was im Vorfeld schon erledigt werden kann, fällt ihm später nicht zur Last. Die Zeit des einsamen Schaffens und Werkens ist ihm mehr wert als ein Kurzurlaub irgendwo an der oberen Adria, wo man zu Pfingsten Angst haben muss, auf jedem zweiten Schritt einem Kollegen in die Arme zu stolpern.

Gut gelaunt beendet er sein Morgentraining und spült die letzte Scheibe Toast mit einer Dose Isostar hinunter. Als der Wetterfrosch im Regionalsender siebenundzwanzig Grad mit Aussicht auf Abkühlung und weitere Regenschauer gegen Abend ankündigt, ist es kurz vor acht. Lady hat ihren Futternapf ausgeleckt und sich seinen nackten Füßen zugewandt. Matthias lässt sie gerne gewähren, er mag sich einen Tagesanfang ohne die feuchte Liebesbekundung gar nicht mehr vorstellen. Als seine Zehen sauber sind, kann ihn nichts mehr halten. Matthias schlüpft in seine Turnschuhe, schnappt sich die Hundeleine und nur wenige Minuten später sind sie aus dem Schulhaus. Mit den warmen Sonnenstrahlen auf dem Gesicht und fröhlichem Amselgezwitscher in den Ohren kommt ihm plötzlich der Gedanke, Silvia anzurufen.

Er weiß, dass sie die Wochenenden gern für sich hat, aber seit ihrem nächtlichen Spaziergang hat er andauernd an sie denken müssen. Ein paarmal sind sie sich diese Woche auf dem Gang begegnet, aber er hatte sich zurückgehalten. Das Flirten ist etwas für die Kids. Sie sind erwachsen. Er ist ein Mann. Und weil Männer Initiative ergreifen, greift er nun beherzt zum Smartphone und wählt Silvias Nummer. Während er dem Rufton lauscht, spinnt er in Gedanken mehrere Dialoganfänge, die den guten alten Cyrano in seinem Grab rotieren lassen würden. Womit er allerdings nicht gerechnet hat, ist die Mailbox. Ein Monolog also. Matthias hasst es, den Leuten auf die Mailbox zu sprechen. Das ist wie in einem Warteraum mit versteckten Kameras herumzusitzen. „Hallo, ähm … Silvia. Ich bin's", hört er sich in den Äther stammeln. „Bitte ruf zurück, wenn du das hier abhörst. Also, wenn du … kannst. Also, … willst. Tja. Wie auch immer. Danke." Drückt ab. Denkt nach, während er Lady am hinteren Grundstück von der Leine lässt, und beschließt, noch eine Nachricht abzufeuern. Sich schriftlich auszudrücken, fällt ihm leichter. *Wie wäre es mit einem Spaziergang heute Nachmittag. Lady sehnt sich schon nach dir. No pressure, aber wenn du Lust hast – gerne bei mir, so gegen fünf?* Gerade will er das mutige Herzchen nach dem Text wieder entfernen, als eine neue WhatsApp-Nachricht eintrifft. *Sind übers lange Wochenende in der Therme. Vegetarische Lasagne und selbstgemachter Spinatstrudel im Tiefkühlfach.* Er muss grinsen. Auch wenn die Mutter ganz schön nerven kann, manchmal ist ihre übertriebene Fürsorge ja doch zu etwas gut. Die Portionen, die sie vorkocht, reichen mindestens für drei. Er schreibt ihr schnell zurück und fügt im Text an Silvia die elterliche Adresse am Römergraben ein, dann tippt er mit leicht erhöhtem Puls auf *Senden*, steckt das Handy weg und pfeift nach Lady.

Aber die Hündin ist nirgendwo zu sehen. Matthias kennt ihre Route über den Hof, kennt die Kuhle unter der alten Kastanie, in der sie sich so gerne wälzt, kennt ihren Lieblingsplatz beim Klettergerüst, wo immer ein paar Jausenreste herumliegen. Weiß, dass sie um diese Jahreszeit gern auch bei den Hecken drüben schnuppert, weil da die Igel ihre Nester bauen. Aber dort ist sie nicht. Auch nicht bei den Schaukeln und nicht beim Sumpfland um das vergessene Biotop. Lady scheint wie vom Erdboden verschluckt. Matthias pfeift, schreitet mit ansteigender Panik das Grundstück ab. Pfeift wieder. Schärfer diesmal, während seine Schritte länger werden und er in ein leichtes Joggen verfällt. Sucht im Gitterzaun nach Löchern. Aber der Zaun hat keine Löcher.

Tatsächlich gibt es nur ein einziges Loch im ganzen Areal, und das befindet sich exakt in seiner Laufrichtung. Im Grunde genommen ist auch besagtes Loch noch gar kein Loch, bis Matthias seinen Fuß auf genau jene Stelle setzt, wo eine seit Ewigkeiten gut getarnte Einstiegsluke der Schwere von Lehm und regengetränkter Erde vielleicht noch ein paar Jahre länger standgehalten hätte, wäre nicht deren maximale Haltbarkeit gegen Verfall und Erosion durch die plötzliche Einwirkung von rund 85 Kilo Lebendmasse in Bewegung schlagartig verkürzt worden. Matthias nimmt noch wahr, wie sein linkes Bein im Boden versinkt, hört etwas bersten, sieht nach unten. Sieht, wie sich die Erde auftut und fährt im nächsten Augenblick direkt in die Unterwelt.

Zu hoch, denkt er, als er nach oben blinzelt. Viel zu hoch für eine Kippe. Selbst wenn die Eisenkonstruktion an der Öffnung über ihm stabiler wäre, an eine Turnübung mit derart komplexem Ablauf ist in seiner Lage nicht zu denken. Im Geräteturnen war er schon immer eine Niete und seine Ball- und Speerwurfkünste sind in seiner Lage ungefähr so nützlich wie ein Präservativ im Nonnenkloster. Durch den Sturz ist ein Großteil der verrosteten Eisenluke mit ihm im Loch gelandet. Am Rest, der noch im Rahmen hängt, hat er sich von der Schulter bis zum Unterschenkel die ganze linke Seite aufgeschürft. Er kann nur froh sein, dass offenbar vor Tagen schon der Regen einen Haufen Erde durch die Lücken in der Tür geschwemmt hat, sonst wäre der Aufprall auf den harten Lehmboden erheblich schmerzhafter ausgefallen. Mindestens zweieinhalb Meter sind es bis nach oben, schätzt Matthias, als er sich hochrappelt und die feuchte Erde aus den Haaren schüttelt. Dort wo ihn ein brüchiges Stück der Leiter an der Schläfe getroffen hat, spürt er eine Schwellung. Als er vorsichtig darüber tastet, merkt er, dass er blutet. Durch den Lichtschein in der Öffnung ist hier unten kaum etwas zu erkennen. Er ist mutterseelenalleine, selbst wenn er um Hilfe schreit, wird man ihn nicht hören können. Das Grundstück auf der anderen Seite des Zaunes liegt seit Jahren brach. Es kann eine gute Woche dauern, bis man ihn hier findet. Zu den Feiertagen ist die Gegend absolutes Ödland. Bei der Vorstellung, dass er bis dahin längst verdurstet sein könnte oder elendiglich krepiert an Entzündungen und Wundbrand, packt ihn die kalte Angst im Nacken. Mit zusammengebissenen Zähnen zieht er sein Handy aus der Hosentasche. Es ist unbeschädigt, aber er hat kein Signal. Selbst als er aus dem schwachen Lichtkegel tritt, der durch das Loch in der Decke auf den Boden fällt, um den Empfang in größerem Radius auszutesten, zeigt das Ding gerade einmal einen Balken an. Matthias versucht es bei der Mutter. Dann beim Vater und bei Martha. Wählt 122, wählt die internationale Notrufnummer. Nichts. Das Internet ist ebenfalls tot. Wenigstens der Akku ist voll aufgeladen. Wenn das hier wirklich länger dauern sollte, wird er Batterie sparen müssen. Die LED-Funktion frisst jede Menge Saft, aber um die Lage zu sondieren, bleibt ihm keine andere Möglichkeit. Mit zittrigen Fingern geht Matthias auf *Menü* und aktiviert die Taschenlampen-App.

Lady
Es gibt viele gute Plätzchen auf der großen Wiese, aber die Stelle mit den besten Resten ist bei den großen Tonnen vor der Tür. Da gibt es Salamischeiben und Käse, Apfelputzen, angebissene Leberwurst- und Schinkenbrote. Am größten ist die Ausbeute an den ruhigen Tagen, wenn der frische Duft der jungen Menschen schwächer wird und die orangen Männer mit der großen Lärm-

maschine noch nicht da gewesen sind. Ihr altes Herrl hat immer darauf geachtet, dass sie wegbleibt von den Tonnen, aber den neuen Menschen scheint das nicht zu kümmern. Er ist immer sehr beschäftigt. Lady mag ihn inzwischen fast so gerne wie den anderen. Er riecht nach Schweiß und Turnschuhen, nach Leder und ein wenig Rauch aus den ekelhaften Stangen, die er sich manchmal in den Mund steckt. Das Gequalme kann sie überhaupt nicht leiden. Ansonsten hat sie es ganz gut getroffen. Er lässt sie morgens ausschlafen, hat einen ausgeprägten Bewegungsdrang und eine Stimme, der man gern gehorcht. Außerdem mischt er ihr hin und wieder eine Knackwurst unters Trockenfutter oder eine Scheibe Speck.

Bei dem Gedanken an ein leckeres Stück Wurst, spürt Lady, wie es in ihrem Magen zu rumpeln anfängt. Es hat vorher schon gerumpelt, gestern Abend und heute Morgen wieder, als sie vor dem Hauseingang des alten Herrchens wach geworden ist. Es ist kalt gewesen über Nacht. Und nass. In der Vormittagssonne ist ihr kurzes Fell zwar rasch getrocknet, aber das Rumpeln ist nicht mehr alleine. Jedes Mal, bevor es sich bemerkbar macht, fühlt Lady wie es zwickt und zwackt in ihren Eingeweiden, als wär da ein großes Loch. Ironischer Weise aber ist es gerade ein besonders feines Stückchen Bauchspeck gewesen, dem sie das Rumpeln zu verdanken hat.

Schon als sie aus dem Keller hochgekommen sind, war der Duft von den Tonnen her so stark, dass sie sich kaum beherrschen konnte. Aus Erfahrung weiß sie, dass es klüger ist, nicht zu winseln und zu zerren. Die meisten Zweibeiner werden unaufmerksam, wenn alles abläuft, wie sie es gewöhnt sind. Und genau diese Nachlässigkeit hatte sie genutzt. Sobald sie von der Leine war, ist sie hinüber zu der Kuhle unterm Baum geschwänzelt, dann in Richtung Hecke und bis zu der Stelle, wo der Boden weicher wird und der Geruchsmischmasch der kleinen Menschen intensiver. Mit dem Duft von Fett und Braten in den Nasenlöchern hatte sie sich auf die anderen Spuren kaum konzentrieren können. Als dann ihr neuer Mensch in seine Hand gesprochen hat, ist sie in einem großen Bogen um ihn herumgeschlichen und zurück zu den Containern. Auf dem Bauch hatte sie unter die große Tonne kriechen müssen, um an den Leckerbissen heranzukommen, aber es war die Mühe wert. Und sie hatte sich viel Zeit gelassen. Nach den Trockenfuttertagen wäre es schade gewesen, den leckeren Happen mit einem Bissen zu verschlingen. Allzu gerne hätte sie noch ein Weilchen dort herumgestöbert, aber der Pfiff von drüben auf der Wiese hatte ihr Angst gemacht. Der neue Mensch kümmert sich gut um sie, aber das hat der alte auch getan, und dann war er plötzlich nicht mehr da gewesen. Wenn nun ihr neues Herrchen ebenfalls einfach weggeht, was soll dann aus ihr werden?

Dann ein zweiter Pfiff. Schärfer diesmal. Ungeduldig. Und wie hatte es geklopft in ihrer Brust, und wie hatte sie hecheln müssen, als sie endlich unter den Tonnen hervorgekrochen war und ihn nirgends sehen konnte. Die gesamte Fläche hat sie nach ihm abgeschnuppert. Kreuz und quer über die Wiese war sein Geruch verteilt, aber so vielen Spuren sie auch folgte, die Fährte hat sich immer dort verloren, wo bis vor kurzem noch ein karg bewachsenes Fleckchen Erde war. Und auf einmal nichts mehr.

Über dem Hof hatten tiefe Schatten gelegen, als sie das Köpfchen von den Pfoten hob. Von der vergeblichen Suche erschöpft und mutlos, muss sie mitten auf der Wiese irgendwann eingeschlafen sein. Die Sonne stand schon tief und es hatte deutlich abgekühlt, in der Ferne war ein lautes Grollen zu hören gewesen. Und weil jeder Hund weiß, was nach diesem Grollen kommt, weil jeder Hund, der halbwegs bei Verstand ist, sich so schnell wie möglich eine Bank sucht oder ein Bett, einen offenen Schrank, irgendeinen Platz in Menschennähe, wo er unterkriechen kann, bevor es richtig laut und hell und ungemütlich wird, ist Lady schnurstracks und mit eingezogenem Schwanz zu jenem Ort gelaufen, den sie mit Geborgenheit und Schutz verbindet, seit sie ein kleiner Welpe war.

Er war nicht da. Natürlich ist er nicht da gewesen. Sie hatte seine Abwesenheit schon wittern können, als sie auf den Gehsteig hopste. Sein Duft auf der Fußmatte war unter den Gerüchen der anderen Menschen im Haus verblasst. Auf der Stufe, wo er sich die Schuhe abstreift, wenn sie vom Spazieren kommen, musste vor gar nicht allzu langer Zeit ein Katzenvieh gelegen haben. Die Ausdünstungen waren immer noch zu riechen. Scharf und stechend, für jede Hundenase eine einzige Beleidigung. Trotzdem hat sie sich im Hauseingang zusammengerollt und den Kopf zwischen den Hinterbeinen vergraben. Der große Lärm war nicht gekommen, gestern Abend nicht und auch nicht später. Auch sonst war keiner gekommen. Unter anderen Umständen wäre ihr das gerade recht gewesen. Lady mag die Fremden nicht, die ihr gleich bei der ersten Begegnung ans Fell fassen. Es gibt nichts Schlimmeres als eine unvertraute Hand hinter den Ohren, wenn man genau weiß, dass man nicht danach schnappen darf. Aber so sind die Menschen. Die wenigsten haben davon gehört, dass man sich den Respekt eines Dackels erst verdienen muss, ehe an Vertraulichkeiten überhaupt zu denken ist. Eine egoistische Rasse von unsensiblen Brüllern, Grapschern und Tramplern, die glauben, alles zu wissen, das sind die Zweibeiner. Dabei wissen sie gar nichts. Nicht einmal über sich selbst. Oft senden sie so unklare Botschaften aus, dass man meinen könnte, sie seien ständig verwirrt und unsicher. Nur selten kommt es vor, dass sich Lady sofort zu einem Fremdling hingezogen fühlt. Dabei fällt ihr das nette Weibchen von neulich wieder ein. Die mit dem warmen Lachen. Menschen, die so lachen, lügen nicht. Ihre Botschaften sind klar. Sie müssen dir nichts vorspielen, um gemocht zu werden. Ihr neues Herrchen scheint das auch bemerkt zu haben. Lady hat es daran erkannt, wie er das Menschenweibchen angesehen hat. Außerdem hat sich sein Geruch verändert. Als sie sich berührten, hatte sie ihn zum ersten Mal in Gegenwart von Fremden mit seiner eigenen Stimme sprechen hören. Der Stimme, die er nur benutzt, wenn er manchmal Selbstgespräche führt, oder ihr die

Ohren krault und irgendetwas erzählt, damit sie sich beide nicht so einsam fühlen.

Bei der Erinnerung hat Lady jetzt auch deutlich wieder die Witterung des Weibchens in der Nase. Als sie aufsteht, ist das Loch im Bäuchlein fast vergessen. Der Instinkt sagt ihr, dass es nicht mehr lange da sein wird, wenn sie nur der richtigen Fährte folgt. Und die ist bald gefunden. Schon auf dem Weg zurück zur Schule, erschnüffelt sie die erste Ahnung einer Spur. Am Gehsteig vor dem Parkplatz ist der Duft so stark, dass sie ihn von den tausend anderen problemlos unterscheiden kann. Der Rest ist ein Spaziergang. Mit der Schnauze dicht am Boden und der Gewissheit, dass sie nicht alleine ist auf der Welt, nähert sich Lady schnurstracks der Straße, in der sich seit ihrem letzten Besuch kaum etwas verändert hat.

Matthias
Nachdem er aus einem unruhigen Halbschlaf hochgeschreckt ist, hat er Mühe, die Zeitanzeige auf dem Touchscreen zu erkennen. Seine Augen brennen vom Schmutz und von den Tränen der Verzweiflung, die sich ohne Vorwarnung immer wieder aus der Finsternis an ihn heranpirscht. Die gnadenlose Klammheit einer feuchten Nacht und das Schlagen gegen die Wände haben seine Hände zu körperfremden Werkzeugen verwandelt. Er blickt aufs Handy. Zwei Balken bleiben ihm noch bis zur totalen Finsternis. Hätte er doch nur sein Tastenhandy wieder. Ein altes Nokia Outdoor-Ding, schwer wie ein Ziegel. Mit megaschlechten Klingeltönen, aber unkaputtbar und mit einer Akkuleistung wie Mac Gyvers Herzschrittmacher. Der Typ mag ja eine Scheißfrisur gehabt haben, aber wenn es darum ging, mit einer Büroklammer die Welt zu retten, konnte ihm keiner etwas vormachen. In seiner Lage würde es Matthias schon genügen, wenn er wenigstens ein Notsignal absetzen könnte. Er hat es mehrmals versucht, aber die Wände sind zu dick. Gott alleine weiß, von wie vielen Tonnen Fels und hartem Lehm er hier umgeben ist. Seit die Erde ihn ver-

schlungen hat, sind mehr als dreißig Stunden vergangen. Es ist Sonntag. Kein Mensch wird ihn vermissen. Auf Silvia Lenz kann er nicht zählen. Sie ist bestimmt enttäuscht von ihm, falls sie versucht hat, ihn zurückzurufen. Seine größte Hoffnung ruht auf Lady. Ein alleine umherstreunender Hund muss auffallen in dieser Gegend. Außerdem ist sie gechipt und trägt quasi eine Aufforderung zum Einbruch um den Hals, denn naiv und bieder wie er ist, hat es sich der Franz nicht nehmen lassen, seine Adresse in das Herz am Lederhalsband zu gravieren. Wem auch immer die Dackelhündin zuläuft, der muss wissen, wo er den Besitzer finden kann.

Als Matthias wieder einfällt, dass ja der Schulwart heute erst aus der Klinik kommt und bis zur Reha bei der Schwester bleibt, sieht er im Geiste schon die Würmer an sich nagen. Um die Bilder zu verdrängen, fängt er leise an zu pfeifen und lässt den Kopf zurück gegen die Stahlwand sinken, die seit der zufälligen Entdeckung seine einzige Verbindung zur Außenwelt darstellt. Es können höchstens ein paar Millimeter sein, die ihn von seiner eigenen Bunkerwohnung trennen. Ein paar Millimeter und ein nicht eingehaltenes Versprechen. Wenn er nicht so ein schäbiger Freund gewesen wäre, wenn er dem Franz nur nachgegeben hätte, anstatt die eigenen Befindlichkeiten zu zelebrieren, könnte er jetzt bei einem späten Mittagessen sitzen und sich nebenbei ein paar Notizen machen zu der Story, die ihm seit einigen Tagen im Kopf herumgeht. Aber wie es aussieht, wird er wohl keine neuen Geschichten mehr schreiben. Wenn ich hier nicht rauskomme, bin ich selbst bald Geschichte, denkt Matthias. Denkt an die Ironie der Situation. Denkt daran, wie lange es wohl dauern wird, bis man die Suche nach ihm einstellt. Wie die Eltern reagieren werden, wenn man nach Wochen die halbverweste Leiche ihres Sohnes findet. Denkt an sein Begräbnis. An Klara und Susanne, wie sie am ausgehobenen Grabe ihres Onkel Hiasi stehen, der ihnen nichts hinterlassen hat, als ein paar Erinnerungen an Kino, Popcorn und die Silbermünzen, die er selbst von seinem Opa hat.

Was wird man sagen über ihn? Was wird zurückbleiben? Wohl hat er manchmal darüber nachsinniert, wie sein letzter Abschied aussehen könnte. Hatte bei diesem oder jenem Lied gedacht, genau das ist es, was sie spielen sollen, wenn ich gehe. Oder bei Hesse ein Zitat gefunden, von dem er sich vorstellen kann, dass es ein Priester vortragen dürfte, weil es alles ausdrückt, was über ihn gesagt werden muss.

„Es ist zu früh!", entfährt es ihm. „Ich habe mein Lied noch nicht gefunden, und meinen Nachruf will ich mir, verdammt noch einmal, selber schreiben!" Zornig schlägt er mit der flachen Hand gegen die Rückwand des vermaledeiten Spinds und lässt den Tränen freien Lauf. Danach geht es ihm besser. Er kann spüren, wie der Wunsch zu kämpfen wieder stärker wird. Er muss sich jetzt zusammenreißen. Die körperliche Schwäche überwinden, indem er aus Schmerzen und Erschöpfung jenen Kampfeswillen bezieht, der ihn das hier überleben lässt. Mit aller Macht konzentriert er sich auf seinen Körper. Konzentriert sich bewusst auf den Hunger, der ihm ein Loch in die Magenwände frisst, spürt seinen Rachen, in dem der Durst wie eine Feuersäule brennt. Greift sich an die Seite, wo die tiefsten Schrammen sich bereits entzündet haben, bis ihm vor Schmerz die Luft wegbleibt. Und gerade als er denkt, er kann nicht mehr, fühlt sich Matthias Sommer von einer plötzlichen Präsenz umfangen, über die er später einmal als *die dunkelblaue Kittelschürze der Liebe und Geborgenheit* schreiben wird.

Silvia

Als sie die Schritte am Ende der Einfahrt hört, hebt Lady ihre Schnauze vom Asphalt, spitzt die Ohren, blinzelt. Nach einem kurzen Schauer stiehlt sich die Junisonne noch einmal durch die Wolken und knallt mit voller Macht auf die spiegelnasse Siedlungsstraße. Macht es den Hundeaugen unmöglich, die sich nähernde Gestalt in dem Tunnel aus grellem Licht und Dunstschwaden zu erkennen. Es sind einige Zweibeiner vorbeigekommen, seit sie hier gelegen hat, aber keiner von ihnen hat sie beachtet. Wenn es nass vom Himmel kommt, verhalten sich die Menschen noch hektischer als sonst. Kopflos eilen sie durch die Straßen, drücken sich an Wände, verschwinden in Hauseingängen und Nischen, als wären sie auf der Flucht. Lady mag es zwar auch lieber trocken, aber sie hat es nicht gewagt, ihr Plätzchen vor dem Gartentor zu verlassen. Inzwischen ist das Zwicken in ihrem Bauch richtig schlimm geworden. Sie weiß, wenn das Frauchen nicht bald auftaucht, wird sie auf Futtersuche gehen müssen, und was das bedeutet, will sie sich erst gar nicht vorstellen.

Die Schritte werden lauter, und obwohl sich ihre Augen langsam an die tiefstehende Sonne gewöhnen, bleiben die Umrisse des nahenden Menschlings verschwommen. Seit sie kein Zuhause mehr hat, seit sie nicht mehr weiß, zu wem sie gehört, ja ob sie überhaupt noch zu jemandem gehört, ist das Leben unsicher geworden. Beängstigend. Nur der Instinkt ist ihr geblieben, aber der alleine wird nicht genügen, um ohne Lieblingsmenschen durchzukommen. Es ist gefährlich auf den Straßen. Lady muss an die Köter denken, die manchmal drüben beim großen Wasser herumlungern. Sie ernähren sich von Beutelratten und totgefahrenen Eichhörnchen und Katzen. Sind ungepflegt und mager. Krank von den Nächten zwischen feuchten Mauern oder unter freiem Himmel draußen vor der Stadt, wo die Menschen ihren Müll wegwerfen. Das harte Dasein hat sie böse gemacht. Misstrauisch und wild. Die lustvolle Jagd nach Leckerbissen hat mit dem Überlebenskampf da draußen auf den Straßen nichts gemein.

Seit sie auf der großen Wiese wach geworden ist, haben sich die düsteren Gedanken in ihrem Dackelköpfchen festgesetzt und mit dem Warten hat sich auch das letzte bisschen Mut davongeschlichen. Doch Lady ist, wenn auch kein kampferprobter Straßenköter, immer noch ein Hund. Und wenn sich auch die Beine schwach und müde anfühlen, so funktioniert doch ein Körperteil immer noch ganz ausgezeichnet. Und genau der übernimmt nun die Führung, als ein schwacher Windstoß aufkommt. Hoffnungsvoll reckt die Hündin ihre Schnauze in die sanfte Brise und sondiert die Lage neu. Nach dem Regen ist die Luft wie ausgewaschen und die neue Witterung deshalb umso intensiver. Sich klar von den anderen Gerüchen in der Straße unterscheidend, streicht der Duft des Menschenweibchens um die sensible Dackelnase, deutlich verstärkt durch eine Spur von süßlichem Schweiß und nassem Haar. Noch bevor sie auf die Hinterbeine kommt und ihr Schwanz wie verrückt zu wedeln anfängt, spürt Lady einen vertrauten Druck die Kehle hochsteigen. Freudig reckt sie ihren Kopf zum Himmel und fängt laut zu jaulen an.

Silvia Lenz biegt in ihre Gasse ab und wünscht sich nichts sehnlicher als die schützende Umgebung ihrer eigenen vier Wände. Dabei müsste sie eigentlich euphorisch sein. Oder wenn schon nicht euphorisch, dann doch ein wenig stolz. Zusammen mit der Eder Susi und der jungen Kärntnerin hatte sie geschafft, was vor ein paar Tagen noch unvorstellbar gewesen wäre. Die eigene Komfortzone zu verlassen, war wichtig gewesen. Ein kleiner Schritt auf dem Weg in eine neue Freiheit.

„Eine Freiheit, die Sie erst zu schätzen lernen, wenn Sie verstanden haben, dass Sie sie verdienen", doziert Dr. Lang in ihrem Kopf. Wenn ein Stapel Hefte übers Wochenende auf dem Schreibtisch liegen bleibt, ist das ein Erfolg, über den Silvia in der Therapie berichten kann, aber immer noch ist jede bewusst getroffene Wahl im Alltag kompliziert und kräfteraubend. Wenn sie aus dem Bauch heraus entscheidet, kommt es vor, dass sie sich zu viel zumutet und danach tagelang nichts unternehmen kann. Nimmt sie sich zu wenig vor, fühlt sie sich nutzlos, krank und kribbelig. Die Schwankungen sind wichtig, behauptet der Therapeut, um in ihr Gleichgewicht zu kommen.

„Nur wenn Sie beide Extreme lange genug als Einschränkung erleben, werden Sie irgendwann Ihre Mitte finden. Dennoch, und genau darin besteht der oft als so anstrengend empfundene Weg zu einer stabilen Lebensführung, dennoch sollten Sie langsam aber sicher lernen, in die Eigenverantwortlichkeit zu gehen." Eine stabile Lebensführung heißt, wie Silvia weiß, Entscheidungen zu treffen, mit denen sie gut leben kann. Bedeutet, jede noch so kleine Abweichung von der Routine anzunehmen, ohne wieder in die Überforderung zu schlittern.

„Selbstverantwortung ist ein Auftrag, den viele Menschen nicht mehr wahrnehmen. Sie, Frau Lenz, haben durch ihre Krankheit die Chance zu lernen, was andere längst vergessen haben. Das mag mühsam sein, aber es ist die Passage in ein neues, besseres Leben. Und das ist es doch, was wir für Sie wollen, nicht wahr?"

„Ja", pflichtet Silvia dem Doktor halblaut bei, als sie den Schlüssel aus der feuchten, nach Bier und Zigaretten stinkenden Jacke kramt, die ihr wie eine zweite Haut am Körper klebt. Ja verdammt, natürlich will sie ein gutes Leben haben. Aber für die kommenden paar Tage hat sie erst einmal die Nase voll von sozialen Selbstversuchen und Entscheidungen.

Obwohl die überstandenen Unwetter keine nennenswerten Schäden hinterlassen haben, ist die ganze Stadt in Feierlaune, als wäre Bad Hoffning eine Insel der Überlebenden nach dem großen Armageddon. Dass der Kirtag in diesem Jahr auf das Pfingstwochenende fällt, tut der Stimmung keinen Abbruch. Das Gejohle der Betrunkenen zu Volksmusik und Schlager, überlagert von dem blechernen Gequake aus den Boxen neben dem Tingeltangel, tönt ihr immer noch im Kopf, während sie, die Augen auf den Boden gerichtet, Rissen im Asphalt und Wasserlacken ausweicht. Selbst die sprühregenartigen Schauer hatten die Massen nicht abschrecken können. Das Festzelt war zum Bersten voll gewesen. Noch ehe die Wolken sich verzogen hatten, war sie hinaus geflüchtet in die Kälte, um dem Wahnsinn zu entgehen. Bei den schauderhaften Eindrücken von Lärm und Schmutz und dem Gedränge ist es ein Wunder, dass sie nicht wieder in der Landesnervenheilanstalt gelandet ist. Alleine für die intensive Zeit mit Susi und Sabine, müsste ihr der Doktor eine Goldmedaille über-

reichen. Die Einladung der Kolleginnen zum *Mädelstag* war unglaublich nett gewesen, aber im Doppelpack und dazu noch leicht angeheitert sind die beiden doch ziemlich anstrengend.
Silvia ist nur froh, dass sie die Feiertage ganz für sich hat. Alleine die Vorstellung, in nächster Zeit irgendjemandem außer sich selbst verpflichtet zu sein, treibt ihr den Schweiß aus allen Poren. Sie wird heute nur noch tun, was nötig ist. Sich den Dreck vom Körper waschen, die Bierzeltfratzen aus dem Kopf verbannen und den Kirtagslärm vergessen bei einer spannenden Lektüre und Musik.

Ihr Versuch jedoch, den Vorsatz zu visualisieren, scheitert kläglich, als sie das Handy in der Jackentasche spürt. Plötzlich fällt ihr wieder ein, dass sie sich längst hätte bei Matthias melden sollen. Die Nachricht gestern Morgen hatte sie gefreut und mag ja wirklich lieb gemeint gewesen sein, war aber angesichts des bevorstehenden Kirtags-Abenteuers nur eine weitere Überforderung. Sie wird ihn am Montag zurückrufen, sobald sie stark genug ist, einem Treffen zuzustimmen. Womit sie die Zeit bis dahin füllen wird, ist eine andere Frage, der sie sich wird stellen müssen, sobald die vorrangigen Pflichten erledigt sind. Waschen, Putzen, die Vorbereitung für die nächste Woche und endlich auch den Blutfleck übermalen an der Wand über dem Sofa. Im Rhythmus ihrer Schritte zählt sie die Punkte auf, wiederholt sie, zählt gleichzeitig die Fenster an den Nachbarhäusern, bis ein kompliziert gestricktes Muster daraus wird, das zu merken Silvia sich erleichtert, indem sie jedem Fenster eine Nummer gibt, die der Dringlichkeit der zu erfüllenden Tätigkeiten entspricht.

Den Hund vor ihrem Gartentor bemerkt Silvia erst, als ein langgezogenes Heulen das Mantra unterbricht. Mit Tieren kennt sie sich nicht aus. Seit sie zusehen musste, wie die geliebte Nachbarskatze Charly vor über dreißig Jahren überfahren wurde, ist ihr Bezug zu allen Lebewesen, die ein Fell haben und auf mehr als zwei Beinen durchs Leben laufen, gleich null. Silvia wünscht sich, dass es anders wäre, aber bevor sie es wieder mit den Vierbeinern versucht, muss sie erst die Sache mit den Zweibeinern auf die Reihe kriegen. Besonders für einen von ihnen könnte es sich auszahlen, diesen Vorsatz zu verfolgen. Dass sie ausgerechnet an ihn denkt, als sie in dem braunen Häufchen Elend vor dem Gartentor die Schulwarthündin zu erkennen glaubt, mag Zufall sein. Oder Schicksal. Oder beides. Aber ob Gott nun würfelt oder nicht, diese Frage wird sich Silvia erst zu einem Zeitpunkt stellen, da die folgenden Ereignisse längst Teil ihrer Erinnerung geworden sind.

Obwohl die Hündin freudig japst und das kleine Hinterteil im Gegenrhythmus ihres Schwanzes hektisch über den Asphalt scheuert, weiß Silvia sofort, dass mit der Dackeldame irgendetwas nicht stimmt. Lady wirkt dünn und verwahrlost. An den Flanken zeichnen sich die Rippen ab. Das braune Fell hat seinen Glanz verloren. An der Stelle oberhalb des linken Schlappohrs steht ein Schippel dreckverfilzter Härchen ab. Zwischen den Vorderkrallen kleben Klumpen hart gewordenen Lehms. Hin- und hergerissen zwischen dem spontanen Mitgefühl für das Tier und der Unbeholfenheit ob der überraschenden Begegnung, versucht Silvia einen kühlen Kopf zu bewahren. Wenn Kontrollverlust und Panik die Oberhand gewinnen wollen, hilft ihr meist der Zugriff auf den analytischen Verstand. Aber der macht es diesmal nur noch schlimmer, denn die Fakten sprechen klare Worte: wenn Matthias Sommers treue Freundin in diesem Zustand ganz alleine vor ihrer Haustüre sitzt, dann kann das nur bedeuten, dass er in Schwierigkeiten steckt.

Viel Zeit, darüber nachzudenken, bleibt ihr nicht, denn als sie vor der Hündin in die Hocke geht, kann diese nicht mehr an sich halten und setzt zum Sprung an. Mit dem Rücken am Asphalt und zwei Vorderbeinchen fest gegen ihre Brust gestemmt, bemerkt Silvia Lenz, dass es durchaus Unangenehmeres gibt als eine Dackelschnauze im Gesicht. Ladys Zunge ist warm und feucht, die Hundeohren zwischen ihren Fingern fühlen sich glatt und seidig an. Nur der plötzliche Gedanke an eine unendlich lange Liste von multiresistenten Krankheitserregern und Parasiten veranlasst sie dazu, sich die liebenswerte Keimschleuder so rasch wie möglich vom Leib zu schaffen. Es kostet einige Anstrengung, bis es ihr gelingt, Lady auf Armeslänge von sich wegzudrücken, um wieder hochzukommen. Erst als sie das Halsband zu fassen kriegt, wird die Hündin ruhiger. Dennoch ist die viel größere Sorge damit noch lange nicht aus der Welt geschafft. Obwohl sie ihren Pulsschlag bis hinauf zum Gaumen spürt, weiß Silvia, dass sie das einzig Richtige tut, als sie die Hündin hochhebt und mit sich ins Haus trägt.

Die Pfotenabdrücke auf dem Vorzimmerboden nimmt sie ebenso wenig wahr, wie die Spritzer auf den Küchenfliesen. Während Lady den zweiten Teller Haferflockensuppe ausschlappert, steht Silvia immer noch in ihrer feuchten Jacke vor der Anrichte und denkt daran, was Matthias zugestoßen sein könnte. Dreimal hat sie versucht, ihn zu erreichen, dreimal war ihr Anruf direkt an die Mailbox gegangen. Als es auch beim vierten Mal nicht klappt, lässt sie sich entmutigt neben die Hündin auf den Boden sinken. Dem Tier beim Fressen zuzusehen, hat etwas Entspannendes und verleiht dem Ausdruck *Hundeleben* eine ganz andere Bedeutung. Fressen, Schlafen und ein Rudel, in dem man sich geborgen fühlt. Was für ein beneidenswertes Dasein. Lediglich das Halsband um den Dackelnacken zeugt davon, dass auch das genügsame Wesen auf ihrem Küchenboden in einer Abhängigkeit lebt, der sich weder Mensch noch Hund entziehen kann.

Matthias

„Wie ist das möglich", hört sich Matthias flüstern, während aus der Finsternis eine Silhouette heraustritt, die er unter tausenden erkennen würde. „Bist du es wirklich?", will er fragen. Tut es aber nicht, weil er fürchtet, die laut artikulierten Worte könnten die Erscheinung verschrecken. Sie ist ungewöhnlich groß für ihre Generation und dick, weil sie die Jahrzehnte damit zugebracht hat, zu rösten und zu braten, zu backen und frittieren und alles einzukochen, was der Großvater im Garten angesetzt hat, um

Kinder und Enkelkinder vor den Entbehrungen zu bewahren, die sie selbst erleiden mussten nach dem Krieg. Dabei hat sie viel gekostet und probiert. Hat sich die Formen und Stärke einer süditalienischen Matriarchin angegessen, einer echten *Nonna Italiana*, wie man sie aus den Filmen kennt. Matthias erinnert sich, dass sie manchmal auch ein wenig ruppig sein konnte. Aber das ist nur äußerlich gewesen, denn schon als kleiner Bub war ihm klar, dass in dieser weichen Brust ein großes Herz steckt. Ein Herz, das so voller Liebe ist, dass man es eigentlich leuchten sehen müsste. Als er dann kein Bub mehr war, hatte dieses Herz irgendwann aufgehört zu schlagen. Das Leuchten spürt er noch, wenn er manchmal an sie denkt. Es fehlt in dieser Welt. Sie fehlt.

Und jetzt steht sie plötzlich wieder vor ihm, seine Oma. Bückt sich zu ihm herunter und streicht ihm über den Rücken, wie an jenem Nachmittag, als er seinen zweiten Pinsch in Mathe nach Hause brachte. Sie hatte ihm einen Kaiserschmarrn gemacht und dann nach Hause geschickt mit dem Versprechen, es sei nicht der Untergang der Welt. Und natürlich hatte sie recht gehabt. Wie sie immer recht hatte. Der Vater hat ihm irgendwann verziehen und die Entscheidungsprüfung nach dem Intensivkurs in den Osterferien war ein Klacks gewesen.

Obwohl ihm ihre Züge im grellen Schein des Leuchtens teilweise verborgen bleiben, kann er spüren, dass sie lächelt. Da drückt er sein Gesicht an den warmen, weichen Körper und saugt gierig ihren Geruch nach Zwetschgenröstern ein. Nach Liebstöckel und Schweinebraten, nach gefülltem Lebkuchen und Sauerkraut. Nach den Düften seiner Kindheit, die sich für die Ewigkeit verfangen haben in ihrer blauen Kittelschürze und dem mit Lockenwicklern hochtoupierten Haar. Eine ganze Weile verharren sie in der Umarmung, die ihn Raum und Zeit vergessen lässt, bis sie ihn mit einer zärtlichen Bewegung von sich schiebt und das Schweigen bricht. Zunächst kann Matthias die sanft gesprochenen Worte kaum verstehen. Fürchtet sogar, sie seien, wie auch der Rest der seltsamen Begegnung, die Ausgeburten eines Fiebertraumes. Doch irgendetwas sagt ihm, dass es nicht die Worte sind, die in diesem Augenblick zählen, sondern alleine die Botschaft, die sie transportieren und er verliert sich ganz und gar in der Erinnerung an die wunderbare Frau. Seine Bewahrerin der Kindheit und moralische Instanz in Gegenwart und Zukunft.

„Lass nur los, Hiasi", glaubt er zu hören, während er sich in den Falten des groben Stoffes verschwinden sieht. „Lass los und hab Vertrauen, und du wirst sehen, es wird schon alles gut."

Matthias träumt noch, als er das gedämpfte Bellen hört. Zumindest denkt er, dass er träumt, denn was da in seinem Brummschädel an Eindrücken und Bildern wie ein schlecht geschnittener Horrorstreifen abläuft, ist zu verrückt, um Wirklichkeit zu sein. Sein Mund ist trocken. Von den Rippen strahlt ein dumpfes Stechen aus. Er hustet, fasst sich an den Kopf, lässt den Film noch einmal in Slow Motion ablaufen, ehe er die wunden Lider hebt. Ladys kleines Hinterteil, als sie über den Schulhof zappelt, die Nachricht auf dem Handy und die verlassene Schulhofwiese – das alles sieht er noch in Farbe. Dann der Sturz. Filmriss. Im Schein des Smartphone-Bildschirms ist jetzt alles in Schwarz-Weiß getaucht. Am Rande des Einstieges über sich – die herabhängenden Trümmer einer verrotteten Eisentür. Darunter die Überreste einer primitiven Leiter. Die unterste Sprosse, selbst wenn er sie erreichen könnte, ist zu brüchig und verwittert, um sein Gewicht zu tragen.

Matthias weiß, was jetzt gleich kommen wird, trotzdem schnellt sein Puls nach oben, als er sich selbst dabei beobachtet, wie er die Taschenlampen-App auf seinem Handy aktiviert. Erlebt noch einmal, wie er tiefer in den Raum vordringt und erkennt, dass es sich um eine Höhle handelt. Auf den ersten Blick etwa so groß wie seine Bunkerwohnung. Boden und Wände sind aus festem Lehm, im hinteren Teil in Fels gehauen. Bis auf eine von der Feuchtigkeit zerfressenen Kiste aus Holz, in der er ein paar verrostete Petroleumlampen findet, ist die Höhle leer.

Dann wieder ein Blackout. Bellen. Diesmal näher. Begleitet von einem steten Klopfgeräusch, das sich anhört, als käme es direkt aus seinem Hinterkopf. Matthias schreckt hoch. Fährt vor Schmerz zusammen, als sich die aufgeschrammte Haut über seine Rippen spannt.

„Hier drüben", hört er eine Stimme rufen.

„Dort drüben", stöhnt er seinem Traum-Ich zu.

„Dort drüben in der Wand."

Dann werden ihm die Lider schwer und er ist wieder in der Grotte oben. Kann durch die Augen des anderen einen Spalt erkennen, dort wo die Felswand an den hartgetreten Lehmboden schließt. Spürt dessen Panik, als er sich durch die Nische drückt und für einen Augenblick mit den Schultern stecken bleibt. Fühlt die Erleichterung, als er sich mit einem Ruck befreien kann und in einen weiteren Hohlraum stolpert.

Die Dunkelheit ist schwärzer hier. Selbst im Strahl der Lampe braucht er einige Sekunden, um zu realisieren, dass er sich in einem Gang befindet, höhlenartig und ebenfalls aus hartem Lehm, mit den Überresten eines Handlaufs an den Wänden. Die Decke hier, kaum höher als er selbst, ist durch Holzbalken gestützt. Gut erhaltene, geteerte Eisenbahnschwellen, wie sie sein Vater vor Jahrzehnten als Stufen in den Gartenhang gesetzt hat.

„Halt doch wer den Hund weg", ruft es jetzt in seinem Kopf. „Halt dich an den Krummweg", hört er sich krächzen, ohne zu wissen, ob das Wort in der deutschen Sprache überhaupt existiert. Aber das ist egal, der Traum-Matthias hat ihn schon verstanden und biegt nach ein paar zögerlichen Schritten in den Gang an einer kleinen Krümmung ab, sodass das Einzige, was er für einen Augenblick von ihm erkennen kann, der sich entfernende Lichtschein seiner Handy-Funzel ist.

Schon denkt Matthias, er hat ihn aus den Augen verloren, doch die verquere Logik seiner Träume sagt ihm, dass er zu diesem Zeitpunkt nicht mehr der ist, der den anderen durch einen unterirdischen Stollen lotst, sondern bereits jener, der ihn an eine

Stahlwand gelehnt im hinteren, viel größeren Teil der Unterwelt erwartet. Und tatsächlich. Kaum hat er den Gedanken zu Ende gedacht, kann er sehr weit in der Dunkelheit auf der anderen Seite des Gewölbes einen Punkt aufleuchten sehen. Nicht größer zunächst als ein Glühwürmchen. Dann immer deutlicher, als sein Traum-Ich aus dem leicht abfallenden Stollen tritt, der ihn selbst bis hierher geführt hat. Matthias erinnert sich. Siebenhundert Schritte hatte er gezählt, als er aus dem Tunnel kam und das Smartphone fallen ließ.

Und da passiert es auch schon. Das Glühwürmchen dort drüben stürzt wie im Kamikazeflug mit einem leisen Scheppern auf die Erde, dreht sich auf dem harten Boden einmal, zweimal um die eigene Achse, kommt zum Stillstand. Der an der Spindwand lehnende Matthias zählt innerlich bis drei, dann ist der Schreck-Moment vorüber und von den Wänden hallt ein lautes *Fuck*, das sich wiederholen wird, wenn der andere den Sprung entdeckt, der sich nach dem Aufprall quer über den Touchscreen zieht.

Ein anderer Ausruf, der zur selben Zeit wie aus einer Parallelwelt in sein Bewusstsein dringt, begleitet vom äußerst unangenehmen Surren einer Säge, lässt ihn stutzen.

„Kreuzkruzifix, jetzt stell dich nicht so an!" Matthias kennt nur einen Menschen, dem ein so angestaubter Fluch über die Lippen kommt, und der hat hier unten nun wirklich nichts verloren. Oder doch? Für den Bruchteil einer Sekunde ist ihm, als würde seine Wirklichkeit von einer anderen überlappt. Eine Zeitfalte, denkt er noch, bevor ihm schlecht wird. Ich bin irgendwie in einer Zeitfalte gelandet. Dann kotzt er sich den letzten Mageninhalt auf die angezogenen Beine und denkt eine Zeit lang gar nichts mehr.

Als er wieder hochsieht, ist die Stimme in seinem Kopf verstummt. Das Glühwürmchen in der Hand des anderen ist nicht mehr zu erkennen. Er hat sich weiter in die Dunkelheit hinein bewegt. Matthias vernimmt das leise Echo seiner Schritte, will ihn warnen. Weiß, dass es zu spät ist, als er dessen atemloses Flüstern hört. *Da leck mich doch einer!* Es ist der Augenblick, als er erkannt hat, dass dies hier nicht nur eine weitere Höhle ist, sondern eine riesiges Gewölbe im Ausmaß von mindestens zweitausend Quadratmetern. Ja, wahrscheinlich größer als das Schulgelände, wenn er die Schrittzahl noch richtig im Kopf hat.

Aber auf seinen Kopf ist kein Verlass mehr. Schon wieder ist da dieses Klopfen, dann das Gewirr von aufgeregten Stimmen. Mindestens drei verschiedene diesmal, gelingt es ihm auszumachen, als das unangenehme Surren der Säge wieder anhebt und sich ihm von innen durch die Schädeldecke bohrt. „Aus!", schreit es durch die Stahlwand. „Aus! Aus, du Trottel. Das ist die falsche Trennscheibe. Ja, Herrgott, hast du denn noch nie eine Flex in der Hand gehabt hat!" Wieder Stille. Dann eine andere Stimme. Eindeutig weiblich. Schwerer verständlich, weil weiter von der Wand entfernt. „... könnt doch nicht einfach ... was, wenn er ... direkt dahinter... viel zu gefährlich!" Bellen.

„... Sie sofort den Stecker wieder ein, Lady! Und überlassen Sie die Männerarbeit gefälligst uns." Lady? Matthias kennt sich plötzlich überhaupt nicht mehr aus. Was macht Lady in der Wand? Wer ist der Mann, der klingt wie der Badewaschel aus dem Freibad und wieso spricht er mit der Hündin, wie mit einem Menschen?" Er kann nicht mehr. Das alles ist zu viel. Und wo ist überhaupt seine Oma hin? „Du hast versprochen, es wird alles wieder gut!", keucht Matthias in die Dunkelheit hinein. Er hört sich an wie ein Teenager, der nicht weiß, ob er dem gebrochenen Versprechen mit kindlichem Trotz begegnen soll, oder der Wut des ausgewachsenen Mannes, der zu sein er nicht erwarten kann. Bevor er aber wieder heulen muss, entscheidet sich Matthias für die Wut des Mannes und schlägt mit tauben Fäusten gegen die verfluchte Wand. Einmal, zweimal, dreimal. Immer wieder, bis er vor Erschöpfung atemlos zu Boden sinkt.

Woran er sich später noch erinnert, wird er mit keinem Menschen teilen können. Was ihm während der vergangenen vierunddreißig Stunden in dieser Schulhofunterwelt widerfahren ist, ist zu absurd, als dass ihm jemand glauben würde. Er aber wird daran glauben. Mit jeder Faser seines Herzens, wird er den Teil in sich, der Dehydrierung vorschiebt, Trauma und Delirium, um die Phantasmen zu vergessen, wird Matthias diesen rationalen Teil bekämpfen, und die Bunker-Erinnerung als das bewahren, was sie ist. Die Wahrheit des Augenblicks. Eines Tages wird er darüber schreiben. Es wird sein großer Durchbruch sein als Fiction-Autor. Aber das alles liegt noch in der Zukunft. In einer Zukunft, für die der gegenwärtige Matthias, der in diesem Augenblick nach einer weiteren kurzen Ohnmacht seinen Kopf vom kalten Lehmboden hebt, noch lange nicht bereit ist.

„Bereit?" Er kennt die Stimme, aber es gelingt ihm nicht, sie zuzuordnen. Ihm bleibt auch keine Zeit zum Überlegen, denn wieder einmal scheint alles auf einmal zu geschehen. Er hört das wohlbekannte Bellen, hört die aufgeregten Rufe durch die Stahlwand immer lauter werden. Dann, als hätte jemand einen Schalter umgelegt, nur noch statisches Rauschen. Hört schließlich nichts mehr und denkt, das ist es jetzt gewesen! Zu seiner eigenen Verwunderung stellt er fest, wie wenig ihn der Gedanke an den Tod mit Angst erfüllt. Aber Matthias ist nicht tot. Er hat einen Zustand erreicht, den er später als *multisensorische Erfahrung* beschreiben wird. Nichts ist mehr fassbar. Nichts um ihn und nichts in ihm passt mehr zu den Begrifflichkeiten, mit denen die Dinge zu benennen sind. Das Dunkel wird zu Licht, Licht zu einer Dunkelheit, die heller strahlt als tausend Sonnen, sich lauter anfühlt als das Getöse eines Düsenjets und leiser schmeckt als das Universum vor dem Urknall. Eine reine Stille außerirdischen Ursprungs, die sich auf ihn niedersenkt und alles außer Kraft setzt, was sein Gehirn an körperlichen und sinnlichen Empfindungen abgespeichert hat. Ihm ist, als würden sich all seine Moleküle in nur einem Wimpernschlag auflösen und wieder neu zusammensetzen. Es tut gar nicht weh, wundert sich Matthias. Ist besser als nur die Abwesenheit von Schmerz. Ist auch nicht Glück, ist weder

Traurigkeit noch Zuversicht. Braucht keinen Namen, weil es ist, was es ist.

„Und es ist gut so", spürt er ein Lächeln irgendwo im Raum, mit dem er Eins geworden ist. „Ich habe dir doch gesagt, du sollst Vertrauen haben."

„Oma?" Matthias richtet sich ein wenig auf, zuckt zusammen, als er das Pochen hinter seinen Schläfen spürt. Es fühlt sich an, als hätte er die Gesamtheit seiner Moleküle halbwegs wieder beisammen. Trotzdem ist nicht alles, wie es sein sollte. Wie auch immer sein soll, was sein sollte, korrigiert er sich, als er zwei Figuren erkennt. Die eine, groß und dominant, die andere ebenfalls hochgewachsen, aber schwer gebückt und hinkend auf die Schultern der ersteren gestützt. Sie nähern sich. Schneller als er denken, schneller als er zum Smartphone greifen kann, und ihm einfällt, dass es keinen Saft mehr hat. Aber er braucht das Ding nicht mehr. Matthias braucht kein Licht, er hat bereits erraten, wer die beiden sind.

„Dass du immer zweifeln musst", schimpft seine Oma. Trotz der Schmerzen muss er lächeln. Sie hat wieder diesen gewohnt zärtlichen Unterton in der Stimme, der selbst bei strengen Ermahnungen immer auch Fürsorge und Liebe verbreitet. Mit einem Ächzen lässt sie den schwer Angeschlagenen von ihrer Schulter gleiten, und legt ihn neben Matthias an der Stahlwand ab. Als sein Kopf die Wand berührt, winselt er wie ein getretener Straßenköter. Seine Jeans haben tiefe Risse und das schwarze Lieblings-T-Shirt hängt ihm in Fetzen von den Schultern. Die Abschürfungen ziehen sich die gesamte linke Körperhälfte bis zum Knie hinunter. Sie haben zu eitern angefangen. Aus dem Schorf an der Kopfwunde sickert wieder Blut, als habe er zu oft daran gekratzt. Er sieht mehr aus wie ein Zombie als der sagenhafte Bunker-Boy, dieser Traum-Matthias, denkt Matthias. Was er nicht laut ausspricht, fasst seine Oma mit pragmatischer Nüchternheit zusammen.

„Tja, das kommt davon, wenn man verletzt ist und trotzdem stundenlang in verborgenen Gewölben forscht. Da haben wir wohl den Helden spielen müssen. Aber keine Sorge, das hier macht dich wieder heil." Schelmisch zwinkernd greift sie in die Kitteltasche und zieht eine kleine Dose Ringelblumensalbe hervor. Matthias erkennt sie an dem selbstbemalten Etikett.

„Schmieren, schmieren, schmieren. Immer wieder schmieren und dazu Lavendeltee für einen guten Schlaf, weil ..."
„Weil Schlaf die beste Medizin ist", beendet er den Satz.
„Weil Schlaf die beste Medizin ist, ganz genau Hiasi. Hast ja doch etwas von dem behalten, was ich dir beigebracht habe." Matthias will ihr gerne sagen, dass er so viel mehr behalten hat, aber kommt nicht mehr dazu. Als er nach der Dose greift, glaubt er kurz noch, ihre warme Hand zu spüren, dann ist sie verschwunden, seine Oma.

Wieder scheint sich die Materie völlig umzukrempeln, wieder weiß Matthias nicht, wie ihm geschieht, als er die Rufe von der anderen Seite hört. Und Klopfen. Und dieses furchtbare Geräusch im Hinterkopf. *Die Knochensäge, die uns jeden Augenblick die Schädeldecke spaltet, wenn du nicht ein bisschen rüber rutscht,* kommt es stöhnend von der Seite. Er hat den Traum-Matthias fast vergessen. Bleich und blutend lehnt er neben ihm an der Stahlwand und grinst ihm zwischen aufgesprungenen Lippen ins Gesicht.

„What the...?", entfährt es Matthias, der nun gar nichts mehr kapiert.
Keine Zeit für weitere Erklärungen, presst der andere hervor. Jedes Wort von Schmerz begleitet, jede Silbe eine Überwindung. *Die da drüben sind schon durch die Spindtüren, gleich machen sie sich an die Rückwand.*

„Hiasl!", ruft es von der anderen Seite. „Wir sind jetzt durch Spindtüren. Wenn du da drinnen bist, gib uns verdammt nochmal ein Zeichen!" Der Schulwart, schießt es Matthias ein.

„Das ist doch eindeutig der Franz", sagt er laut in Richtung Traum-Matthias. Doch der verdreht zur Antwort nur die Augen, als hätte er es mit einem besonders begriffsstutzigen Schüler zu tun. Dann hebt er unter sichtbarer Anstrengung den rechten Arm, krümmt den Zeigefinger und krächzt ein erbärmliches *Knock, knock!*
„Who's there?", gibt Matthias reflexartig zurück. In seiner Lage ist ihm nicht unbedingt nach Witze-Reißen, aber einem Knock-Knock-Joke hat er noch nie widerstehen können, und deshalb spielt er mit.
Hias.
„Hias who?"
Hia's what's going to happen, unless you get away from that fucking wall!
Der Traum-Matthias ist inzwischen so weggetreten, dass nur noch das Weiße in seinen Augen zu sehen ist. Unter Stöhnen greift er in das Wirrwarr seiner staubbedeckten Locken und nimmt seine Schädeldecke ab, als lüfte er den Hut zum Gruße. Die Geste ist derart verstörend und bizarr, dass Matthias nicht weiß, ob er schreien oder lachen soll. Doch es wird noch viel bizarrer, denn im nächsten Augenblick wird sein Gegenüber von einer unsichtbaren Schlachtersäge zerlegt. Erst sind die Zehen dran, dann seine Füße. Wie durch Wachs gleitet das Schneidblatt durch Knöchel, Schienbeine, Knie und Schenkel, bevor sein Schwanz am kalten Boden landet, wie ein Stückchen Blutwurst. Es folgen Hüfte, Torso, Arme, Hände. Zuletzt die Finger und der Hals. Vom Gesicht bleibt nicht mehr übrig als Augäpfel und Zähne und ein Stück vom Unterkiefer mit dem von Dreck und Blut besudelten Dreitagebart. Und da beginnt Matthias Sommer endlich zu begreifen.

Mit letzter Kraft dreht er sich herum, reißt die rechte Faust nach oben, in der er immer noch das Döschen mit der Ringelblumensalbe hält, und hämmert gegen die Spindwand. Hört zur selben Zeit die Flex aufröhren, hört Lady winseln, hört Silvias spitzen Aufschrei, als sich die Zähne des Sägeblatts mit einer Schnittgeschwindigkeit von 100m/s in die Stahlwand fressen. Und rollt im allerletzten Augenblick zur Seite.

Was noch getan werden muss

Held sein, eine Minute, eine Stunde lang, das ist leichter als in stillem Heroismus den Alltag tragen. Nehmt es nur auf euch, das Leben in diesem grauen, eintönigen Alltag, dieses Wirken, für das euch niemand lobt, dessen Heldentum niemand bemerkt, das in niemandem Interesse für euch erweckt; wer diesen grauen Alltag erträgt und dennoch dabei Mensch bleibt, der ist wahrhaft ein Held.

Fjodor Michailowitsch Dostojewski (1821–1881)

Es ist schon spät am Nachmittag, als sich Konrad Klingfurth zum wiederholten Male in nur wenigen Tagen aus dem eigenen Heim stiehlt, um zu Ende zu bringen, was mit einem persönlichen Versprechen begonnen, mittlerweile allerdings den Charakter eines politischen Manövers angenommen hat. Dabei ist er hin- und hergerissen zwischen Schuldgefühlen und einer lange nicht mehr gefühlten Euphorie. Erstere beziehen sich auf die Frau, die er eben verraten hat. Hilde leidet wirklich. Es ist nur so, dass die Gesamtsituation nicht unbedingt leichter geworden ist mit den Jahren. Nur heute, muss sich Konrad eingestehen, auch wenn ihm die Tatsache ein ganzkörperliches Unbehagen verursacht, nur heute war ihm ihr Zustand ganz gelegen gekommen. Er ist alles andere als stolz darauf, aber um sein Unterfangen gründlich vorzubereiten, musste er zu einer List greifen, die ebenso abscheulich ist wie unentschuldbar. Hilde hatte nicht nachgefragt, als er schon zum Mittagessen die erste Flasche Prosecco öffnete. Normalerweise schafft sie die alleine, wenn er vormittags in der Kanzlei ist. Mit dem Kochen hatte er sich besondere Mühe gegeben. Schweinsmedaillons mit Fächerkartoffeln, ihr Leibgericht. Dazu Pfefferrahmsauce und Butterkopfsalat. Apfelschnee mit Pudding zum Dessert. Um sie vom Mittagsschläfchen abzuhalten, hatte er nach dem Essen im Wintergarten einen fruchtigen Rosé serviert. Unter anderen Umständen wäre es ein richtig gemütlicher Sonntagnachmittag gewesen. Mit Blick auf seinen Zaubergarten hatten sie lesend nebeneinander auf der Terrasse gesessen und dem Regen gelauscht.

Bei der erneuten Erinnerung an seinen Verrat versetzt es Konrad einen Stich in die Magengrube, der so heftig ist, dass ihm übel davon wird. Er hat inzwischen fast den Park erreicht, über dem Blätterdach der majestätischen Eichen und Kastanien ist die Wolkendecke aufgerissen. Das letzte Licht des Tages ergießt sich aus dem Himmel und lässt die nassschimmernden Gehwege und Straßen für wenige Minuten in einem sanften Gold erscheinen. Es sieht ganz so aus, als sei der Stadt und ihren Bewohnern endlich ein wenig Beständigkeit vergönnt. Der nette Einfall lässt ihn schmunzeln, auch wenn er damit rechnet, jeden Augenblick von einem Kugelblitz erschlagen zu werden.

Während Hilde die ungestörte Zweisamkeit sichtlich zu genießen schien, war es ihm mit jeder vorrückenden Stunde immer schwerer gefallen, stillzusitzen. Als er Hilde gegen fünf nach oben brachte, war sie bereits weggetreten. Sie wird schlafen bis nach Mitternacht. Das muss genügen. Bis dahin hat er längst alles unter Dach und Fach gebracht. Was Konrad allerdings immer noch Kopfzerbrechen bereitet, ist die Unbekannte X in seinem Plan – der junge Sommer, mit dem alles gut werden oder scheitern kann. Bis Dienstagnachmittag sind es noch knappe achtundvierzig Stunden. Wenn er die Papiere im Gemeinderat vorlegen will, müssen seine Argumente hieb- und stichfest sein. Marias Schenkung kann erst mit der Unterschrift des neu bestellten Vermögensverwalters in Kraft treten. Was die ganze Sache dringlich macht, denn Matthias Sommer weiß noch nichts von seinem Glück. Marias junger Freund scheint wie vom Erdboden verschluckt. Die Nachrichten auf seiner Mailbox hat er offenbar nicht abgehört, unter dem elterlichen Festnetzanschluss aus dem Telefonbuch ist seit zwei Tagen niemand erreichbar. Konrad verflucht die Feiertage und nimmt sich vor, es morgen Vormittag noch einmal zu versuchen. Der Aufschub ist ärgerlich, aber er hilft ihm, fokussiert zu bleiben. Etwas hat sich verändert, seit er von zu Hause aufgebrochen ist. Sein alter Motor läuft wieder. Nicht wie geschmiert, aber er läuft.

Und so läuft auch Konrad, wenn auch nicht besonders schnell, aber angetrieben von seinem Ziel, in Richtung Zentrum durch die Stadt, hinter deren Fenstern die Menschen sich allmählich zur Ruhe begeben. Sich erholen von Ausgelassenheit und Trubel, damit der letzte freie Tag nicht in Katerstimmung endet. Nur hier und da wankt ihm ein Betrunkener entgegen. An der Europabrücke trifft er auf zwei lauthals streitende Kerle, die sich beim Vorübergehen als Frauen entpuppen. Weiter vorne in einer Nische steht ein eng umschlungenes Pärchen. Den Blick diskret abgewandt, geht er an den Liebenden vorüber, erfreut sich an der Abendsonne im Gesicht mit einem Lied von Marvin Gaye auf den Lippen, dessen Titel ihm entfallen ist. Als er am Eingang zur Passage in Richtung Hauptplatz biegt, bleibt sein Blick durch Zufall an den Auslagenscheiben der Boutiquen hängen. Das Spiegelbild in den Schaufenstern ist das eines betagten Mannes. Eines gepflegten Herrn, immer noch recht gutaussehend zwar und stattlich, aber von den Jahren nicht verschont geblieben. Wer immer ihn ansieht, würde niemals darauf kommen, dass auf den leicht gebeugten Schultern das Schicksal mehrerer Menschen, ja vielleicht des ganzen Ortes ruht. Das faltige Altmännerantlitz verrät nichts über die Erregung, die ihn angesichts des Gedankens neu erfasst, aber Konrad hält sich nicht mit Eitelkeiten auf. Er hat sich diese Falten redlich erworben. Sie erzählen von harter Arbeit im Dienste der Gerechtigkeit und Freundschaft.

Der gestrige Besuch beim Prinzen war verlaufen, wie erhofft. Nach Alberts Versuch, die ihm zur Last gelegten Anschuldigungen ins Lächerliche zu ziehen, hatte Konrad ihm die Bänder vorgespielt. Jetzt noch verspürt er eine nahezu sadistische Befriedigung, wenn er daran denkt, wie dem Jungen das überhebliche Grinsen aus dem Gesicht gefallen ist, während er die Liste mit den Forderungen überflog. Wie ein Aal im Salzsäurebecken hatte er sich gewunden, sodass es Konrad verdammt schwer gefallen ist, sich die Freude über den Triumph nicht anmerken zu lassen, als sein Augenblick gekommen war. Jedwede Gefühlsregung hätte den perfekten Augenblick, auf den er seit Tagen hinarbeitet, hätte diesen nie wiederkehrenden Moment zu etwas Gewöhnlichem gemacht. Gewöhnlich wie der Erbprinz selbst in seiner Niedertracht und Unverschämtheit, seiner stupiden Arroganz, von der rein nichts mehr zu sehen war, als Konrad mit der trockenen Souveränität des Überlegenen zum Schluss kam.

„Du weißt schon, dass dich die Sache deine Karriere kostet, Albert?", lässt er seinen Text noch einmal im Kopf ablaufen, bei dem aus dem zappelnden Aal ein schnappender Karpfen wurde. „Dir bleibt keine andere Wahl, als zu unterschreiben. Die Bedingungen auf dieser Liste sind nicht verhandelbar. Sollte mir zu Ohren kommen, dass du weiter deine Spielchen treibst, landen die Bänder bei der Zeitung, ehe du *Erpressung* sagen kannst."

Als er der Prinzenvilla den Rücken kehrte, hatte Konrad zwei Dinge gewonnen. Erstens, den uneingeschränkten Respekt des Gegners (Albert war während ihrer kleinen Unterredung vom im Gemeinderat üblichen *Du-Wort* zum *Sie* übergegangen), und zweitens, umfassende Zugeständnisse, betreffend sämtliche Forderungen auf der Liste. Zugeständnisse, die seiner Sache allerdings erst nützen, wenn er Alberts Unterschrift schwarz auf weiß auf dem Papier stehen hat. Dann wird er auch endlich wieder schlafen und sich um Hilde kümmern können. Als alter Mann braucht er seinen Schlaf. Und seine Hilde braucht ihn.

Auf dem Marktplatz um die Kirche haben die meisten Kirtagsstände und Fahrgeschäfte bereits geschlossen. Drüben beim Kinderkarussell sind gerade zwei Schausteller damit beschäftigt, die Figuren mit Plastikplanen abzudecken. Im Vorübergehen beobachtet Konrad die Männer von der Feuerwehr beim Abbau des Festzeltes. Kernige, gut gelaunte Burschen, denen es nichts ausmacht, übermorgen schon wieder in ihren Betrieben zu schuften oder auf dem Bau zu stehen. Jeden Tag, machen diese Männer sich die Hände dreckig in Berufen, die viel Erfahrung und Geschicklichkeit erfordern, während andere für ihre Leistungen den Ruhm einheimsen. Die anderen, das sind Leute wie der junge Prinz, der sich die Finger selber niemals schmutzig machen würde und dabei so viel Dreck am Stecken hat, dass es nur eine Frage der Zeit sein kann, bis ihn jemand auffliegen lässt. Dieser jemand wäre Konrad selbst gerne gewesen, aber sein Auftrag ist ein anderer. Als öffentlich entlarvter Lügner und Gewalttäter ist Albert für ihn wertlos. Was der junge Syrer Djamal Hadami nur allzu bereitwillig auf Band gesprochen hatte, nachdem er von dem sympathischen Pflichtverteidiger Lilienthal über die Genesung seines Bruders in Kenntnis gesetzt worden war, würde gegen die Aussage eines hochgepushten Jungpolitikers wohl kaum bestehen. Aber selbst Albert hatte einsehen müssen, dass alleine die schwerwiegenden Anschuldigungen Djamals ausreichen könnten, um ihm politisch das Genick zu brechen. Auch wenn es keine stichhaltigen Beweise dafür gibt, dass es der Stadtprinz war, der Salih Hadami ins Koma geprügelt hat, die Unterlassungen der Polizei in diesem Fall lassen ihn in keinem guten Licht erscheinen. Die Mutmaßungen alleine wären ein gefundenes Fressen für die Journalisten. Konrad kann die fettgedruckten Zeilen in der Schmierenpresse direkt vor sich sehen.

Neue Erkenntnisse im Falle der syrischen Prügelbrüder. Schlamperei bei den Ermittlungen wirft neue Fragen auf. Wurden Beweise absichtlich zurückgehalten? Wer hat wirklich zugeschlagen in der Prinzenvilla?

Bad Hoffning, dessen Name seit jeher für Stolz und Heimatliebe steht, würde Augen und Ohren vor derart folgeschweren Anschuldigungen nicht verschließen können. Die Bürger wollen mit Skandalen nichts zu tun haben. Der Wirtschaftsaufschwung hat sie zu einem Liebkind der Union gemacht. Um diesen Status zu behalten, würden sie nicht zögern, ihren vielgeliebten Prinzen zum Bauernopfer zu machen. Aber Konrad geht es nicht um Opfer. Die Union ist ihm egal, und sobald er die Verpflichtungserklärung aufgesetzt und Albert unterschrieben hat, wird er Maria seinen letzten Treuebeweis vorlegen.

Auch für das Schicksal ihrer Lieblinge hat er endlich eine Lösung finden können. Alfred Böck wird bald schon genügend Zeit haben, um sich der individuellen Bedürfnisse der Vierbeiner anzunehmen. Ein Anruf hatte genügt, um sich von der Loyalität des Mannes zu überzeugen. Er hatte versprochen, dass es Nero, Minerva und den beiden Kleinen an Fürsorge nicht mangeln wird. Im Gegenzug dazu wird Konrad dafür sorgen, dass die Behörden von dem lange gehüteten Geheimnis zwischen Maria und dem Schuldirektor nie erfahren.

In dem überwältigenden Bewusstsein, dass er kurz davor steht, die Schlacht an allen Fronten zu gewinnen, spürt Konrad eine Art lähmende Enge in der Brust. Dass mit seiner Mission auch noch etwas anderes zu Ende gehen wird, hatte er von Anfang an gewusst. So sehr es ihm gefallen hatte, sich noch einmal zu beweisen, so sehr hatte er sich vor diesem Tag gefürchtet. Dem Tag, an dem sich nach außen hin alles zum Guten fügt, während seine innere Welt aus den Fugen gerät auf eine Weise, die er vielleicht niemals akzeptieren wird können.

Aber noch ist es nicht zu Ende, versucht sich Konrad Mut zu machen. Noch muss einiges getan werden. Ist er beschäftigt mit den Dingen dieser Welt, auf die er Einfluss nehmen kann. Von einer seltsamen Ruhe erfüllt, sieht er empor zur Kirchturmuhr, die in ebendiesem Augenblick zur vollen Stunde schlägt. Konrad wartet, bis der letzte Ton verklungen ist, strafft die Schultern und setzt sich wieder in Bewegung. Es sind nur noch einige hundert Schritte bis zur Kanzlei. Wenn er sich beeilt, kann er den Vertrag in einer Stunde fertig haben. Er hat den Großteil der Nacht wach gelegen und die Formulierungen Wort für Wort im Kopf. Er wird keine digitalen Spuren hinterlassen. Eine Kopie des Ausdrucks muss genügen. Das Originaldokument sowie die Tonbandaufnahmen mit den gelallten Bekenntnissen des Stadtsheriffs Meixner und der Aussage Djamal Hadamis kommen in das Schließfach seiner Bank. Sollte Albert Prinz irgendwann während seiner Laufbahn auf dumme Ideen kommen, oder auch nur in einem klitzekleinen Detail von ihrer Abmachung abweichen, wird er sein blaues Wunder erleben.

Es ist fast geisterhaft still in den hohen Altbauräumen. Konrad tappt sich die Wand entlang bis zum Lichtschalter im Empfangsbereich. Der verwaiste Stuhl seiner korrekten Sekretärin und die Aufgeräumtheit ihres Tisches verleihen seinem sonntäglichen Eindringen etwas Verbotenes. Es fühlt sich an, als würde er in die eigene Kanzlei einbrechen. Konrad schüttelt den Gedanken ab, betritt sein Büro und macht sich an die Arbeit.

Bis der Drucker ausspuckt, was er aus dem Kopf in den Computer übertragen hat, geht über Bad Hoffning die Sonne unter. In dem merkwürdigen Zustand der Leere, die den Krieger nach einer langen Schlacht besucht, steht er am Fenster und sieht zu, wie der sommerliche Abendhimmel die Stadt in seinen königsblauen Mantel hüllt. Dann geht der Nordstern überm Kirchturm auf und Konrad schreitet langsam zurück zum Sekretär und entnimmt der Druckerlade das Blatt, mit dem sich alles wenden wird. Nachdem er das Schriftstück noch einmal durchgelesen hat, kopiert er es zweimal, löscht die Datei aus dem Computer und macht die Lichter aus. Sein letzter Weg für heute führt ihn zurück zu Albert Prinz, der noch vor Tagesende seine Überzeugungen und Werte dem Bürgermeistertitel opfern wird.

An almost Continental Breakfast

Mimi Ulz, die nach der Verheiratung mit Toni, das *H* in ihrem Mädchennamen gegen ein *Z* getauscht hat, sieht vom Wäscheständer auf, um die seltsame Gesellschaft in ihrem Wohnzimmer zu betrachten. Dank der sommerlichen Temperaturen sind die Jeans des jungen Mannes über Nacht getrocknet, nur den Geruch nach Erbrochenem hat sie im Schongang nicht ganz wegbekommen. Noch hat sich keiner der Nachbarn über das gelegentliche Hundebellen und Stuhlbeinrücken rund um den opulent gedeckten Frühstückstisch am heiligen Feiertag beschwert, aber das kann sich sehr rasch ändern, wenn die ersten Hausbewohner vom Vormittagsspaziergang kommen oder vom Frühschoppen nach dem Pfingstgottesdienst. Andererseits ..., versucht sie die Bedenken zu zerstreuen, als sie vom Balkon zurück in die Wohnung geht und in die noch verschlafenen Gesichter blickt, ... andererseits wann hat sie schon Gelegenheit, so viele Leute zu bewirten?

Und Mimi bewirtet gerne. All ihre Köstlichkeiten hat sie aufgetragen an diesem Morgen, lang bevor die anderen wach geworden sind. Obwohl bis zu Beginn der Reha eigentlich der Schlafplatz ihres Bruders, hatte sie das Gästezimmer für dessen angeschlagenen Freund gerichtet und Franz kurzfristig auf das Sofa vor dem Fernseher umgebettet. Der hatte nichts dagegen, genauso wenig wie die Dackelhündin, die seit der Ankunft des illustren Grüppchens nicht von der Seite ihres Herrchens weicht. Die kühle Blonde war gegen Mitternacht gegangen, jetzt ist sie wieder da und hilft dem hübschen Jungen im Korsett seinen Kalorienmangel auszugleichen, indem sie dafür sorgt, dass sein Teller niemals leer wird. Ihre Zuwendung ist von derselben Beherrschtheit, die jede Berührung, jede Bewegung oder Äußerung ein wenig mühsam und zugleich bedacht erscheinen lässt. In welchem Verhältnis die beiden zueinander stehen, ist Mimi ebenso ein Rätsel, wie die plötzliche Verschworenheit zwischen Franz und Toni, den beiden so ungleichen Männern in ihrem Leben.

Sie hatte es erst nicht glauben können, als Ehemann und Bruder, die allerhöchstens eine stumme Akzeptanz verbindet, ihr gestern Nachmittag verkündeten, sie müssten noch einmal weg. Der eine, nach einem verregneten Saisonbeginn im Freibad leicht erkältet, der andere gerade erst aus dem Krankenhaus entlassen und noch gefährlich wackelig auf seinen Krücken, hatten sie nebeneinander im Lift gestanden und ihr erklärt, sie seien in einer Angelegenheit unterwegs, die keinen Aufschub dulde. Nachdem sich besagte Angelegenheit bis zur Lottoziehung nicht erledigt hatte und auch nicht bis zu den Abendnachrichten, war sie während Berichten über die Ibiza-Affäre und Greta Thunbergs Aufbruch nach New York immer wieder eingenickt. Die Seitenblicke hat sie ganz verschlafen, und ehe sie sich Sorgen machen konnte, hatte Kommissar Eisner seine erste Leiche auf dem Tisch. Und wie ein Tatort-Opfer hatte auch der junge Mann ein wenig ausgesehen, der dann plötzlich neben den anderen in ihrer Wohnung stand. Er hatte sich kaum noch auf den Beinen halten können. Hätte ihn die nervöse Blonde nicht gestützt, er wäre mitten auf dem frisch behandelten Lammfellläufer kollabiert.

Ihr den Aufmarsch zu erklären hatte seither niemand für notwendig empfunden. Verdreckt und staubig, wie er war, hatte sich Toni wortlos ins Schlafzimmer verzogen, während ihr gehandikapter Bruder wenigstens den Anstand hatte, die Präsenz des geschundenen Kerls in ihrer Wohnung zu erwähnen. „Er ist Lehrer am Gymnasium, Mimi. Ein guter Freund in Not. Der kann heute sonst nirgendwo mehr hin. Der Hiasl hat verdammt viel durchgemacht in letzter Zeit." Was genau der Lehrer durchgemacht hat, und inwieweit Bruder und Ehemann darin verwickelt sind, hatte sie nicht erfahren. Auch nicht, wer die Blonde ist, die dem jungen Mann ins Bett geholfen und nach einem kurzen *Dankeschön* fluchtartig die Wohnung verlassen hat, um heute Morgen in aller Herrgottsfrühe wieder hier aufzutauchen.

Ein seltsames Ding, denkt Mimi, während sie beobachtet, wie die andere ihren Toast in vier exakt gleich große Teile schneidet und dann abwechselnd davon abbeißt, als gelte es, eine ganz bestimmte Reihenfolge einzuhalten. Obwohl sie nicht unhöflich wirkt, hat sie sich Mimi mit Namen noch nicht vorgestellt. Überhaupt scheint sich keiner groß um sie zu kümmern, und das tut ihr weh, denn immerhin ist sie hier die Dame des Hauses, und nicht irgendein dummes Dienstmensch aus Downton Abbey, nach dem man einfach läutet, wenn unerwarteter Besuch auftaucht. Selbst die Hündin, die nach Mitternacht noch zweimal auf den Flur gekotzt hat, würdigt sie keines Blickes. Dank intensiven Lüftens und des exzessiven Einsatzes von Raumspray ist nichts mehr zu riechen von der Bescherung aus Milch und halbverdauten Haferflocken. Riechen tut es nur nach frisch gebackenem Marmorkuchen und Kaffee, Eierspeise mit Speck und Toast. Drei Sorten Käse hat sie aufgetragen, den teuren Schinken und sogar die Hagebuttenmarmelade, die sie vor Toni seit dem letzten Sommer retten konnte. Wenn man von der Beengtheit der Wohnung und dem Zustand ihrer Gäste absieht, könnte man fast meinen, sie seien im Kempinski oder in einem dieser Falkensteiners. In den Hotelbeschreibungen, die Toni wegwirft, sobald sie durch den Türschlitz kommen, nennt man so ein Frühstück *Continental Breakfast*.

Ob es die plötzliche Erinnerung an die Reisefaulheit ihres Bademeisters ist, die ihre Gekränktheit in Wut umschlagen lässt, sein unmöglicher Auftritt im Unterhemd, oder der spontane Entschluss, die Missachtung im eigenen Heim nicht länger zu erdulden, weiß Mimi nicht mehr so genau, als sie resolut an den Tisch tritt und nach einer Erklärung verlangt. Sie verdient Respekt. Und das sagt sie ihrem Toni jetzt auch ins Gesicht. Und auch dem Franz, der kaum etwas angerührt hat von ihrem wunderbaren Buffet, wo er normalerweise frühstückt wie ein Firmling.

„Denn immerhin …", hört sie sich sagen, „… denn immerhin

ist das hier auch meine Wohnung, und wenn hier plötzlich ein Fremder auftaucht, dann habe ich jedes Recht darauf zu erfahren, was hier eigentlich los ist. Ein Verletzter, der..."
„Und nein, Antonius Ulz, du wirst mich gefälligst ausreden lassen ...", fährt sie dem Göttergatten über den vollen Mund, als dieser aufbegehren will. „Ein verletzter Fremder, von dem ich nur weiß, dass er euch in irgendetwas hineingezogen hat, was mir, so wie er aussieht, alles andere als koscher wirkt." Hier holt sie bewusst Luft, um den Genannten zu fixieren. Ihr fällt auf, dass sich unter seinem ungepflegten Bart und den unzähligen Schürfwunden das Gesicht eines äußerst attraktiven Mannes verbirgt. So wie er da sitzt, sieht er fast aus wie ein Ritter, der eben aus der Schlacht zurückgekehrt ist, um in den Armen einer holden Dame Trost und Linderung zu finden. Die romantischen Fantasien, die sich aus dem Bild ergeben, wird Mimi allerdings zu einem späteren Zeitpunkt verfolgen müssen, denn just in dem Augenblick meldet die Blonde sich zu Wort.
„Koscher erscheint", sagt sie mit einer Stimme, die trotz des nachdrücklichen Untertons nicht ganz unsympathisch klingt. Es ist das erste Mal, dass sie sich direkt an sie wendet, deshalb fühlt sich Mimi kurzfristig aus dem Konzept gebracht.
„Wie meinen?"
„In diesem Zusammenhang kann das Verb, streng genommen, nicht reflexiv verwendet werden." Ihr Gesichtsausdruck wirkt entschuldigend, aber die Worte legen nahe, dass sie weiß, wovon sie spricht. Ganz im Gegensatz zu Mimi, die sich aber am eigenen Frühstückstisch auf keinen Fall die Butter vom Brot nehmen lässt.
„Koscher? Sie meinen, ich weiß nicht, was koscher ist", entgegnet sie ein wenig barscher als beabsichtigt. Die andere lächelt nervös, als müsse sie erst abwägen, wie sie darauf reagieren soll. Widerwillig stellt Mimi fest, dass es ein nettes Lächeln ist. Zumindest hat es nichts von Besserwisserei oder Überheblichkeit.
„Ich meine das Zeitwort. *Wirken*. Schauen sie, ich kann sagen, dass sich eine Sache auf die andere in irgendeiner Art und Weise

auswirkt. Ich kann etwas auf mich wirken lassen. Aber bei dem, was Sie gerade zum Ausdruck bringen wollten, sollte vielleicht ein Verb wie *erscheinen* besser passen. *Erscheint mir nicht ganz koscher*, würde ich vielleicht vorschlagen. Oder um überhaupt eine politisch korrektere Ausdrucksweise zu benützen: *kommt mir doch recht fragwürdig vor. Dubios, ominös*. Aber vielleicht lassen wir das …"

Mimi kann der Frau nicht folgen, aber die Art, wie sie plötzlich verlegen wird, und trotzdem nicht aufhören kann zu reden, hat etwas Rührendes an sich. Eine Beobachtung, mit der sie nicht alleine ist, wie ihr der Gesichtsausduck des hübschen Lehrers verrät. Bei der Gelegenheit fällt Mimi auf, dass er in Tonis roten Shorts mehr Ähnlichkeit mit einem Rettungsschwimmer hat, als sich ihr Bademeistergatte jemals wünschen kann. Wohl auch dieser Beobachtung ist es zu verdanken, dass ihre Sympathie für diesen Hias langsam auch auf dessen Freundin überspringt.

„Sie haben recht. Vielleicht lassen wir das besser", sagt sie bemüht freundlich, und setzt sich auf die Eckbank zu der Frau, ohne deren Irritation über die plötzliche Nähe weiter zu beachten. „Und vielleicht, hätten Sie ja auch die Güte, mir zu sagen, was hier eigentlich los ist. Nachdem die anwesenden Mannsbilder nicht reden wollen, wird das wohl an Ihnen hängen bleiben."
„Das wird es wohl", nickt die andere und blickt in die Runde der betretenen Gesichter. Als ihre Augen an dem Jungen hängen bleiben, lösen sich ein paar Haare aus ihrem Zopf. Sie bemerkt es nicht. Zuckt auch nicht zurück, als der Junge seine Hand hebt, um ihr die Strähne aus der Stirn zu streichen. Als sie sich Mimi wieder zuwendet, wirkt sie ruhiger. Dann fängt sie an zu sprechen und bekommt auch endlich einen Namen. Einen Beruf, der gut zu ihr zu passen scheint. Die Lebendigkeit, mit der die Lehrerin erzählt, wie sie es versteht, die überstürzten Ereignisse der letzten Nacht in eine Geschichte zu verpacken und trotzdem auf den Punkt zu bringen, gefällt Mimi so sehr, dass sie fast ihre eigene Rolle in dem Abenteuer übersieht.

Aber eben nur fast, und als die Erkenntnis sie in vollem Ausmaß trifft, hat Mimi keinen Zweifel mehr, dass sie das Schicksal viele Jahre vor diesem Morgen auf ebendiese Rolle vorbereitet haben muss. Während Silvia Lenz berichtet, wie sie mit der Dackeldame auf dem Arm zur Schule eilt, wo Franz und Toni bereits warten, fühlt Mimi sich in eine Zeit zurückversetzt, da ihr Vater gerade auf der Schwelle vom Kind zum Manne stand. So tief verirrt sie sich in die Erinnerung, dass ihr kaum auffällt, wie plötzlich auch ihr Bruder zu erzählen beginnt. Weitaus weniger eloquent als die Professorin, versteht sich, aber umso lauter, berichtet Franz von seinem Bunker-Déjàvù im Krankenhaus, und wie er das Bild von einem dunklen Loch hinter dem Spind nicht mehr aus dem Kopf bekommt. Wie mit jedem Gürtelstreich auf das jugendliche Hinterteil die Neugier in dem kleinen Franz nur größer wird, sodass er sich verspricht, eines Tages wieder dort hinabzusteigen, um dem Spindgeheimnis auf den Grund zu gehen. In seiner Erregtheit gibt er sogar zu, den Schwager für seinen Zweck missbraucht zu haben. Wie sich herausstellt, ist aber auch Mimis Göttergatte nicht unbeteiligt an dem Bunkerabenteuer. In Erwartung, endlich die neue Flex zu testen, die seit Monaten im Kabinett herumliegt, hatte sich Toni von Franz nur allzu gern überreden lassen, als ihn dieser unter Vorspiegelung falscher Tatsachen zum Chauffeur und Helfershelfer machte.

„Er hat behauptet, da unten ist irgendein alter Safe versteckt", murmelt Toni kleinlaut und kratzt sich den behaarten Nacken, während Mimi mit sich ringt, ob sie das Versprechen an den Vater brechen, oder die ganze Wahrheit bis in alle Ewigkeit für sich behalten soll. Eine Zeit lang gibt sich jeder seinen eigenen Gedanken hin. Erst als der Junge auflacht und sich stöhnend an die Rippen fasst, kommt wieder Leben in die seltsame Gesellschaft.

„Na, da bin ich aber froh, dass ihr beiden solche Esel seid, grinst er mit zusammengebissenen Zähnen in die Runde. Ich wäre da unten nämlich sonst verrottet. Ich glaube, Ihnen ist gar nicht bewusst, dass Sie da zwei Helden vor sich sitzen haben, Frau

Mimi." Er hat die braunsten Augen und dichtesten Locken, die sie bei einem Mannsbild je gesehen hat, denkt Mimi, während Silvia Lenz ihre Erzählung wieder aufnimmt. Unterbrochen wird sie nur gelegentlich von Franz, der es sich nicht nehmen lässt, die eigene Person betreffende Details selbst auszuschmücken, was zuweilen zu Sprüngen in der Handlung führt, die die Lehrerin mit kurzgehaltenen Rückblenden geschickt ausbügelt. Worauf sich Mimi konzentrieren kann, stellt sich in kurzen Worten folgendermaßen dar.

Als eine völlig aufgelöste Silvia in ihrer Küche die auf dem Hundehalsband eingravierte Schulwartnummer wählt, sind die beiden zweifelhaften Helden bereits in Tonis Dacia in die Kernstockgasse unterwegs. Verwundert, wenn auch bis dato noch nicht wirklich alarmiert vom Verschwinden seines Freundes, dirigiert Franz die Lehrerin via Handy zum Gymnasium, wo man nur wenige Minuten später die Suchexpedition in den Keller antritt. Wenngleich erschöpft von dem langen Abstieg auf den Krücken und hin- und hergerissen zwischen den Gedanken um das Spindgeheimnis und jetzt doch Besorgnis um Matthias, ist Franz der Erste in der Schleuse. Dicht gefolgt von Lady, die wie verrückt zu wedeln anfängt, als sie im vorderen Bunkerraum die Witterung des vermissten Pflegeherrchens aufnimmt. Bis auf den Laptop und einige zwischen Klapptisch und Regalen verteilte persönliche Gegenstände finden sie den Raum verlassen vor. Keine Spur von Matthias Sommer. Nicht der geringste Hinweis darauf, wohin er gegangen sein oder was er vorgehabt haben könnte.

„Als wir im hinteren Teil des Bunkers waren, hatte ich die Hoffnung schon aufgegeben, aber da hat die Hündin plötzlich angeschlagen." Obwohl Mimi in Gedanken schon wieder mehr beim Vater ist, nickt sie der blonden Lehrerin aufmunternd zu, als könne sie die Szene lebhaft vor sich sehen. Und sie gibt sich wirklich Mühe. Versucht, sich Generatorraum mit Klo- und Duschkabinen vorzustellen und das Chaos aufgebrochener Kisten, aus denen Holzwolle und tote Tiere quellen. Sieht auch ihren Bruder vor dem Metallschrank stehen, wie er seine Neugier niederkämpft, weil er weiß, dass sie in Anbetracht der Sorge um den Freund unpassend und egoistisch ist. Kann sich die Verwunderung in den Gesichtern vorstellen, als Lady an der Spindtür hochspringt, und nicht mehr aufhören will zu kläffen.

„Und dann habt ihr mich fluchen gehört, und gleich hartes Geschütz aufgefahren, was?" Obwohl Matthias Sommer grinst, meint Mimi, eine Spur von Panik in den haselbraunen Augen zu erkennen.

„Hat ja keiner gewusst, wie wir sonst an dich rankommen sollen, Bub. Und der Krückensportler hier und ich hätten die Konserve in jedem Fall geknackt." Ob es die Referenz auf sein Handicap ist, die Franz ein ärgerliches Murren entlockt oder die Art, wie sich Toni wieder in den Vordergrund spielen muss, kann Mimi nicht sagen. Es ist auch nicht wichtig, denn sie hat inzwischen beschlossen, die Geschichte um ihre eigene Wahrheit zu ergänzen.

Oder besser gesagt, um die Wahrheit ihres Vaters, denn wie es aussieht, hat die Vergangenheit die Gegenwart nach über 70 Jahren eingeholt. Die Erlebnisse von damals stehen nun in einem völlig neuen Zusammenhang. Über Nacht ist die Geschichte von Franz Uhl Senior Teil einer anderen geworden. Einer Geschichte, die nicht mehr ihm alleine gehört, sondern ihnen allen. Insbesondere aber wohl dem Sohn, der es verdient hat, endlich zu erfahren, warum ihn der geliebte Vater damals so verprügelt hat, dass er ein Woche lang nicht sitzen konnte. Ganz abgesehen davon aber ahnt Mimi auch, dass es ohnehin nicht lange dauern wird, bis die Entdeckung des verborgenen Bunkers Schlagzeilen macht, und dann werden Zeitungen und Fernsehen alles aus den Archiven graben, was sich über die Tragödie von damals finden lässt. Besser also, wenn es der Bruder von ihr selbst erfährt, und nicht aus zweiter Hand von irgendwelchen Sensationsreportern.

Nachdem Silvia berichtet hat, unter welchem Risiko sie den Jungen freibekommen haben, dass er völlig dehydriert und kaum noch bei Bewusstsein war, als sie ihn zur Klinik brachten, greift sie in ihre Tasche und befördert ein ziemlich demoliertes Smartphone zutage. „Das hätte ich fast vergessen. Sie haben es dir beim Röntgen abgenommen. Der Bildschirm ist wohl nicht zu retten, aber es scheint zumindest noch zu funktionieren. Ich habe es für dich aufgeladen." Als Matthias das Handy entgegennimmt, sieht es für einen Augenblick fast so aus, als würde er die Blonde küssen wollen. Mimi ist sich nicht sicher, ob es die angeknacksten Rippen sind, oder etwas anderes, das ihn daran hindert. Für eine Weile ist es wieder still am Tisch. Nur aus dem Winkel unter der Eckbank ist beherztes Schnarchen zu vernehmen, unterbrochen von gelegentlichem Japsen, wie es Hunde manchmal tun, wenn sie besonders lebhaft träumen. Die Gefährten der Nacht sind müde. Bis auf Toni, der an seiner mittlerweile dritten Marmeladensemmel kaut, hat Mimi mit ihrem Continental Breakfast alle satt bekommen. In Anbetracht der Frühstücksidylle erwägt sie, ihre Enthüllungen auf einen späteren Zeitpunkt zu verschieben. Aber dann ist es ausgerechnet Franz, der ihr die Entscheidung abnimmt.

„Ich frage mich nur ...", wirft er in Runde, „... also, was ich mich die ganze Zeit schon frage, ist, warum keiner eine Ahnung hatte von diesem Bunker hinterm Bunker. Nach allem was wir wissen, muss das doch ein riesiges Gewölbe sein. Ich meine, für so etwas muss es ja wohl irgendwo noch Pläne geben."

Mimi entgeht nicht, dass seine Worte vor allem an sie gerichtet sind. Als er vom Teller zu ihr hochsieht, kann sie förmlich spüren, wie die noch viel dringlicheren Fragen in seinem Kopf Gestalt annehmen, während er langsam zu begreifen anfängt. *Hat Vater davon gewusst? Habe ich deshalb den Hintern vollgekriegt? Warum hat er nichts gesagt? Was hat ihn so beunruhigt, dass er nicht darüber sprechen wollte?* Es sind nur Sekunden, die vergehen während dieses stummen Austausches zwischen den Geschwistern, aber plötzlich hat Mimi eine Riesenangst, ihre Gelegenheit zu verpassen.

Und dann fasst sie sich ein Herz und erzählt von ihrer letzten Begegnung mit dem Vater.

Erzählt ohne große Einleitung. Erzählt, wie verändert er in seinen letzten Wochen war, wie sehr in sich gekehrt und auch verletzlich, als habe er seinen Tod vorausgeahnt. Erzählt von seinen Tränen, als sie ihn an jenem Nachmittag alleine in der Schulwartwohnung antrifft, und wie sie selbst haltlos zu weinen anfängt, während sie durch seine Augen Zeugin eines unbeschreiblichen Gemetzels wird.

„Ich musste ihm versprechen, nichts zu sagen, Franz", endet sie, erstaunt darüber, wie fest sich ihre Stimme anhört. „Aber irgendwann hätte er es auch dir erzählt. Unser Vater ist so stolz auf dich gewesen, und ich bin mir sicher, das wäre er heute noch viel mehr."

Als der Bruder wortlos nach den Krücken greift und den Frühstückstisch verlässt, mit unbewegter Mimik und so eilig, wie es ihm sein Knie erlaubt, wird Lady wach und drückt sich aus der Nische unter der Eckbank, um dem Herrchen nachzuzappeln. Mimi erwischt sie gerade noch am Halsband und hebt sie zu sich auf den Schoß. „Er braucht jetzt seine Zeit", flüstert sie in eines der weichen Dackelohren. Sie weiß, sie hat das Richtige getan, trotzdem kann sie nicht erwarten, dass ihr Franz sofort verzeiht. Irgendwann wird er verstehen, dass sie ihn mit ihrem Schweigen beschützen wollte. Und so lange es auch dauern mag, sie wird dann für ihn da sein. Wie sie immer für ihn da gewesen ist.

Das Klappern und Scheppern, als die Lehrerin das Geschirr zusammenstellt, setzt dem betroffenen Schweigen um den Tisch ein Ende. Es ist heiß geworden in der Wohnung, von unten an der Straße dringt der Lärm des trägen Feiertagsverkehrs herauf. Es muss inzwischen Mittag sein. Der Föhnwind hat ein wenig nachgelassen, die Sonne knallt jetzt heiß und unbarmherzig durch das große Zimmerfenster. Zeit, die Markisen auszufahren, denkt Mimi und will sich gerade an ihren Göttergatten wenden, als

Matthias Sommer mit zusammengebissenen Zähnen seinen Stuhl nach hinten rückt. „Zeit, zu gehen. Ich denke, ich habe Ihre Gastfreundschaft mehr als genug beansprucht, Fräulein Mimi. Und was den Franz betrifft, wenn es irgendetwas gibt, dass ich für ihn tun kann, dann lassen Sie es mich wissen."
„Ich habe ja jetzt mein Handy wieder", fügt er mit einem Blinzeln hinzu. Im Aufstehen vergisst er die Verletzung, und greift sich fluchend an die Rippen. Die Bademeistershorts sitzen ihm gefährlich locker um die schmalen Hüften. Als Mimi auffällt, dass sie auf die Stelle über dem Bund starrt, wo die Haarlinie von seinem Nabel abwärts dichter wird, wendet sie sich ab, setzt Lady auf den Boden und eilt in vorgetäuschter Geschäftigkeit hinaus zum Wäscheständer. Die Jeans sind trocken, aber noch etwas steif. Das linke Bein, an dem sie zwei Risse nähen konnte, ist ein wenig schmäler als das andere.
„Ich habe sie im Schongang waschen müssen, kann sein, dass sie noch ein wenig riechen", entschuldigt sie sich, und versucht, nicht hinzusehen, als er in die Hosen schlüpft.
„Oh, ich denke, die sind perfekt. Damit gehe ich heuer noch zum Opernball." Es hätte ein Scherz sein sollen, aber trotz seines gesunden Appetits und der vorgetäuschten Leichtigkeit wirkt der Junge irgendwie verloren. Als er das Handy in die Vordertasche stecken will, hält er mitten in der Bewegung inne. Mimi kann zusehen, wie ihm sprichwörtlich alle Farbe aus dem Gesicht weicht, als er einen kleinen zylindrischen Gegenstand hervorholt, den sie beim Waschen übersehen haben muss. Es ist eine dieser kleinen Plastikdosen von der Form und Größe, wie man sie zum Aufbewahren von Cremes und Tinkturen benutzt. Als er ihren Blick bemerkt, umschließt er das Döschen mit der Faust, steckt es zurück in die Hosentasche und zuckt grinsend mit den Schultern. Aber Mimi lässt sich nicht beirren, hinter der unbekümmerten Fassade steckt ein mitgenommener Krieger, der denkt, er muss den Helden spielen. Und wie gerne würde sie sich in diesem Augenblick um ihn kümmern. Wie gerne das Mädchen sein, dem er

alles anvertrauen, vor dem er schwach sein kann und traurig und verletzlich. Aber abgesehen davon, dass sie gut fünfzehn Jahre trennen und sich ihr wahrer Held gerade mit den Markisen abkämpft, ahnt Mimi auch, dass Matthias Sommer seine holde Maid bereits gefunden hat.

Nicht ganz bis Afrika

Matthias will sich nichts anmerken lassen, als er sich neben Silvia Schritt für Schritt über die Stufen ins Parterre hinunter quält. Seine Rippen brennen höllisch und die Abschürfungen an Knie und Oberschenkel scheuern gegen den groben Stoff der Hose. Freilich, sie hätten auch den Lift nehmen können, aber selbst groggy wie ein angezählter Boxer, ist ihm keineswegs entgangen, dass Silvia einer Panikattacke verdammt nahe gewesen war, als sie letzte Nacht zu viert mit Hund im gläsernen Aufzug standen. Nach allem, was sie für ihn auf sich genommen hat, kann er ihr das unmöglich wieder antun. Wenn er daheim ist, will er nur noch schlafen. Wobei ihm gerade wieder einfällt, dass er keine Ahnung hat, wo das eigentlich sein soll, sein Daheim. Wirklich daheim gefühlt hat er sich zum letzten Mal bei Manu. Und ob nun die Pilgermaus und ihr alter Sack tatsächlich im verdammten Santiago angekommen sein mögen oder nicht, dieses Daheim gibt es schon lange nicht mehr. Vielleicht kann er doch wieder bei den Eltern unterkommen, bis sich alles einrenkt. Oder bei Martha und Bernie unterm Dach. In seinen Bunker jedenfalls bringt ihn so schnell keiner wieder. Er hat genügend Horrorstreifen gesehen, um zu wissen, dass sich das Grauen nur allzu gerne dort einnistet, wo Menschen Böses angetan worden ist. Von unerklärlich hohen Selbstmordraten in auf Indianerfriedhöfen erbauten Siedlungen, über Familientragödien im Umland ehemaliger Irrenanstalten, bis hin zu Poltergeistaktivitäten in den Häusern von Serien- und Massenmördern kennt er sie alle auswendig, die furchtbaren Erscheinungsformen des paranormalen Bösen. Und nach allem, was ihnen Fräulein Mimi eben erzählt hat, muss es unter dem alten Schulgebäude ganz gewaltig poltern. Andererseits, überlegt Matthias, wenn das wirklich der Fall sein sollte, was hat dann ausgerechnet die Seele seiner lieben Oma an einem solchen Ort verloren? War sie bloß in seinem Kopf? Aber was macht dann das

Döschen mit ihrer Ringelblumensalbe in seiner Hosentasche?

Von dem Mischmasch aus Fantasie, Erinnerung und Wirklichkeit gleichermaßen überfordert wie zutiefst verunsichert, merkt Matthias gar nicht, dass sie bereits das Erdgeschoß erreicht haben. Gleich wird er mit Silvia im Taxi sitzen und hat nicht den geringsten Schimmer, wo die Fahrt hingehen soll. Er ist völlig nassgeschwitzt und stinkt wahrscheinlich wie ein wilder Eber. Dass Silvia immer noch an seiner Seite ist, trotz allem, was sie durchgemacht haben muss, ist im Augenblick das Einzige, was zählt. Das, und die Zähluhr des Wagens, den Toni Ulz zu bestellen sich auf keinen Fall nehmen lassen wollte. „Weil der Taxi-Maxi einer meiner Kegelfreunde ist", hatte er stolz verkündet. „Mit meinen Superkonnäktschens führt euch der Mäx zum halben Preis bis nach Neapel. Ja, was sag ich, wenn es sein muss, sogar bis nach Afrika".

Und wenn auch beim ersten Blick auf den Fahrer im farbenfrohen Leinenhemd gleich feststeht, dass es sich nicht um den Taxiunternehmer Max Rosenberger handelt, so könnte Toni Ulz zumindest in einer Sache durchaus recht behalten, denn dem ebenholzschwarzen Hünen, den das Lizenzschild am Rückspiegel als Modupeh Mbele identifiziert, dürfte der Weg nach Afrika durchaus nicht unbekannt sein. Obwohl er verdammt gut deutsch spricht, wie Matthias anerkennend feststellen muss (eigentlich steirisch mit einer starken Prise nigerianischem Akzent, was den Kerl trotz seiner Unnachgiebigkeit irgendwie sympathisch macht). Selbst als Silvia die vorgeblichen Connections des Bademeisters zum Obermaxi-Taxifahrer als Verhandlungsargument anführt, besteht ihr Fahrer auf einen gesalzenen Preisaufschlag wegen der fünfundzwanzig Minuten Wartezeit, die sich aus einer herzlichen Verabschiedung von Fräulein Mimi, sowie dem qualvollen Abstieg vom vierten Stock ins Parterre summiert haben müssen. An jedem anderen Tag, ist sich Matthias sicher, hätte die eloquente Silvia die Debatte um den Zählerstand durchaus gewinnen können, aber nicht heute. Nicht nach einer Nacht wie dieser.

Mit einer Mischung aus Belustigung und Sorge beobachtet er, wie seine Heldin ihren hübschen Kopf aus dem Beifahrerfenster zieht und mit einem resignierten Seufzer neben ihn auf die Rückbank des gut klimatisierten Skoda rutscht. Als er spürt, wie sich ihre Hand in seine legt, denkt er für einen Augenblick, dass es besser gar nicht mehr werden kann. Dass es ihm völlig genügen würde, für den Rest seines Lebens so dazusitzen und mit dieser mutigen, seltsamen, wunderbaren Frau an seiner Seite im Taxi um die Welt zu cruisen, eingelullt vom Aroma des Vanilleduftbaumes und den heimwehschwangeren Ethnorhythmen aus der CD-Sammlung von Mr. Cab Driver himself. Eine Fantasie, die beinahe hätte wahr werden können, hätte nicht Mr. Mbele die volkstümlichen Klänge aus dem Regionalsender bevorzugt, und es zudem reichlich gnädig gehabt, sie so schnell wie möglich wieder abzusetzen. Glücklicherweise ist aber Silvia nach wie vor fest in der Wirklichkeit verhaftet. Anders als Matthias selbst, scheint sie sich über ihr Fahrtziel bereits konkrete Gedanken gemacht zu haben und nennt dem Fahrer ihre eigene Wohnadresse. Normalerweise hätte ihn die Entscheidung wohl ziemlich nervös werden lassen, aber schön langsam hat er sich daran gewöhnt, dass nichts mehr ganz normal ist. Mit der Erkenntnis, dass auch das auf eine gewisse Art schon wieder etwas Beruhigendes an sich hat, lässt er seinen Kopf an die kühle Fensterscheibe sinken und döst im nächsten Augenblick ein.

Sie sind schon auf der Stadtumfahrung, da spürt er plötzlich ein Vibrieren in der Hosentasche. Eingeschnürt von Gurt und Mieder, bekommt er sein Handy erst zu fassen, als es bereits zum fünften oder sechsten Mal geklingelt hat. Trotz Sprung und Kratzern und den Staubpartikeln unterm Display, gelingt es ihm, die Anfangsziffern einer örtlichen Festnetznummer ausmachen. Zu müde, um zu reden, ist er kurz davor, den Anruf wegzudrücken, als ihm Silvia das Smartphone aus der Hand nimmt. Fasziniert beobachtet Matthias, wie sich ihre linke Augenbraue aufmerksam nach oben hebt, als sie das Handy an ihr Ohr hält und mit einem knappen, wenn auch nicht unhöflichen *Ja, bitte!* antwortet. Zum ersten Mal fällt ihm auf, dass der hübsche akkurat gezupfte Haarbogen in der Mitte von einer sehr schmalen Narbe unterbrochen ist.

„Tut mir leid, Matthias Sommer kann im Moment nicht sprechen. Er hatte einen ..."

„Bunkersturz", souffliert Matthias scherzhaft blinzelnd (was sich als ziemlich schwierig herausstellt mit einem Butterfly-Pflaster über dem Auge). Aber Silvia lässt sich nicht beirren. Mit gespielter Strenge schüttelt sie den Kopf in seine Richtung und spricht weiter.

„Er hatte einen kleinen Unfall und braucht jetzt dringend Ruhe." Die grünen Waldsee-Augen verdunkeln sich, Silvias ganze Aufmerksamkeit gilt jetzt wieder dem Anrufer. Während sie sich konzentriert auf die blassen Lippen beißt und lauscht, erscheint auch die kleine Lücke zwischen ihren Vorderzähnen wieder. Matthias könnte ihr ewig dabei zusehen, wie sie telefoniert. Bestimmt gibt es in diesem Gesicht noch hunderte von entzückenden Kleinigkeiten zu entdecken, die ihm bisher entgangen sind. Der Leberfleck an ihrem linken Ohrläppchen zum Beispiel, er hat die Form eines winzig kleinen Dreiecks. Oder die ästhetisch verlaufende Linie ihres Nasenrückens, über den sie ihren Zeigefinger gleiten lässt, als die Männerstimme am anderen Ende der Leitung lauter wird und sie unsicher zu ihm herüber sieht. Matthias hat dem Gespräch bisher keine Beachtung geschenkt, aber die plötzliche Irritation in ihrem Blick sagt ihm instinktiv, dass es um etwas Ernstes handeln muss.

„Das ist natürlich etwas anderes", hört er sie sagen. „Bitte warten Sie doch einen Augenblick." Dann hält sie ihm das Handy hin und flüstert: „Da ist ein Anwalt, der dich unbedingt sprechen möchte. Er sagt, es sei dringend. Es geht um eine gemeinsame Bekannte."

Die Story

Matthias könnte sich an den Krankenstand gewöhnen. Nur in Shorts und seinem Mieder sitzt er im Bügelzimmer unterm Dach, die Fußsohlen auf dem Fliesenboden, eine eisgekühlte Flasche Coca Cola in der Hand, und fährt seinen Laptop hoch. Es geht ihm gut. Seine Wunden sind verheilt, die Ringelblumensalbe aufgebraucht. Das Döschen selbst, das er seit seiner Befreiung immer bei sich trägt, hat sich als echter Talisman erwiesen. Die Worte fließen ihm aus den Fingern, mit einer Leichtigkeit und Souveränität, dass es eine Freude ist. Wenn Martha, Bernie und die Mädels aus dem Haus sind, zieht er sich hierher zurück und dann kommen die Ideen und Gedanken wie bestellt daher. Und vielleicht liegt es ja auch daran, dass es das Leben selbst ist, das diese ganz spezielle Geschichte vor vielen Jahren geschrieben hat. Sie zu transkribieren, anzureichern mit ein wenig Fantasie, wo Zahlen und Fakten für sich alleine nicht bestehen können, das ist seine Aufgabe. Das ist es, was er kann und machen möchte. Was er trotz Job und Sorgen und Zukunftsängsten niemals aufgeben, was er bis ins hohe Alter so gut wie möglich hinkriegen will. Weil es Spaß macht. Und weil er es den Geschichten schuldig ist, die in seinem Inneren geduldig darauf warten, irgendwann erzählt zu werden.

So wie diese hier, die er gestern Abend bis auf den letzten Absatz ganz gut hinbekommen hat. Dass es nicht seine eigene Geschichte ist, stört Matthias nicht. Es ist auch keine Horrorstory, die von mordenden Harlekins oder Zombiehorden handelt. Der wahre Horror dieser ganz besonderen Erzählung liegt vielmehr darin, dass sich die Ereignisse so, oder so ähnlich, wirklich zugetragen haben. Nicht irgendwo. Nicht im entfernten Maine des Stephen King, sondern hier ist es passiert, das Grauen. Hier mitten in Bad Hoffning, und die Leute sollten daran erinnert werden. Eine reale Tragödie in Fiktion verpackt.

Die anfängliche Angst, das Gedenken an die Opfer zu beschmutzen, indem er ihre furchtbaren Erlebnisse zu einer neuen Story umschreibt, hatte Mimi Ulz ihm ausreden können. Mit ihr hat sich Matthias in den vergangenen Tagen einige Male getroffen, um bei seiner Darstellung möglichst nahe an der Wahrheit zu bleiben. Im Stadtarchiv war nicht mehr viel zu finden über den Massenmord im Bunker. Im Zuge der Digitalisierung sind die Berichte größtenteils verloren gegangen. Nur Rang und Namen des Amokschützen sind in einer Chronik aus dem Jahre 54' noch erwähnt. Und ein Hinweis auf den einzigen Zeugen des Massakers, einen 15-jährigen Schlosserlehrling, dem es gelungen war, dem Gemetzel durch einen Notausgang im Bunker zu entkommen. Über die Beweggründe des Täters hatte ihm auch Frau Mimi nicht viel sagen können.

„Es sind so viele schlimme Dinge passiert zu dieser Zeit. Auch gegen Kriegsende noch. Erschießungen, Verzweiflungstaten, Selbstmorde. Da hat man sich wahrscheinlich für Motive nicht so sehr interessiert. Von unserem Vater weiß ich nur, dass dieser Arthur Ried wohl selbst Lehrer am Gymnasium war. Ein ehemaliger Offizier der Wehrmacht, ein Veteran, der durchgedreht sein muss, als er begriffen hat, dass es mit dem Endsieg nichts mehr wird. Hitler hat sich ja nur ein paar Tage später selbst erschossen."

Matthias erinnert sich. Er hat im Internet davon gelesen. *Hitler will weder tot noch lebendig in die Hände des Feindes fallen. Am 30. April um 15:30 Uhr erschießt er sich, Eva Braun nimmt Gift. Beide Leichen werden nach Hitlers Willen verbrannt. Am folgenden Tag sendet der Rundfunk: „Aus dem Führerhauptquartier wird gemeldet, dass unser Führer Adolf Hitler heute Nachmittag in seinem Befehlsstand in der Reichskanzlei bis zum letzten Atemzuge gegen den Bolschewismus kämpfend für Deutschland gefallen ist."*

Für seine Story ist die Information nicht wirklich wichtig, aber es stellt ihm die Nackenhaare auf, wenn er daran denkt, wie viele Einzelschicksale dieser Bericht in ähnlicher Weise beeinflusst haben könnte. Das Einzige, was ihm heute noch zu tun bleibt ist, ein Ende für den Text zu finden. Beim Gedanken daran spürt er einen wohlig gruseligen Schauer über seinen Rücken laufen. Natürlich könnte der auch von dem Standventilator kommen, der ihm von hinten auf den Buckel bläst, aber in Anbetracht des feierlichen Augenblicks gefällt ihm erstere Erklärung fast ein wenig besser. Mit dem Vertrauen, dass der passende Schlusssatz kommen wird, sobald er die Story nochmals durch hat, trinkt Matthias sein Cola aus, rülpst genüsslich und klickt den Bunker-Ordner an.

-Im Bunker, Prolog-
April 1945. Der große Krieg ist fast zu Ende, die Luftüberlegenheit der Alliierten führt zu einem wahllosen Herauspicken von Angriffspunkten. Auf ihrer Prioritätenliste stehen vor allem Verkehrs- und Nachschubziele. In der Ortschaft Hoffach (heute besser bekannt als Bad Hoffning, eine aufstrebende Industriestadt im Osten der Steiermark) geht die nackte Angst um. Von Bombenangriffen ist man bisher verschont geblieben, aber nun ist die Rote Armee im Vormarsch in die Alpenfestung, und der Iwan ist ein gewissenloser Plünderer, Vergewaltiger und Mörder, der nichts als Leid und Tod verbreitet. Schon vor Wochen hat man einen Teil der Frauen und Kinder per Autodienst des NS Kraftfahrkorps in die Obere Steiermark evakuiert. Der Führer lebt noch. Neunundneunzig Schüler des humanistischen Heinrich-Himmler-Bubengymnasiums leben noch. Am Ende des Tages werden es nur noch fünfzig sein. Fünfzig Buben zwischen elf und sechzehn Jahren und sieben Professoren, die das Schulgebäude lebend verlassen, nachdem Arthur Ried, Lehrbeauftragter für Mathematik und Leibesertüchtigung, die Eisentür zum Luftschutzbunker von innen verriegelt hat, um seinen grauenvollen Plan in die Tat umzusetzen.

-Von Arthurs Arm, der irgendwo am Balkan liegt-
Noch bevor die Mutter ihm das Frühstück auf den Tisch stellt, noch ehe er ihr sagen muss, wie jeden Morgen seit vier Jahren,

dass er keinen Hunger hat, und sie keifend aus der Küche geht, weiß er, dass sein Tag gekommen ist. Schon beim Aufstehen hat es ihm sein Arm verraten. Nicht der, mit dem er gerade den Kaffee verschüttet. Das ist der unbrauchbare linke. Der andere Arm ist es, der ihn wissen lässt, dass es heute passiert. Der, den er ständig kribbeln spürt, obwohl er hunderte von Kilometern weit entfernt irgendwo in fremdem Boden verrottet. Schon erstaunlich, geht es Arthur durch den Kopf, während er gedanklich mit den fehlenden Fingern über den kühlen, glatten Lauf der Mauser streicht, dass er mehr Beziehung zu ihm hat, als zu dem ungeschickten Körperteil, das ihn aussehen lässt wie einen Feigling. Einen Krüppel, dem die Leute im Ort nicht in die Augen sehen können, weil er sie an die Väter, Söhne, Ehemänner und Brüder erinnert, die mehr verloren haben in diesem Krieg. Mehr als ein Auge, ihre Genitalien, die Hälfte ihrer Schädel oder den Verstand. Natürlich würden sie es ihm niemals ins Gesicht sagen, die feigen Nachbarn und Kollegen, aber Arthur sieht ihn jeden Tag, den stillen Vorwurf. *Was hast du hier zu suchen? Mit einem Kratzer und am Leben, während unsere Buben auf dem Balkan liegen, vor Stalingrad, in Polen. Am Boden des Atlantik?* Und ja, er kann es ihnen nicht einmal verübeln. Er hat ja wirklich nichts verloren an diesem Ort, den er nicht einmal besonders mochte, als er abgehauen ist. Obwohl sich die Mutter abrackert wie eine Mähre, werden sie den Hof nicht länger halten können. Bei jedem Scheißvieh, das sie an die Wehrmacht abgeben mussten, hatte die Alte mehr geheult als bei seiner Rückkehr. Sein rechter Arm gegen ein Rindvieh und eine dumme Sau – was macht das schon für einen Unterschied?

Sie ist immer eine schöne Frau gewesen, die Mutter. Groß und kräftig mit dunkelblauen Augen. Das pechschwarze Haar zurückgebunden zu einem dicken, festen Zopf. Wenn sie lachte, hatte man das Gefühl, es würde ein Erdbeben durch ihren Körper gehen. Ihr Haar ist mittlerweile weiß geworden, es ist noch immer dicht und glänzend, aber zu lachen hat sie lange nichts gehabt. Die viele Arbeit und die Sorgen haben sie klein und buckelig werden lassen. Und böse. Manchmal, wenn sie denkt, er merkt es nicht, sieht sie ihn genauso an, wie all die anderen. Mit der Frage in den Augen, für die er sie am liebsten prügeln möchte. *Was willst du noch hier, Nichtsnutz?* Geschlagen hat er sie noch nicht, aber wenn er betrunken ist, und das kommt ziemlich häufig vor in letzter Zeit, dann schreit er sie an, bis ihr das blöde Schauen vergeht. Dann schließt sie sich in ihrer Kammer ein und Arthur kann sie die halbe Nacht lang heulen hören. Und meistens tut sie ihm ja irgendwie auch leid nachher, aber was denkt sie denn? Was glaubt sie denn, wie er ihr helfen kann, selbst wenn er wollte? Er kann ja nicht einmal die einfachsten Arbeiten im Stall erledigen. Wie stellt sie sich das vor? Dass er den letzten vier Kühen den lieben langen Tag die Zitzen krault oder den dürren Hennen die Hand unters Arschloch hält und wartet, bis ein Ei hineinfällt?

Den Vater hatte er ins frühe Grab gebracht, als er ihm eröffnete, dass er sich mehr erwartet von der Zukunft als ein kaputtes Kreuz, Schwielen an den Händen und den ständigen Gestank von Gülle in der Nase. Was hat der Alte doch getobt, als er ihm eröffnete, er würde zur Tante in die Hauptstadt ziehen, um dort den höheren Schulabschluss zu machen. Auch heute noch kann er das Bild des Vaters sehen, wie er ihn mit Hieben und Tritten im Jähzorn aus der Stube treibt. Wie ein lästiges Gefühl, geistert es fast jede Nacht durch seinen Kopf. Wenn er zitternd hochschreckt mit wildem Herzschlag tief im Hals, das Kissen und die Laken nass vom Schweiß und seiner Pisse, ist das Einzige, was ihn beruhigen kann, der Gedanke an den Burschen, der im Alter von nur fünfzehn Jahren in den Zug steigt, um Stall und Landleben für immer hinter sich zu lassen. Nur selten denkt Arthur darüber nach, was aus ihm geworden wäre, hätte er dem Vater damals nachgegeben.

Warum auch? Das Leben ist gut zu ihm gewesen. Seine Karriere vorbildlich. Matura mit Auszeichnung im Jahre 23´, dann das Lehramtsstudium, die Grundausbildung zum Oberfähnrich in Döbernitz, wo er es mit viel Ehrgeiz und Selbstdisziplin bald zum Unteroffizier gebracht hat. Die deutschen Mädchen, hübsch und laut, mit dem Duft von Moschus und Vanille zwischen den drallen Brüsten hatten ihm den Abschied schwer gemacht, als er Deutschland den Rücken kehrte, um mit der zweiten Panzerdivision gegen Polen zu ziehen. Dann an die Eifel, auf den Balkan und weiter bis nach Griechenland.

Es ist nicht die verdammte Kugel gewesen, die ihn fast getötet hätte. Der Wundbrand war es und das Fieber. Vor allem aber der Gedanke an die Schande, von der er wusste, dass er von nun an mit ihr leben muss. Unehrenhaft entlassen unter Aberkennung sämtlicher militärischer Ehren und Verdienste. Lieber wäre es ihm gewesen, sie hätten ihn an Ort und Stelle an die Wand gestellt, dann hätte er sich das alles hier erspart.

Der Alte war schon lange hinüber, als er heim nach Hoffach kam (und wo hätte er denn sonst hin sollen?), dennoch kann ihn Arthur jeden Morgen schreien hören, sobald er seine Augen aufschlägt. Sie lauern unterm Dach, die unausgesprochenen Verletzungen und Vorwürfe. In jeder Ecke, jedem Mauerziegel und besonders in den knarrenden Bodendielen kann er die Verachtung hören, die ihm dieses Haus entgegen bringt. Dabei wären Haus und Hof ohne ihn längst verloren. Sein Gehalt als Lehrer ist zwar armselig, aber solange es in der Umgebung noch Nachwuchs gibt, der zu jung ist für die Front, wird der Führer die Erziehung seiner hoffnungsvollen Jugend irgendwie entlohnen müssen. Viele Lehrer gibt es ohnehin nicht mehr im Ort. Die meisten sind, wie Arthur selbst, als Invalide heimgekehrt. Der Rest hat unterm alten Kaiser schon gedient, ist zu betagt oder meschugge, um noch einmal in den Krieg zu ziehen. Allen voran Schuldirektor Ostermann, der mit der Leitung heillos überfordert ist. Dem alten Fettsack sagt man nach, er hätte an jedem Arm drei Weiber. Davon kann er selbst nur träumen, weiß Arthur, als er seinen Flachmann aus der Tasche zieht und den Kaffee mit Schnaps aufgießt. Alleine schon, weil ihm nur noch einer geblieben ist. Ein Arm. Und der ist so nutzlos, dass er sich damit nicht einmal selbst ordentlich einen runterholen kann.

Bei dem Gedanken fängt er so heftig zu kichern an, dass er sich ein wenig in die Hose pinkelt, und darüber muss er nur noch mehr lachen. Es ist nicht wichtig. Nichts ist mehr wichtig mit dem heutigen Tag, sagt ihm das Jucken in der fehlenden Hand. Nicht der Hof, nicht die Weiber und auch die Tropfen in der Unterhose nicht. In nur wenigen Stunden wird er alle Vorwürfe, alles Leid und seine Schuld und Schmach vom Antlitz dieser Erde tilgen. Auch ihn, den Idioten wird es dann nicht mehr geben, der sich selbst verstümmelt hat beim Reinigen der Mauser in seinem Offizierszelt bei Thessaloniki mit zwei Flaschen Raki intus. Kein Mensch wird je erfahren, wie viele Männer er auf dem Gewissen hat. Männer, die kaum älter waren als die meisten seiner Schüler, die während der letzten vier Jahre verstümmelt oder erschossen wurden, verbrannt oder ertrunken sind im blinden Glauben an die Vision eines Wahnsinnigen. Arthur hat sie alle noch im Kopf, die Namen der gefallen Buben auf den Klassenlisten. Mit gestern sind es mehr als zwanzig Sterbezettel, die er auswendig heruntersagen kann. Zu jedem hat er ein Gesicht vor Augen, eine bestimmte Geste oder markante Art sich auszudrücken. Ein Lächeln, eine Stimme. Eine Schwäche oder ein besonderes Talent.

Leb wohl! ein hartes Abschiedswort,
Doch frohen Mutes zog ich fort.
Im fernen Land in heißer Schlacht,
da hab ich oft an Euch gedacht:
Auf Wiedersehn, da rief mich Gott,
Mein Los war der Soldatentod,

> So tröstet Euch, schaut himmelan,
> Was Gott tat, ist wohlgetan,
> Was Ihr Euch wünscht, das hab ich schon,
> Der Himmel ist Soldatenlohn!

Peter Flohr. Er ist einer der Ersten gewesen. Gestorben mit nur einundzwanzig als Obergefreiter der Pioniereinheit an den Folgen eines Kriegsleidens. Geboren in einem Dorf vor Hoffach, begraben in Leschnowo, ostwärts von Moskau. Ein exzellenter Schüler, wenn auch ein wenig starrsinnig, was ihn zum Einzelgänger machte. Ihm folgte der ältere der Stahlschmitt-Jungen. Michael, leicht untersetzt, ein guter Turner. Während der Kesselschlacht bei Minsk im Juli 41' in Gefangenschaft geraten und kurz darauf vom Gelbfieber dahingerafft.

> Er zog von uns mit stolzem Herzen,
> Und hoffte auf ein Wiedersehn,
> Doch groß sind nun jetzt unsere Schmerzen,
> Da dieses nicht mehr kann geschehn.
> So schlaf denn wohl in fremden Erden,
> Von uns wirst du nie vergessen werden.

Auch ihn hat Arthur nicht vergessen. Und auch den kleineren Bruder nicht. Otto, der nur ein paar Wochen später fiel, während des Vorstoßes zur Wolga.

Mit jedem weiteren Buben ist das verdammte Phantomkribbeln im rechten Arm ein wenig schlimmer geworden. Erst ist es nur vorübergehend da gewesen, mittlerweile kann er es andauernd spüren. Er hat versucht, dagegen anzukämpfen, es zu ignorieren und taub zu trinken, aber seit einiger Zeit kommt nicht einmal der Schnaps dagegen an. Den Schnaps, den braucht er noch, alleine schon um morgens aus dem Bett zu kommen, aber das Kämpfen hat Arthur Ried aufgegeben. Er weiß jetzt, was zu tun ist. Insgeheim hat er es lange schon gewusst und auf seine Weise vorgesorgt.

-Franzl, Große Erwartungen-
Es ist ein besonderer Tag für den Jungen, der an diesem Morgen auf seinem Rad den Hügel hinunter saust. Angetrieben von den Ermahnungen des Vaters und dem leichten Frühlingswind im Rücken, hat er bald ein halsbrecherisches Tempo drauf. Ein übersehenes Schlagloch, ein Schlenker mit dem Lenker oder ein Verbremser, geht es dem Franzl durch den Kopf, und sie können ihn vom Schotter kratzen. Dabei wäre es ziemlich blöd von ihm, ausgerechnet heute zu sterben. Der Allmer hat ihm fest versprochen, dass er ihn endlich an die Schweißmaschine lässt. Seit Anfang der Woche haben sie jeden Morgen am Heinrich-Himmler-Gymnasium zu tun, wo der letzte Hagel einen Teil vom Dach und die Regenrinnen schwer beschädigt hat. Franzl macht es nichts aus, ganz hinauf aufs Dach zu steigen. Ein bisschen ist es fast wie Fliegen, wenn er da oben ist, mit den Vögeln auf gleicher Höhe und so nah am Himmel, dass er manchmal denkt, er müsse nur die Hand ausstrecken, um sich eine Wolke aus dem Blau zu pflücken. Es ist der beste Arbeitsplatz der Welt, nur hat er langsam die Nase voll davon, den ganzen Morgen herumzustehen und dem schweigsamen Meister Allmer Nageleisen und Falzzange zu reichen. Der Vater hat nichts davon hören wollen. „Man muss nur fleißig seine Ziele verfolgen", hatte er gesagt, „dann kommt schon irgendwann der Tag, an dem man sich beweisen kann." Und dieser Tag ist heute. Endlich. Noch weiß Franzl nicht, was er schweißen darf, aber wenn er sich geschickt anstellt, und ihn der Allmer in die Lehre nimmt, kann er vielleicht bald die erste Rate für die alte DKW anzahlen, die beim Nachbarn drüben in der Werkstatt steht.

Rabenschwarz mit Drei-Gang-Schaltung. Ein echtes Prachtstück, wenn sie erst einmal hergerichtet ist.

Die Vorstellung, bald mit dem eigenen Motorrad zur Arbeit zu brummen, lässt Franzl fast vergessen, dass er bei der Kreuzung am Friedhof rechts abbiegen muss. Hart greift er in die Bremsen, gerät kurz ins Schlingern, fängt den Sturz gerade noch ab, indem er den rechten Fuß in den Boden rammt, dann reißt er den Lenker herum und tritt in die Pedalen. Die Eisenbahnschienen zu seiner Rechten, links den glitzernden Flusslauf der Raab, hält er auf den Ort hinunter zu, während die Sonne über Wald und Wiesen an den Himmel klettert.
Es ist noch viel zu früh, als er zur Schule kommt, deshalb lehnt er sein Fahrrad an den großen Ahorn vor dem Eingang, hockt sich auf die Bank daneben, und ist schon im nächsten Augenblick eingeschlafen.

Bitterböse und enttäuscht ist der Junge, als er eine Stunde später in den Schulkeller hinunter stapft. Der Meister hat ihn angelogen. Hat nichts wissen wollen vom Schweißen, nicht einmal aufs Dach hinauf hat er ihn mitgenommen heute. Die Handläufe und Gitter auf Rostschäden zu überprüfen, das ist keine Arbeit für einen zukünftigen Spenglerlehrling. „Das ist Kinderkram", schimpft Franzl leise vor sich hin, und tritt gegen eine offenstehende, feuerrote Stahltür, in die er beinahe blind hineingelaufen wäre. Eigentlich hat er in diesem Teil des Gebäudes nichts verloren, aber wie soll er die Zeit bis Mittag sonst totschlagen? Wenn er oben durch die Gänge streift, fällt er nur auf in seiner Arbeitshose, und dann gibt es bestimmt Ärger. Mit pochenden Zehen und neugierig geworden durch die ungewöhnliche Farbe drückt er die Tür ein Stückchen weiter auf und schiebt sich durch den Spalt. Im fahlen Licht der Leuchtstoffröhren wirkt der Raum dahinter eng und niedrig. Als sich seine Augen an die Dämmerigkeit gewöhnt haben, stellt er fest, dass er sich in einem kurzen Gang befindet. Er wagt sich weiter vor und kommt zu einer zweiten Tür. Auch diese steht halb offen und ist mindestens vier Zentimeter dick. Wenn nicht dicker, überlegt Franzl, als er näher tritt, um das Verriegelungssystem in Augenschein zu nehmen. So fasziniert ist er von Bolzen, Rädern, Schienen und Schrauben, so eingenommen von der komplizierten Technik, dass er für eine kurze Weile alles rundherum vergisst. Erst als er ganz sicher ist, dass er den Schließmechanismus verstanden hat, sieht Franzl wieder hoch und blickt in die dunkle Öffnung, aus der ihm kühle, unbewegte Luft entgegenschlägt. Und da erst fängt ihm an zu dämmern, wo er hier gelandet sein muss. Die Duschvorrichtung am verfliesten Teil der Wand im Korridor, die Haken mit den Schutzmasken, eine Durchreiche mit Fenster... Das kann nur der Gang zum Luftschutzkeller sein!

Der Opa hat ihm oft erzählt von diesen Bunkern. War in seinen letzten Jahren geradezu besessen von dem Thema. In den Großstädten sind sie seit dem ersten Krieg zu riesigen Unterwelten ausgebaut worden, liegen in den Kellern der Wehrmachtsgebäude und unter den größeren Schulen und Sportstätten, Rathäusern und Parks überall im Reich verteilt. Am Land oft unter unscheinbaren Löchern in der Erde irgendwo im Wald versteckt, oder hinter Felsenhöhlen. „Auch bei uns hier hat der letzte Bürgermeister kurz vor der Übernahme einen ganz besonders großen und modernen Luftschutzkeller bauen lassen. Wenn es sein muss, reicht der Platz für gut dreitausend Menschen, die dort unten einen Monat überleben können. Kannst du dir das vorstellen Franzl? Das sind fast so viele, wie Hoffach Einwohner hat!"

Er war immer aufgeregt gewesen, der Opa, wenn er von den großen Bunkern sprach. Als er dann beschlossen hat, den Keller unter ihrem Haus in einen eigenen kleinen Schutzraum umzubauen, hatte ihn keiner richtig ernst genommen. Franzl weiß noch, wie die Eltern böse wurden, wenn er jeden Tag mit neuen Teilen ankam. Erst schleppte er Matratzen an, jede Menge Holz und Werkzeug. Später dann, als die Regale fertig waren, kam er mit Decken und Kanistern und Konservendosen an. Sogar einen Radioempfänger und einen alten Generator hatte er irgendwoher aufgetrieben. Und dann war er an der Lunge krank geworden und es hatte einen Riesenstreit gegeben, als sie ihn beim Graben erwischten. Aber er ist stur geblieben, wie er immer stur gewesen ist, sein Opa, und hatte sich nichts sagen lassen. Und als der Fluchtweg fast fertig und auch der Opa fertig war mit seinem Leben, sind die Deutschen Truppen schon vor Stalingrad gestanden und die Mutter hatte angefangen, wie verrückt Gemüse einzukochen. Und Äpfel, Beeren und Marillen, alles was der Garten hergab, während der Vater immer stiller wurde und trauriger, und mit Verbissenheit zu Ende brachte, was der Opa nicht mehr geschafft hat.

Nach einigem Tasten findet er den Lichtschalter an der Innenwand des Bunkerraumes und starrt ungläubig auf die Regale. Die überwältigende Masse an Vorräten, sorgfältig beschriftet und nebeneinander aufgereiht, dagegen ist der Schutzraum seines Opas eine Speisekammer. Während er langsam daran vorüber geht, versucht er sie zu zählen, aber es sind zu viele. Sie reichen vom Eingang bis zur hinteren Wand, vom Boden bis zur Decke, sodass ihm bald ganz schwummrig wird von den Eindrücken. An den freien Flächen der teils in Stein gehauenen, teils betonierten Wände sind Feuerlöschgeräte, Äxte und schmale Klapptische befestigt. Im angrenzenden Raum, der etwas niedriger und schmäler wirkt, lagern jede Menge Kisten. Sie sind aus Blech und Holz, ebenfalls sorgfältig übereinander gestapelt und gekennzeichnet. Noch mehr Lebensmittel, stellt Franzl fest, als er die Aufschrift an den Seiten liest. Maispulver und Mehl, Zucker, Salz, Trockenfleisch und Bohnen, Linsen und Getreide. Gerade will er umkehren, als er an der gegenüberliegenden Wand eine weitere Kiste entdeckt. Anders als die übrigen, steht sie ganz für sich alleine. Neugierig geworden tritt er näher und sieht, dass sie deutlich dunkler ist, das Holz an vielen Stellen voller Kerben und angekratzt. Außerdem ist sie an den Seitenwänden mit verrosteten Eisenklammern verstärkt und trägt ein Vorhängeschloss das, im Gegensatz zu den Beschlägen ziemlich neu aussieht. Auf der Suche nach einem Gegenstand, mit dem er die Kiste knacken kann, stößt er auf die primitiven Nasszellen, die er vorhin übersehen hat. Nur ein Plastikvorhang trennt die Plumpsklos von den Brausen, deren Abfluss in einem vergitterten Senkloch in der Erde endet. Wie es stinken muss hier drinnen, wenn alle paar Minuten einer der Gymnasiasten scheißen geht, daran möchte Franzl gar nicht denken. Und dann die ständige Dunkelheit und Enge. Die Ungewissheit, ob die Welt da oben noch steht, wenn man jemals aus dem Loch kommt. Bei den letzten Großangriffen über Dresden und Berlin haben die Menschen tagelang unter der Erde ausharren müssen.

Ganz eng wird ihm auf einmal in der Brust, wenn er an so schlimme Sachen denkt und plötzlich ist ihm die Truhe vollkommen egal. Er hat nur einen Wunsch. Er will aufs Dach hinauf zum Meister, wo der Himmel und die Vögel sind und ihm die warme Sonne auf die Haut scheint. Von der nackten Angst gepackt fährt er herum und will zurück in Richtung Schleuse laufen, doch in der Eile stolpert er über die eigenen Füße, kommt ins Straucheln, reißt beide Hände vors Gesicht und knallt mit voller Wucht gegen die Wand. Dann wird es dunkel. Richtig dunkel. Er muss einen Lichtschalter erwischt haben, aber so sehr er auch flucht und immer wieder mit der flachen Hand gegen die Stelle schlägt, es bleibt schwarz um ihn herum. Minutenlang tastet sich Franzl atemlos die kalte Wand entlang und schreit vor Schreck laut auf, als ihn eine geisterhafte Hand umfängt und zu Boden reißt. Ohne zu wissen, in welche Richtung er sich wenden muss, kriecht er auf allen Vieren noch ein Stückchen weiter, dann verlassen ihn die Kräfte und er lässt sich schluchzend auf den harten Lehmboden sinken. Als er sich ausgeweint hat und spürt, wie die wahrhaftige Verzweiflung in ihm hochkriecht, gehen plötzlichen die Sirenen los.

Fast zeitgleich springt das Licht an. Es dauert eine Weile, bis er in dem fahlen Gelb etwas erkennen kann, doch nach und nach schälen sich konkrete Formen aus dem Dunkel, und da erst wird dem Franzl klar, wie sehr er sich geirrt hat. Die wahre Größe dieses Bunkers scheint unendlich. Es müssen über hundert Betten sein, die rechts an der Wand entlang befestigt sind. Und wahrscheinlich sind es viele mehr, denn der Schein der Deckenlampen reicht nicht weit genug in den hinteren Teil der Höhle, um auszumachen, wo die Reihen enden. Zu seiner Linken erkennt er Nasszellen und Aborte, schwere Regale voll beladen mit Containern, noch mehr Konserven und Wassertanks, daneben in einer Nische – eine improvisierte Kochstelle, bestehend aus zwei riesigen Herdplatten und einem Ofen mit Abzugsrohr in die steinige Decke. In der Mitte der Grotte, umgeben von weiteren Schlafmöglichkeiten, Feldbetten, Matratzen und einfachen Deckenlagern, befindet sich eine endlos lange Anordnung von Tischen und Bänken.

Franzl ist derart überwältigt von dem Anblick, dass ihm zunächst gar nicht auffällt, wie das Brüllen der Sirene zu einem Brummen abschwillt und schließlich ganz erstirbt. Erst als er die sich nähernden Schritte hört, unverständliche Kommandorufe über dem Gemurmel aufgeregter Stimmen, schreckt er hoch und blickt zurück in die Richtung, aus der er gekommen ist. Erkennt in der grauen Vorhangdecke vor dem schmalen Durchlass den Geist, der ihn zu Fall gebracht hat, und stellt fest, dass er sich auf seiner blinden Flucht nur wenige Schritte von dem Raum mit der versperrten Truhe entfernt haben kann. Die Stimmen kommen näher, werden lauter, und obwohl Franzl es nicht wagt, durch den Spalt im Stoff zu sehen, weiß er, was da draußen los ist. Der Alarm war keine Übung. Der Russe ist da! Und durch die Schleuse in den Luftschutzkeller kommen gleich die Gymnasiastenbuben. Die Hosen voll vor lauter Angst. Angst um sich selbst, und weil sie wissen, was der Iwan mit ihren Müttern, Schwestern und Cousinen anstellen wird, wenn er sie findet. Franzl bleibt kaum Zeit, an die eigene Mutter zu denken und an seine hübsche Schwester Dorli, die ausgerechnet heute auf den Markt gehen wollte, als ein schriller Pfiff das Chaos draußen vor dem Spalt beendet. Der Lärm verstummt fast augenblicklich, nur vereinzelt sind ein paar Schluchzer zu vernehmen, erstickte Jammerlaute oder leises Fluchen. Ein zweiter Pfiff, näher diesmal, und dann ein strenger Ruf zur Ordnung. Forsche Schritte schwer beschlagener Stiefel auf Betonboden, die aus dem ersten Bunkerabschnitt kommen und sich rasch und zackig nähern. Nachdem sie den Raum hinter dem Vorhang durchquert haben, halten sie an. Franzl wagt es nicht zu atmen. Aus irgendeinem Grund scheint ihm die Vorstellung entdeckt zu werden, plötzlich schlimmer, als das Bild von tausend wilden Iwans, die alles niedertreten in der Stadt, was ihnen vor die Stiefel kommt. Trotzdem muss er wissen, was da draußen vor sich geht. Mit einem mulmigen Gefühl im Bauch schiebt er den grauen Vorhangstoff beiseite und blinzelt durch den Spalt.

-Arthur, der Erlöser-
Als Arthur die Kette mit dem Schlüssel für die Truhe über seinen Kopf zieht, ist er so erregt, dass er einen Ständer in der Hose hat. Endlich. Dies ist der Augenblick, auf den er so lange gewartet, den er seit Monaten geplant hat. In wenigen Minuten wird alles vorüber sein und dann wird keiner seiner Buben mehr auf irgendeinem Schlachtfeld dieser Welt elendiglich krepieren müssen. Die prächtigen Burschen, die im anderen Raum auf seine weiteren Anweisungen warten, hat er sorgfältig ausgewählt. Nur die Elite. Nur die Besten und Schneidigsten, die es verdient haben, diese Gnade zu erfahren. Neunundvierzig sind es an der Zahl. Große und Kleine. Stark und drahtig. Intelligent, diszipliniert und mutig. Allesamt hervorragendes Soldatenmate-

rial. Nach einem morgendlichen Sonderdrill am Sportplatz hatte er die Buben durch das Tor im Stiegenhaus zum Duschen abkommandiert. So hatte er sie alle fein beieinander und nur noch den Hebel an der Wand umlegen müssen, als sie zum Kellerabgang kamen. Ein Griff nur, aber auch der war von langer Hand geplant. Als Luftschutzbeauftragter hatte er im letzten Jahr darauf bestehen müssen, dass das Hermann-Hesse-Gymnasium eine schulinterne Sirene bekommt.

Ein Geniestreich, denkt Arthur und muss über seine eigene Gerissenheit ein wenig grinsen. Bis die Idioten aus den anderen Klassen und die lahmen Lehrerkollegen an der Schleuse waren, hatte er den Kasten längst verrriegelt und seine Elitetruppe abgeschirmt.

Und freilich sind die Buben verängstigt. Freilich weinen sie nach ihren Mamis und scheißen sich die Hosen voll, jetzt wo sie merken, dass der Krieg kein Spiel mehr ist. Aber das ist schon in Ordnung so. Besser sie haben Angst vor Iwans Bomben, als vor ihm. Die Schwachstelle in seinem Vorhaben hat er natürlich einkalkuliert. Wäre einer der Burschen misstrauisch geworden, hätte er ihn gleich erschießen müssen und mit ihm so viele, wie er eben gerade erwischen konnte. Aber das ist nicht passiert. Das Manöver läuft wie geplant und gleich wird aus dem größten Bunker weit und breit ein Mausoleum, wie es nur den besten Männern zusteht.

Es dauert eine Weile, bis er den Schlüssel im Schloss der Truhe herumgedreht hat. Nicht weil er ein Krüppel ist (Oh bitte! Er hat das hier tausendmal geübt), sondern weil er plötzlich das Verlangen spürt, den Augenblick noch hinauszuzögern. Andächtig, ja beinahe liebevoll hebt Arthur die MP 34 aus der Truhe und legt sie auf den Boden, um die Granate einzustecken. Noch bis gestern Abend hatte er sich vorgestellt, dass er die Granate zünden und danach erst schießen würde, um das Risiko von Flucht und Gegenangriff zu minimieren. Aber jetzt ... jetzt plötzlich, wo er sie alle so schön aufgereiht da draußen hat, wimmernd und gelähmt vor Angst, jetzt könnte er genausgut ... ja, warum eigentlich nicht? Die MP hat 35 Patronen im Magazin, den Rest wird er mit seiner guten alten Mauser erledigen. Die hat zwar nur zwanzig Schuss, aber er ist ja schließlich nicht nur Offizier geworden, weil er besonders gut in Ärsche kriechen kann. Und auch wenn der linke Scheißarm zu viel mehr sonst nicht taugt, das Schießen hat er nicht verlernt. Zielen und Abdrücken. Draufhalten bis die Ladung alle ist. Peng. PENG! RAT-TATTA-TA! Sollte doch etwas schief gehen, kann er immer noch mit der Granate ... Genau! So wird er es machen. Macht doch viel mehr Spaß. Außerdem ist es für die Jungen ehrenvoller – zu sterben, dem Tod ins Auge blickend und mit dem Bild ihres Erlösers auf der Netzhaut. Er darf nur nicht vergessen, sich eine Kugel aufzuheben. Oder wenn es eben sein muss, die Granate solange festzuhalten, bis es auch für ihn vorüber ist. Sonst hat er nämlich ein gewaltiges Problem.

In seiner Erregung ist sich Arthur nicht bewusst, dass er angefangen hat, leise vor sich hinzumurmeln. Auch, dass sich der graue Vorhang vor dem Durchgang an linken Wand ganz leicht bewegt, als er sich bückt, um die MP hochzuheben, bemerkt er im Rausch des Augenblicks nicht. Mit der Waffe in der Hand und einem Rohr in der Hose, so hart wie eine Panzerfaust, dreht er sich zackig um die eigene Achse, salutiert und befiehlt den Burschen, ihm durch den Spalt im Raum zu folgen.

-Franzl und der Duft von Grün-
Er denkt nicht, als er zu rennen anfängt. Weiß nur, dass er raus muss hier. Ganz schnell weg, bevor ihn das Grauen einholt und gefangen hält für immer, an diesem fürchterlichen Ort. Aber noch während er rennt, ... immer schneller, immer weiter, über Betten und Matratzen stolpernd, sich die Stirn aufschlagend, Handflächen und Knie, im Mund den Geschmack des eigenen Blutes, die Augen halb blind vor lauter Dreck und Tränen, aber egal, egal, Hauptsache weg von hier, ... noch während also

Franzl rennt, wie er nie in seinem Leben gerannt ist, ahnt er, dass ein Teil von ihm für immer in diesem Gewölbe bleiben wird.

Der Einarmige ist tot. Aus seinem Versteck hat er jedes einzelne Wort verstanden und trotzdem nicht gleich glauben können, was er hört. Er hat nicht ausgesehen wie ein Mörder. Eher wie ein entfernter Onkel, dem man besser mit Respekt begegnet, weil er vierschrötig und groß ist und Schultern wie Kanonenkugeln hat. Und eine Glatze. Und Augenbrauen so dick und schwarz, dass das restliche Gesicht dagegen nackt wirkt wie ein Babyarsch. Erst nach und nach hat er verstanden, was sein Bauch längst wusste, nämlich dass da hinterm Vorhang ein Wahnsinniger am Werk sein muss. Ein durchgeknallter Lehrer, der kurz davor steht, die Buben dort draußen abzuschlachten. Und noch bevor Franzl etwas unternehmen konnte, ist genau das passiert. Auch wenn er sich eingestehen muss, dass er wahrscheinlich gar nichts unternommen hätte. Selbst wenn im Augenblick des Begreifens nicht sein Herz für ein paar Schläge ausgesetzt und er den Mut gefunden hätte, die Burschen irgendwie zu warnen, die da durch die Nische auf ihn zu gestolpert kamen, nur Sekunden nachdem er sich tiefer in die Grotte zurückgezogen hatte, selbst wenn er ein paar Leben dadurch hätte retten können, er hätte in jedem Fall sein eigenes gewählt. Ob er sich diese Entscheidung jemals wird vergeben können, ist eine Frage, mit der sich Franzl später auseinandersetzen wird, denn er hat immer noch den Tod vor Augen.

Er hatte ihn schreien hören, den Lehrer. Wie ein Irrer hatte er geschrien vor dem großen Knall. Durch die Druckwelle der Explosion von den Beinen gerissen, hatte Franzl für einige Minuten das Bewusstsein verloren. Als er wieder zu sich kam, musste er sich übergeben.

Die Wände wanken immer noch, aber wenigstens hat er nicht mehr das Gefühl, auf einem Ringelspiel zu sitzen. Durch das Pfeifen in den Ohren kann er seinen eigenen Atem hören, während er weiter, immer weiter in die Grotte rennt, immer tiefer in die Dunkelheit, vorbei an noch mehr Pritschen, Stühlen, Tischen und Regalreihen. Aber vielleicht ist er ja längst taub und wünscht sich nur, er hört er sich atmen, weil er die unmenschlichen Schreie nicht aus dem Schädel kriegt. Und die grässlichen Bilder, er muss sie schnell vergessen, wenn er klar im Kopf bleiben, wenn er das hier überleben will. „Das ist alles nie passiert", hört sich Franzl flüstern, immer wieder, immer schneller, immer lauter, während er sich an die Felswand drückt, um einen Augenblick zu verschnaufen. Er hat den hinteren Teil der Höhle jetzt erreicht. Hier gibt es keine Deckenleuchten mehr. Keine Kisten und Container mit Reserven. Gar nichts gibt es hier, nur Dunkelheit und Kälte. Und die verdammte Angst, die ihn in Bewegung hält. Und die leise Stimme tief in seinem Hinterkopf, die ihm einzureden versucht, dass es hier irgendwo einen Ausgang geben muss. Einen Weg nach oben, ganz egal wohin. Nur ans Licht. Bitte, bitte nur ans Licht!

Der Gang daheim im Kellerbunker, an dem der Großvater Tag und Nacht und Jahr um Jahr gegraben hat, führt etwa hundert Meter bis zum Wald hinauf und endet unter einem Jägersitz. Es ist verdammt ungemütlich und dreckig da unten, und man muss auf allen Vieren kriechen, um zum Notausstieg zu kommen, aber der Tunnel ist sicher. Dafür hat der Opa noch gesorgt. In der Hoffnung, dass auch der Erbauer dieses Bunkers einen solchen Fluchtweg nicht vergessen hat, tastet sich Franzl weiter vorwärts, mit nahezu unerträglicher Langsamkeit einen Fuß vor den anderen setzend. Er darf nicht denken an den Blondschopf, den ein gezielter Schuss in den Hinterkopf von den Beinen riss, als er versucht hat vorbei an seinem Mörder in den hinteren Raum zu fliehen. Mitten im Lauf hatte es ihn erwischt, den armen Kerl, während der Lehrer systematisch weiterschoss. Versteckt in einer Abortzelle, nur wenige Meter neben dem Irren, hatte Franzl auf den Gesichtern schiere Angst und Fassungslosigkeit gesehen, kindliche Verwunderung bei jenen, die noch nicht begriffen hatten. Im Kugelhagel der MP hatte keiner von ihnen wirklich eine Chance gehabt. Reihenweise waren sie einer nach dem anderen nach hinten gekippt, wie die Enten auf dem Laufband einer Jahrmarktsschießbude. Fielen auf die Seite oder sackten in sich zusammen wie sie da saßen, ihre Leiber gestützt vom toten Gewicht des bereits getroffenen Nebenmannes. Nur wenige der Jungen versuchten zu entkommen. In dem kurzen Augenblick, als der Einarmige die leergeschossenen MP fallen ließ und die zweite Waffe aus der Tasche zog, sind sie erwacht aus ihrer Starre und in alle Richtungen gerannt, während der Schütze sich nicht aus der Ruhe bringen ließ und anvisierte, abdrückte, nachlud, wieder abdrückte und zielte, bis nur noch die Rufe der schwer Verwundeten zu hören waren. Jener Unglücklichen, die noch im Todeskampf um Gnade flehten, verzweifelt schrien nach Vater oder Mutter, oder gar dem Herrgott, während der Teufel selbst durch ihre Reihen schritt und einen nach dem anderen erledigte.

Die ganze Zeit über hatte er mit vollgepissten Hosen auf dem Klo gestanden wie versteinert. Erst als die Abstände zwischen den Schüssen länger wurden, kam er wieder zu sich. Benommen vom beißenden Rauch des Mündungsfeuers und dem allesüberwältigenden Gestank nach Blut und Schweiß und Scheiße, hätte er sich am liebsten an Ort und Stelle die Seele aus dem Leib gekotzt. Nur dem bisschen Verstand, der ihm noch geblieben war, verdankt er es, dass er noch am Leben ist. Wie durch dichten Nebel war er rückwärts in die Dunkelheit getaumelt und hatte sich so rasch und unauffällig wie möglich in Sicherheit gebracht. Dann kam die Explosion. Stille. Nichts mehr. Schwerelosigkeit. Vergessen. Der wahre Alptraum hatte erst danach begonnen. Und er ist noch lange nicht zu Ende.

Nicht ohne Ende, wie Franzl jetzt zu hoffen wagt, als die Wand zu seiner Rechten eine Biegung macht, ist allerdings der Bunker. Wieder kann er spüren, wie ihm die Angst den Hals hochkriecht, aber diesmal schluckt er sie hinunter. Flach atmend konzentriert er sich darauf, was er über das Gewölbe weiß. Viel ist es nicht. Er hat ja nur den vorderen Teil bei Licht sehen können, und der ist weitgehend ausgebaut. Dort, wo die betonierten Seitenwände in die Höhle übergehen, hat man die natürlichen Wölbungen und Bögen im Fels begradigt. Hier hinten aber kann es ganz anders aussehen. Wenn die Grotte hier zu Ende ist, und er der Biegung weiter folgt, kann es gut sein, dass er im Kreis läuft und auf der anderen Seite wieder an den Ausgangspunkt gerät. Wenn er anderseits gar nichts unternimmt, wird er mit Sicherheit wahnsinnig, bis man ihn findet. Das heißt, wenn überhaupt wer nach ihm sucht, denn so sicher ist es nicht, dass er dem Meister Allmer vor dem Feierabend abgehen wird.

Franzl setzt sich wieder in Bewegung, aber kaum hat er ein paar Meter hinter sich gebracht, greift seine Hand ins Leere. Panisch tastend nach dem Widerstand des Felsens, der seine einzige Orientierungshilfe ist, geht er ein paar Schritte rückwärts und stößt auf eine scharfe Kante, von der er annimmt, dass es sich um einen weiteren Durchgang handelt. Nur vom Instinkt geleitet, und weil ihm gar nichts anderes übrig bleibt, folgt er der Abzweigung scharf nach links und findet sich in einem Tunnel wieder. Die Wand hier fühlt sich rauer an, aber ebenmäßig wie die Seiten weiter vorne im Bunker, während der Boden etwas weicher ist. Zögernd tritt er tiefer in das Loch hinein, beide Hände an der Wand, um nicht wieder den Kontakt zu verlieren. Als der Weg sich krümmt und nach und nach leicht ansteigt, hält Franzl an und hockt sich auf den Boden, um neue Kraft zu tanken. Er kann nicht weit gekommen sein, aber von der ständigen Anspannung tut ihm jeder einzelne Muskel weh im Leib. Die Verlockung, länger auszuruhen, ist groß. Nur für einen kleinen Augenblick die Augen zumachen und an nichts mehr denken. Schon sieht er sich über die Wiese hinterm Elternhaus auf den Wald zulaufen. Dem Großvater entgegen, der ihm vom Jägersitz über dem Notausstieg her winkt mit seinem Spaten in der Hand. Zwischen den hohen Gräsern glitzert Morgentau in Hunderten von Spinnnetzten, es riecht nach Wildkräutern und Erde. Aber so sehr er auch verweilen möchte, so gerne Franzl stehen bleiben würde, um sich an den herben Düften seiner Kindheit zu erfreuen, er muss weiter. Das Gras wächst immer rascher und reicht ihm mittlerweile bis zur Brust, sodass er kaum vorankommt. Wenn er sich nicht beeilt, verliert er noch den Waldrand aus den Augen und ertrinkt in diesem Ozean aus Grün.

Als Franzl wieder zu sich kommt, hat die Dunkelheit das Bild verschluckt, nur die Botschaft seines Opas hängt noch deutlich über ihm. Er wird verdursten, nicht ertrinken, wenn er jetzt hier hocken bleibt. Schwerfällig hebt er den Kopf und spürt einen leisen Luftzug im Gesicht. Eine Brise nur, aber der Duft darin, den kennt er gut. Erfüllt von neuer Hoffnung steht er auf und kämpft sich tapfer vorwärts. Und wenn er eben noch dachte, er würde keinen Schritt mehr weiter kommen, so muss er jetzt darauf achten, in der Dunkelheit nur ja nicht zu rasch auszuschreiten. Ein Fehltritt nur, ein Stolpern, ein verstauchter Knöchel, und es kann sein Ende sein. Ein paar hundert Meter weit übt er sich in quälender Geduld. Mahnt sich selbst zur Achtsamkeit, sobald er merkt, dass er wieder schneller wird, und legt immer wieder kurze Pausen ein, während der stärker werdende Geruch von feuchtem Gras ihn andererseits zur Eile treibt. Wie weit er sich inzwischen vom Bunker entfernt hat, Franzl weiß es nicht. Wie lange er unterwegs ist, keine Ahnung. Es fühlt sich an wie eine Ewigkeit. Aber er muss ganz nahe irgendwo an einem Ausgang sein. Der Weg, wenn auch nicht besonders steil, führt ihn eindeutig nach oben. Drei Biegungen hat er gezählt, allesamt nach links, und trotzdem hat er das Gefühl, sich in einer großen Kurve nach rechts zu bewegen. Ist das Richtung Westen oder Osten? *Nie Ohne Stiefel Wandern,* hört er die Stimme seines Opas. Schon klar. Norden, Osten,

Süden, Westen, die vier Himmelsrichtungen kennt er. Aber was hilft ihm das, wenn er keine Ahnung hat, wo er sich befindet? An der nächsten Krümmung fällt ihm auf, dass die Schwärze sich zurückgezogen hat. Zunächst nimmt er nur Schatten wahr, doch bald erkennt er, dass der Tunnel weiter vorne enger wird. Mit jedem Schritt offenbaren sich ihm weitere Details, schälen sich Stufen aus der Schummrigkeit, dann ein Handlauf und mehrere Laternenhalter an der Steinwand. Kisten aus Metall und Holz. Aber die interessieren Franzl nicht. Er hat genug von Truhen und anderen Geheimverstecken. Unter ersticktem Schluchzen lässt er alle Vorsicht fahren und beginnt zu laufen. Läuft den Gang entlang, stolpert, fällt. Rafft sich hoch, und rennt dem Spalt entgegen, der dort am Tunnelende die massive Felswand teilt. Franzl spürt nicht, wie er sich die Lippen aufbeißt, wie der grobe Stein ihm die Haut an Brust und Schultern aufreißt. Gar nichts spürt er mehr. Nur den Druck der angehaltenen Luft in seinen Lungen, während er sich durch die Felsenöffnung zwängt. Betend, flehend, es möge schnell mit ihm zu Ende gehen, falls er darin stecken bleibt. Aber Franzl bleibt nicht stecken. Es sind nur ein paar Meter bis zur anderen Seite. Ein paar Schritte nur bis zu der Stelle, wo das Tageslicht durch eine Luke im Gewölbe in die kleine Höhle dringt. Zusammen mit dem unverwechselbaren Duft von taufrischem Gras und Freiheit.

Was seinen Wunsch nach einem raschen Tod betrifft, so soll dieser sich erfüllen, allerdings erst viele Jahrzehnte später, als Franzl in Erfüllung seiner Pflichten mit dem Besen in der Hand über einem Haufen Blätter einfach so zusammenbricht. Blätter von demselben Ahorn, an dem seit heute Morgen sein Fahrrad lehnt.

Das Ringen um den letzten Satz

Als er zu der Stelle mit dem Schacht gelangt, klappt Matthias seinen Laptop zu. Klappt ihn wieder auf, starrt auf den Bildschirm, greift nach dem Päckchen Zigaretten, legt es wieder weg und schließt die Augen. Er hatte sich vorgenommen, im allerletzten Durchlauf nicht mehr an dem Text herum zu bessern, ausschließlich auf Zeichensetzung und Fehler zu lesen, die das Rechtschreibprogramm übersehen haben könnte. Die Geschichte liest sich flüssig, alles daran einwandfrei und schlüssig, und trotzdem fragt er sich, ob die Schlusssequenz nicht ein paar Zeilen mehr vertragen könnte, oder ob die Andeutungen ausreichen. Muss der Leser unbedingt dabei sein, wie sich sein junger Held die Sprossen hochkämpft und mit letzter Kraft die Einstiegsluke aufstemmt? Von den letzten Metern auf der Flucht noch zu erzählen, wäre kein Problem. Beide haben sie dasselbe durchgemacht, er und der Franzl. Beide sind sie durch den Spalt geschlüpft, der in den Gang zum Bunker unter dem Schulgebäude führt, nur dass eben der Bub gerade von der anderen Seite kommt und jetzt irgendwie von unten auf die Leiter müsste, um aus der Geschichte auch herauszukommen, während er selbst ja quasi direttissima durch die Luke auf der Schulhofwiese in die Grotte eingefahren ist, wo sein Abenteuer erst begonnen hat.

Nein, denkt Matthias, und steckt sich eine Marlboro hinter das rechte Ohr, sein Problem mit dieser Stelle liegt darin, dass er die Menschen, die gerne mit dem Franzl noch auf den letzten Sprossen durch den Schacht geklettert wären, dass er diese Leute nicht enttäuschen will. Andererseits steht er selbst mehr auf die andere Variante. So ein Bruch in der Handlung hat irgendwie mehr Drive und gestattet es dem Leser, seine eigenen Schlüsse zu ziehen. Kurz überlegt er, was ihm Mona Rothe raten würde, und trifft eine Entscheidung. Nachdem er die Szene noch einmal überflogen hat, kopiert er aus dem Ordner für verstorbene Ideen die zuletzt verwendete Datei, verändert hier und da noch ein paar Kleinigkeiten und befreit den jungen Franzl endlich aus dem Bunker.

Bis Franzl über dreißig Jahre später mit Frau und Kindern an den Ort des grausamsten Verbrechens in der Kriegsgeschichte Hoffachs zurückkehrt, um den vakanten Posten des Schuldieners anzutreten, hat man das Heinrich-Himmler-Knabengymnasium längst in Kernstock-Gymnasium unbenannt. Bis auf den grobschlächtigen, aber durchaus gutmütigen und im Ort überall gut gelittenen Sergeij, der wegen der drallen Barbara am Gänserhof geblieben ist, sind alle Iwans wieder abgezogen. Die Uhr des Lebens bleibt nicht stehen. So ist es nur verständlich, dass es heute nur noch wenige sind, die draußen vor dem Friedhof Blumen ablegen, wo eine mit Efeu bewachsene Marmortafel an die Söhne, Brüder oder Freunde erinnert, die Arthur Ried einst auserwählt hat, um der Schmach eines verlorenen Krieges zu entkommen. Und wenn auch der Schulwart selbst nie dort gewesen ist, er wird die Buben nicht vergessen, die er damals ihrem Schicksal überließ, um die eigene Haut zu retten. Und auch zu dem Versprechen steht er, das er sich als junger Mann gegeben hat, als er sich mit letzter Kraft aus dem Schacht im Boden zog und schluchzend in das hohe Gras fallen ließ, während drüben beim Gymnasium die Hölle losbrach.

Er wird seine Schuld begleichen. Als Wächter dieses Ortes wird er wiederkommen und die verlorenen Seelen der Buben beschützen. Sie mögen für immer Frieden finden in ihrem Dom aus Fels und Erde. Solange er am Leben ist, wird niemand ihre Ruhe stören.

Vielen Dank an meine treuen Probeleser und all jene, die mich ermutigt haben, mein Projekt zu verwirklichen.

Helga Malischnik, meine liebe Mama – danke für dein offenes Ohr in den vielen Momenten des Zweifels.

Birgit Krenn – ohne deine Expertise als Schreibcoach wäre ich im eigenen Bunker hoffnungslos verloren gegangen.

Michaela Lamperti – als Mitbewohnerin im Luftschutzkeller stehst du auf meiner Wunschliste ganz oben.

Christina Ahrer-Hold, danke für deine unverzichtbare Hilfe bei der Layout-Gestaltung und das gelungene Cover.

Mein Dank gilt außerdem *den vielen lieben Kollegen*, die mich in den letzten 19 Jahren durch den Schulalltag begleitet haben.